결혼생활탐구

결혼 생활 탐구

최정혜 지음

(주)교 문 사

결혼생활 탐구란 제목을 보고 많
은 독자들이 관심을 가질 것 같다. 어떻게 결혼생활 탐구의 기술을
연마할 수 있을까 하고. 그만큼 결혼생활 탐구는 대부분의 사람들
에게 중요한 화두이다. 필자는 30여 년 간 가족관계학을 강의하면서
가족관계에 대해 많은 생각을 하면서 살아왔다. 먼저 나 자신이 결
혼생활을 영위하면서 가족관계를 이론만이 아닌 실천적 접목으로서
많은 경험을 하면서 살았기 때문에 이 제목의 절실함을 체험했다.

　가족관계에는 여러 관계가 존재하지만 가장 중요하고 주축이 되는
것이 부부관계이다. 가족의 형성이 부부관계에서 시작되고, 또한 부
모로서 자녀를 사회화시키는 과정에서도 부부관계가 어떠한가에 따
라 자녀양육태도가 달라지기 때문이다. 이처럼 부부관계가 가족관계
의 기초로서 중요하게 자리매김하고 있어 책의 첫 문을 부부탐구로
시작했다.

　또 하나는 결혼생활 탐구의 기술적 측면이다. 평소에 가족에 대한
학문적 연구와 강의를 해 오면서 가족이 행복하게 살기 위해서는 부
부가 튼튼한 지지대 역할을 해야 한다고 생각해왔다. 그러던 차에 10
여 년 전 경남의 한 신문사로부터 칼럼 쓰기 제안을 받고, 그동안 가

족관계에 초점을 맞춰 관계 향상의 구체적 기술에 대해 글을 써왔다.

미숙한 글이지만 그동안 신문에 연재되면서 많은 독자들로부터 사랑을 받았다. 특히 독자들로부터 격려 및 감사의 전화를 받으면서 내가 쓴 가족에 관한 글들이 일반인들에게 많은 공감을 준다는 사실을 알게 되어 무척 뿌듯했다. 그래서 칼럼 생활 12년에 접어들면서 그동안 써왔던 가족관계에 대한 글들을 묶어서 정리해야겠다는 생각을 하던 중 이번에 출간하게 되었다.

그동안 결혼생활에서 항상 배려와 관심으로 날 지탱하게 해준 남편, 그리고 가정과 직장 사이에서 늘 바쁘게 사느라 엄마 역할을 살뜰히 해주지 못함에도 불구하고 반듯하게 자라난, 사랑하는 아들 주형이와 딸 호형이에게 감사한다. 또한 무엇보다 오늘의 나로 성장시켜준 하느님께 감사하며 이 책을 바친다.

2013년 12월
가좌동 캠퍼스에서
저자 최정혜

부부 탐구의 1부
기술

인간은 태어나서 두 개의 가족을 겪으면서 산다. 하나는 결혼 전까지 미혼으로
살게 되는 부모 슬하에서의 삶인데, 이를 방위가족이라 한다.
다른 하나는 결혼을 하면 자신의 가족을 이루고 살게 되는데, 이를 생식가족이라 한다.
이처럼 우리는 두 개의 가족을 경험하면서 살게 되는데, 방위가족에 비해 자신이 이룬
가족 안에서 새로운 삶을 사는 기간이 훨씬 길다. 이 생식가족은 결혼한 부부를
중심으로 이루어지는 생활이다.
따라서 부부관계는 평생을 좌우하는 중요한 관계이고, 부부관계보다 부자관계를
우선시했던 전통사회와 달리, 현대가족에서는 부부관계가 가족형성의 근간이 되고
중심이 되는 가장 중요한 관계라 하겠다. 그럼에도 불구하고 현재 가족을 이루고
있는 부부들은 부부관계에 대해 그다지 중요하게 인식하고 있지 않은 것 같다.
가족은 부부의 생활방식에 의해 좌우되는 공동체이므로 부부관계의 중요성이
그 어느 때보다 강조되고 있다. 이에 1부에서는 실생활을 중심으로 부부 탐구에
나서보고자 한다.

부부의
마음 읽기

부부는 무촌(無寸)이다. 사회에서 회자되는 말처럼 부부가 무촌인 것은, 부부 사이가 좋을 때는 너무 가까워서 무촌이고, 부부 사이가 나빠지면 너무 멀어서 무촌이라고 하는데, 이는 정말 맞는 말 같다.

부부가 일생을 함께 살아가면서 서로의 마음을 알아주면서 산다는 것은 정말 행복한 일이다. 우리는 대부분 이런 희망을 가지지만 실제로 사는 모습에서 이런 모습을 발견하기란 쉽지 않다. 또한 서로를 잘 이해하는 부부라 할지라도 한결같이 서로의 마음을 읽고 이해해 주기란 쉽지 않다. 일상생활에서 일어나는 여러 가지 역동적인 삶의 모습에서 부부는 자주 갈등상태에 빠질 수 있기 때문이다.

사이가 좋은 부부들은 싸우다가도 얼른 제자리를 찾아간다. 그래서 서로의 마음을 읽어 주는 좋은 관계로 돌아갈 수 있으나, 평소에 사이가 좋지 않은 부부들은 일단 부부싸움을 하게 되면, 상대적으로 부부싸움의 끝자락까지 물고 늘어지면서 심하게 다투고, 서로의 마음에 상처를 준다.

함께 사는 부부가 서로의 마음을 읽어 주지 못하면 부부 모두에게 고통이 따른다. 부부에게 정서적 고통이 따르고 이런 상황이 지속되면 결국 부부는 더 큰 외로움에 젖어들며, 서로를 미워하게 된다. 이런 정서적 고통은 젊은 부부나 중년기 부부, 노년기 부부 모두에게 일어날 수 있다.

이 장에서는 부부간의 마음 읽기와 관련하여 부부탐구의 기술에 대해 살펴보자.

부부의 '매일의 온도 읽기'

최근 가족 관련 뉴스에 나오는 기사들이 천륜을 어기는 끔찍한 행위로 그 도를 더하고 있다. 유학을 안 보내준다고 아버지를 폭행하다 못해 죽이는 사건, 형을 죽이거나 어머니를 살해하는 사건, 남편이나 아내를 살인하는 사건 등 도저히 있을 수 없는 범죄들이 일어나고 있다. 얼핏 보기에는 이러한 사건을 저지르는 개인의 성격이나 품성이 문제인 것 같지만 사실은 그러한 개인을 만든 가족이 문제이다. 그런 가족은 부모, 즉 부부가 끼친 영향력이 절대적이므로 부부의 중요성을 생각해 보지 않을 수 없다.

가족형성의 주축이 되고 자녀들의 인성형성에 절대적인 영향을 미치는 부부의 행복한 생활을 위해서는 무엇보다도 부부간에 원만한 의사소통이 유지될 필요가 있다. 부부간에 명료하고 규칙적인 의사소통은 부부가 서로 만족스럽게 생활하고 일하는데 필요한 요소이다. 건강한 관계를 지속시키는 부부는 자기 삶에서 일어나는 크고 작은 일에 관하여 쉽고 활발한 의사소통을 유지하는 경향이 있는데, 이렇게 부부들에게 만족스러운 관계의 기쁨을 제공해줄 수 있는 방법의 하나인 '매일의 온도 읽기'를 함께 나누고자 한다.

부부의 '매일의 온도 읽기'는 부부를 서로 가까이 머물게 하는 가장 중요한 방법의 하나로서 그 내용은 다음과 같다.

첫째 단계는 감사이다. 우리는 자신에 관해 좋은 말을 듣기를 원하는데 우리와 가장 가까운 사람보다 우리에게 필요한 것을 더 잘 마련해 줄 사람은 아무도 없다. 우리 모두 배우자에게 감사할 무언가를 알고 있다면, 그것을 말이나 몸짓으로 표현하는 것이 좋다. 흔히 우리는 부부간에 꼭 그렇게 말을 하지 않아도 그냥 알 수 있다고 생각하고 스쳐지나 버린다. 하지만 나의 배우자는 속으로 그 일에 대해 서운해 하고 있을지 모른다. 돌이켜보면 우리 자신도 배우자가 내가 수고한 일에 대해 감사를 표하지 않았을 때 얼마나 서운했던가!

둘째 단계는 새로운 정보이다. 우리가 어떻게 지내고 있는지에 관한 일상의 정보를 배우자에게 제공하지 않으면, 배우자가 추측할 수 있는 여지가 많아진다. 배우자들이 각자 생활에서 발생한 중요한 사건뿐만 아니라 하찮은 사건까지도 서로 인식할 때에 부부간에 친밀성이 강화된다. 배우자에게 당신의 기분, 말, 경험 등을 통해 당신의 삶을 알도록 해야 한다. 우리의 부부생활에서 가지게 되는 많은 문제와 오해는 배우자에게 무슨 일이 일어나고 있는가에 관해 정보를 제공받지 못해서 우리가 추측하기 때문에 발생한다.

셋째 단계는 난제에 대한 질문이다. 만일 당신이 배우자에 대해 이해하지 못하는 일이 있다면 질문을 해야 한다. 질문하지 않는 것은 상대방에게 당연히 무관심한 것처럼 비춰지며, 이로 인해 많은 난제가 미해결로 남게 되고 배우자의 진정한 마음 읽기를 할 수 없는 어려운 상황이 진전되기 때문이다.

넷째 단계는 변화를 요청하는 불평이다. 배우자에게 불평을 토로하는 것이 비난을 하거나 비판적이 되어서는 안 된다. 즉 당신이 배우자에게 불평을 말할 때, 당신이 요청하고 있는 행동을 말하는 대신에 당신을 괴롭히고 있는 행동에 관해 구체적으로 말해야 한다. 예를 들면 "왜 당신은 날마다 정시에 집으로 퇴근하지 않느냐?"라고 하는 대신에 "만일 당신이 늦게 퇴근해야 할 경우에는 반드시 전화를 주세요. 그래야 내가 나의 계획을 조정할 수 있고 당신을 걱정하지 않아도 되니까요."라고 말하는 것이다.

다섯째 단계는 소망, 희망 꿈에 대해 서로 이야기하는 것이다. 희망과 꿈은 우리가 누구이며 어떤 사람인지에 대한 총체적이면서도 중요한 부분이다. 만일 우리가 꿈과 희망을 배우자와 함께 나눌 수 없다면, 우리가 배우자로부터 서로 자신의 중요한 일부분을 박탈하는 것이 될 것이다.

이상의 다섯 단계를 매일의 생활에서 부부간에 서로 적용해 본다면 우리 자신으로부터, 우리 배우자로부터, 그리고 우리 인생으로부터 우리가 원하는 것에 대해 많은 것을 새롭게 얻게 될 것이다. 감사는 부부간의 관계를 강화시키고, 새로운 정보, 난제 질문과 변화를 요청하는 불평은 부부간의 오해를 막고 문제를 해소시키며, 소망, 희망, 꿈을 나누는 것은 즐거운 마음으로 미래를 약속하는 것이 된다. 부부가 행복한 관계를 가지게 될 때, 자녀들도 행복한 아이들이 되어 건강한 사회구성원으로 성장한다는 것을 명심하자.

🌱부부의 '마음 읽기' 기술

미국의 퍼스트레이디가 된 이후 끊임없이 언론의 관심을 받고 있는 미셸 오바마가 최근 어느 토크쇼에 출연해서 남편에게 하는 귀엣말 이야기와 관련해서 청중에게 폭소를 자아내게 하여 더욱 인기를 끌고 있다. 이런 미셸의 모습은 대통령 영부인이기에 앞서 '부부로서 어떻게 살아가고 있는가?' 하는 모습을 일반 국민들에게 보여준다는 점에서 의미 있다 하겠다. 다시 말해서 대통령 부부도 살아가는 모습은 여느 부부와 다르지 않다는 것을 보여 주는 미셸의 자연스러운 모습이 언론으로부터 더욱 인기를 얻는 비결이 아닐까 생각된다.

부부 사이의 행복한 관계가 잘 유지되려면 가장 가까운 배우자에 대하여 갖고 있는 서로의 기대와 추정이 무엇인지를 정확하게 아는 것이 중요하다. 즉 배우자에 대한 '마음 읽기'가 자연스럽게 이루어져야 하므로 이에 대해 살펴보고자 한다.

우리 모두는 아주 가까운 관계에 대해서는 보통의 관계와는 다른 어떤 특별한 기대를 갖는다. 부부간에 흔히 볼 수 있는 긍정적인 기대는 사랑과 관심을 나타내는 말이나 동작, 믿음, 수용 등이 있으며, 부정적인 기대는 이와 반대되는 것으로 갑작스럽게 폭발한다. 우리는 배우자에 대해 긍정적인 기대가 충족되지 않으면 곧 분노, 실망, 원망, 쓰라림, 걱정 등의 감정에 빠져들게 되며, 이런 부정적인 감정에 대한 반응이 또 다른 나쁜 결과를 초래하는 주원인이 된다. 우리는 모두 마음속에 각자의 감추어진 추정과 기대를 갖고 있다. 부부는 두렵게 보일지라도 주어진 상황에 대한 자신의 감정을 표현한 다음, 배우자의 성의 있는 반응을 요청하는 것, 그것만이 부부간에 진실을 찾을 수 있는 길이다. 그러나 부부 사이의 의사소통은 대부분 비언어적으로, 그리고 특히 추정된 마음 읽기로 이루어지기가 쉽다.

부부관계를 어렵게 만드는 몇 가지 요인들을 살펴보면, 첫째는 견해의 차이이다. 즉 인간관계에서의 파국은, 대부분 부부간 의견 불일치를 사랑이 식었다는 표시로 생각하는 데서 발생한다. 부부는 차이점이 없을 수 없기 때문에 차이를 인정하려는 노력이 두 사람의 관계를 개선시킨다는 사실을 이해하면 부부 사이의 교착상태를 피할 수 있다. 둘째는 힘의 불균형이다. 마찰은 흔히 다른 사람이 자신을 조종하거나 변화시키려 하거나 억누른다고 생각할 때 발생한다. 특히 많은 남편들은 아내가 자신을 숨 막혀 죽게 만들려고 한다고 주장하는데 사실은 배우자보다는 자신의 태도변화에 의해 스스로 변화할 수 있다. 셋째는 정서적 쟁점들로서 만약 아내가 울고 있으면 남편들은 자신이 달래야 하거나 아니면 자신이 달라져야 한다는 생각 때문에 분노심이나 자신이 모자란다는 느낌을 가져 상태가 더 악화된다. 이때 배우자에게 귀를 기울이고 또 자신의 마음을 털어놓을 필요가 있다. 넷째는 자존감의 문제로서, 부부 사이의 많은 갈등들은 낮은 자존감과 관련된다. 즉 우리는 배우자가 성공하기를 기대하면서 막상 배우자가 성공하면, 자신을 낮추어볼 수 있다고 생각하면서 배우자에게 경잼심을 느끼기도 한다. 따라서 부부간에 갈등을 피하려면 당신과 배우자의 추정들을 솔직하게 검토하는 것이다. 배우자가 행동하거나 말한 것에 대하여 혼란이 생길 때는 반드시 그때그때 무슨 일이냐고 물어보아야 한다.

부부의 행복 만들기를 위한 방법은 '마음 읽기' 기술을 개발하는 것으로서 배우자의 생각이나 감정에 대하여 우리가 갖고 있는 어떤 추정이 과연 옳은가 아닌가를 점검하는 것이다. 즉 첫 번째 단계는 추정을 알아내는 것으로 배우자에게 "당신 마음을 알고 싶은데 괜찮아요?"라는 질문을 하고, 두 번째 단계는 자신의 추정을 이야기한 다음 그 사실 여부를 확인하는 것이다.

조지 바흐(George Bach)는 배우자의 허락과 자체 점검이 없는 추정의 마음 읽기는 '마음 폭행'이라고 불렀는데, 실제로 우리는 가까운 배우자에게 늘 이렇게 행동하고 있다. 결혼생활에서의 소외감은 흔히 오해와 잘못된 추정들 때문에 발생하므로, 우리는 배우자에게 우리를 기쁘게 하거나 괴롭게 만드는 것이 무엇인지를 서로 알려줄 필요가 있다.

서로 사랑하는 관계 속에서 주고받는 것을 배우는 일은 그 자체로 큰 기쁨의 원천이 된다. 우리 각자의 배우자에게 '마음 읽기'를 통해 행복한 부부, 행복한 가정을 만들어 나가길 기대해 본다.

부부의 결혼 궁합과 욕구수준

만물이 새롭게 탄생하는 봄이 무르익고 있다. 화려한 벚꽃과 개나리, 진분홍 진달래가 어우러진 봄의 아름다움이 눈부시며 이런 봄날에 단연 빼놓을 수 없는 것 중의 하나가 결혼식이다. 백년가약을 하며 화려한 결혼식을 준비하는 신랑신부들이 줄을 잇고 있다. 행복에 겨워하며 미래를 약속하고 신혼을 시작하는가 하면, 또 한편에선 이혼을 생각하거나 행하는 부부들 역시 줄을 잇고 있다. 백년가약을 한 이들이 왜 그 언약을 어기고 결혼에 마침표를 찍으려는 것일까?

최근 저녁 메인 뉴스에 보도된 부부의 결혼생활은 극적인 차이를 보이고 있다. 한쪽은 남편이나 아내가 배우자를 살해하여 우리를 놀라게 하는가 하면, 다른 한쪽은 독가스가 가득 찬 위기상황에서 창문을 깨어 아내를 살리고 자신은 희생된 남편의 아내 사랑이 감동을 주고 있다. 똑같이 백년가약을 한 부부들이 이렇게 극단인 두 방향으로 갈라지는 이유는 무엇일까? 사람들은 흔히들 부부 사이의 궁합 때문이라고 말한다.

부부 사이를 좌우하는 결혼 궁합에 대해 생각해 보고자 한다. 여기서 말하는 결혼 궁합은 사주팔자가 아니라 사람이 살아가는데 필요한 다섯 가지 기본욕구가 부부간에 어떻게 형성되어 있는가를 알아보는 것이다. 이 욕구에 대한 차이가 부부 사이를 행복하게 또는 불행하게 만들 수 있으므로 결혼 궁합이란 결국 부부 각자가 가지고 있는 욕구의 정도가 어떠한가에 달려 있다 해도 과언이 아닐 것이다.

첫 번째 욕구는 생존에 관한 것으로, 가장 기본적인 생리적 욕구와 연관된다. 즉 먹고 자고 따뜻하게 지내고, 종을 보존하기 위한 성적인 욕구를 지니고 있는 것 등으로, 만약 부부 모두 생존의 욕구가 높으면 좋은 결혼 궁합이 된다. 두 사람 모두 낮은 생존의 욕구를 지니고 있어도 좋다. 문제는 한 사람은 생존욕구가 낮은 소비자이고 다른 한 사람은 생존 욕구가 높은 절약가이면 결혼생활은 갈등의 소지를 안게 된다.

두 번째 욕구는 사랑과 소속감에 대한 욕구이다. 여성은 남성보다 더 사랑을 필요로 하는 경향이 있는데, 여성이 자신보다 사랑의 욕구가 적고 원하는 만큼 관심을 기울여주지 않는 남성과 결혼했을 때 양쪽 파트너는 둘 다 좌절을 겪게 된다. 아내는 남편이 충분한 사랑을 주지 않는다고 느끼기 때문이고, 남편은 아내가 왜 이렇게 사랑을 원하는지 이해하기가 어렵기 때문이다.

세 번째 욕구는 힘에 대한 욕구로, 행복한 결혼에 가장 큰 장애가 되는 것은 자기 배우자와의 관계에서 힘의 욕구를 만족시키려고 상대방을 밀어붙이는 경우이다. 힘이 강한 여자가 힘이 강한 남자와 결혼하면 결혼은 지속되지만 사랑과 성문제로 고통스럽게 된다. 한편 한쪽 배우자가 높은 힘의 욕구를 지니고 있을 때 상대방이 낮은 힘의 욕구를 지니고 있으면 결혼생활이 성공할 승산이 높아진다. 가장 좋은 결혼은 두 사람 모두 힘이 평균이거나 약한 힘의 욕구를 지니고 있는 경우인데, 이런 경우 부부는 서로 통제하려고 들지 않고 상대방의 이야기를 잘 듣기 때문에 갈등의 소지가 적다.

네 번째 욕구는 자유에 대한 욕구이다. 우리 모두는 자신이 좋다고 생각하는 방식대로 살아가려고 노력한다. 결혼이 자주 '족쇄'로 비유되는 이유는 바로 이 자유의 개념이 속박 받는다고 생각하기 때문이다. 대체로 부부는 자유의 욕구에 차이가 있는데, 자유의 욕구가 낮은 쪽은 상대방이 왜 얌전히 집에 머물러 있으려고 들지 않는지 도저히 이해할 수 없으며 그렇게 되면 대체로 그 결혼은 고통스럽게 된다.

다섯째 욕구는 즐거움에 대한 욕구이다. 우리는 욕구를 충족시켜주는 무언가를 배우면 기분이 좋다고 느낀다. 즐거움은 부부에게 오래 지속되는 힘이다. 따라서 부부가 취미나 오락을 함께 공유하게 되면 행복한 결혼을 유지시킬 수 있지만 배우자가 싫어하는 일을 자신이 좋아하니까 함께하자고 강요하게 되면 상황은 최악이 된다.

이상에서 살펴본 바와 같이 요컨대 부부는 위의 다섯 가지 욕구의 정도가 각자 다르기 때문에 어떤 부분이 서로 얼마나 다른지 그 차이를 알아볼 필요가 있다. 부부가 함께 이 욕구들의 차이에 대해 서로 이해하려고 노력한다면 그 노력 여하에 따라 결혼의 행복도가 달라질 수 있을 것이다. 부부가 함께 결혼 궁합이 맞는 행복한 결혼생활을 만들 것을 기대해 본다.

성격유형과 부부이해

주말 저녁 뉴스에 남편이 이혼을 요구하는 아내와 자녀를 죽인 이야기가 나왔다. 한평생 행복하게 살자고 결심하며 시작한 결혼이 깨어지고 이렇게 극적인 상황에까지 치닫는 이유가 무엇일까? 이혼의 사유에는 여러 가지 복합적인 상황이 내재되어 있겠지만 표면적으로 가장 빈도가 많이 나타나는 것 중의 하나가 성격이 맞지 않는다는 것이다. 대부분의 사람들이 성격이 맞지 않는다면 배부른 소리라고 한다. 성격은 맞추어 나가면 된다고 한다. 물론 그렇게 맞추어 나갈 수도 있지만 정말 그렇게 안 되는 경우도 많다.

최근에 필자는 MBTI, 즉 성격유형의 이해라는 프로그램을 접하면서 정말 부부간에 성격이 안 맞으면, 게다가 서로를 이해하려는 노력마저 없다면 부부 사이가 지옥처럼 될 수도 있겠다는 생각을 하게 되었다. 성격유형 이론은 융의 심리유형 이론을 보다 쉽게 일상생활에 유용하게 활용할 수 있도록 개발하여 만든 것이다. 즉 융은 인간의 행동이 아주 다양하다 하더라도 아주 질서정연하고 일관된 경향이 있다는 이론을 세웠는데, 그것은 인간행동의 다양성이 각 개인마다 인식하고 판단하는 특징이 다르기 때문이라고 했다. 따라서 사람들이 인식하는 방법과 결론을 내리는 방법들이 근본적으로 다르다면, 사람들의 반응이나 흥미, 가치, 관심 등이 다를 수밖에 없다.

성격유형은 크게 외향적인지 내향적인지, 사물에 대한 인식이 감각적인지 직관적인지, 사고중심인지 감정중심인지, 생활양식이 판단중심인지 인식중심인지 등을 가지고 조합하여 16가지 유형으로 나타낼 수 있는데, 이 유형들을 부부관계 이해에 접목시켜 보면 상당히 시사점을 얻을 수가 있다. 그 구체적인 예를 간단히 들면 다음과 같다. 만약 남편이 외향적이면서 감각으로 사물을 인식하고 사고 중심이면서 판단형의 사람인데 아내가 내향적이고 직관으로 사물을 인식하며 감정중시형이고 인식형의 사람이라면, 남편은 활발하면서 일 중심적이고, 모든 일을 계획적으로 처리하며 차분하고 분석적인 데 비해, 아내는 내성적이면서도 상상력이 강해 창의적이며 생활양식에 있어 유유자적한 형이 된다. 이 두 사람이 일상생활에서 부딪히는 상황을 보면 남편이 아내에게 다음 달 부모님의 칠순행사를 준비하는데 어떤 방향이 좋을지를 물어보면 아내는 구체적이지 않은 전체적 윤곽으로 개괄적인 대답을 하게 되고, 이에 대해 남편은 자신의 성격을 생각하고 구체적으로 세세하게 설명해 보라고 요구하게 된다. 남편은 아내가 계속해서 자세한 계획 설명 없이 유유자적한 태도를 보이면 자신의 부모님 칠순에 마치 관심이 없는 듯한 태도로 추정하고 오해하게 된다. 물론 남편과 아내의 성격이 반대일 때도 상황은 마찬가지이다. 이런 성격특성 때문에 아내는 남편을 꼼꼼함이 지나쳐 피곤하다고 하고 남편은 아내를 계획성이 없다고 비난하게 된다. 이들 부부가 매사에 이렇게 갈등하는 일이 반복된다며 서로를 이해할 수 없어 싸우게 되는 것이다.

또 어떤 부부가 여행을 할 때, 남편은 계획적으로 챙기는 것이 완벽한 데 비해, 아내는 여행 때마다 제대로 챙기지를 못한다면 남편 눈에는 도대체 생각이 없는 사람처럼 보여 다투기가 일쑤인 부부도 있다. 사실은 남편은 감각형으로 꼼꼼하고 계획적인 데 비해, 아내는 직관적인 인식형이어서 유유자적한 생활태도 때문에 나타나는 결과이다. 물론 부부가 이와 반대인 유형이 될 수도 있을 것이다. 아내는 매사에 꼼꼼한데, 남편은 벼락치기로 생활하며 뜬구름 잡는 듯한 생활태도를 보여 서로 성격이 맞지 않아 자주 다투게 되는 부부의 경우도 이렇게 성격유형이 달라 비롯되는 일이다. 아마 이 글을 읽으면서 고개를 끄덕이는 사람들도 많을 것이다.

성격유형의 여러 측면을 이해한다면 부부는 성격 자체를 바꿀 수는 없지만 어떤 이유에서 이런 행동을 보이는지를 알 수 있기 때문에 서로를 이해하려고 노력을 하게 된다. 결론적으로 부부간에 성격이 달라서 갈등이 생겨나는 상황을 알게 된다면 서로가 맞지 않다고 쉽사리 이혼을 하는 식의 사고는 조금 조절되지 않을까 한다.

올해는 많은 부부들이 좀 더 서로를 이해하며 행복하게 사려고 노력하는 모습들을 보였으면 좋겠다.

베이비부머 세대의 부부

영화 《그대를 사랑합니다》는 두 가지 큰 주제를 보여 주고 있다. 하나는 노년기 남녀의 애틋한 만남을 다루며, 노년기의 데이트하는 모습이 20대 젊은이의 모습과 다르지 않음을 보여준다. 노인 두 사람의 서로에 대한 배려를 보면서 잔잔한 감동과 함께 노년기에 일어나는 사랑의 모습을 새롭게 각인하게 된다. 다른 하나는 자식에 대한 노부모의 끝없는 희생적인 사랑을 보여준다. 치매를 앓는 노모를 자식들이 돌보지 않고 모두 외면하는데 그 자식들을 원망하지 않고 치매에 걸린 아내를 혼자서 극진히 돌보고 있는 늙은 아버지의 삶을 통해 노년기 부부 삶의 고귀한 모습과 함께 노년기를 어떻게 대비해야 하는지를 생각하게 하는 영화이다.

이 영화에서 암시하듯이 노년기에 새로운 사랑이 또다시 시작될 만큼 노년기에 대해 새로운 관점을 가져야 한다. 이는 평균수명이 길어지고 있기 때문이기도 한데, 늘어나는 평균수명과 함께 저출산·고령화 문제는 오늘날 시대적 화두이며, 은퇴에 따른 노년기에 대한 관점역시 바뀌고 있다. 최근 발표된 한국 베이비부머에 대한 전격적인 연구결과는 이런 점에서 우리의 관심을 끌지 않을 수 없다.

베이비부머란 사회가 안정되면서 출생이 특별히 많았던 시기를 말하는데, 현재 우리나라는 720만 명 베이비부머들의 은퇴와 노화가 시작되고 있다. 베이비부머 세대의 노년기 진입이 마무리되는 2030년이 되면, 인구 4명 중 1명이 65세 이상 노인이 될 것으로 예측된다고 하니 가히 본격적인 고령사회가 아닐 수 없다. 1955년에서 1963년 사이에 출생한 720만 명의 베이비부머들의 은퇴가 시작되면서, 이 거대한 인구집단의 은퇴 및 노화가 가져올 사회경제적 파장 또한 대단할 것이기에 우리 사회가 주의를 기울이기 시작한 것이다.

2011년을 기점으로 볼 때, 베이비부머들은 현재 48세에서 56세까지의 연령대로서, 노동시장에서의 은퇴가 본격화되는 시점이다. 베이비부머들은 이전 세대에 비해 높은 학력과 경제력을 보유하고 있다는 점에서 이들의 노년기의 모습에 대해 긍정적인 전망을 가능하게 하지만, 그러나 이 거대한 인구 집단이 준비되지 않은 노년기를 맞이하게 되면 사회의 큰 부담으로 작용할 것이라는 우려 또한 만만치 않다.

이러한 문제의식 하에 최근 서울 지역 K대 노화·고령연구소와 MK재단이 2010년 한국의 베이비부머들에 대한 최초의 대규모 패널연구를 시작하여 그 분석결과를 발표했다. 현재 우리나라 베이비붐 세대는 전쟁의 복구가 마무리되지 않은 시기에 태어나 산업화·도시화가 빠르게 진행되는 시기에 청년기를 보냈으며, 서구의 가치에 영향을 받은 동시에, 자아실현과 성취에 자극을 받은 세대이다. 그들은 절반 이상이 농촌에서 성장하다 주로 10대와 20대에 학업과 직장 때문에 도시로 이주했으며, 이전 세대에 비해 교육수준이 크게 향상되었지만, 그들 세대 내부의 교육격차는 매우 크다. 베이비부머 세대들 대다수가 자신을 중간 계층으로 인식하고 있으며, 부모 세대에 비해 계층 상향 이동했다고 생각하는 경향이다.

베이비부머의 절반 정도가 자신이 베이비붐 세대라는 것을 모르고 있으며, 50세 전환기에 대해 심리적으로 부담을 느끼고 있는 것으로 나타났다. 그러나 자신이 너무 늙고 기회가 없다고 생각하지는 않았으며, 현재 자신의 삶에 만족하는 경향이 크고, 대부분 그들의 부모 세대가 생존해 있으며 손자녀가 있는 경우는 전체의 8.1%에 불과했다. 베이비붐 세대의 4분의 3 이상이 인구학적으로 '끼인 세대'이지만 실제로 자녀 세대와 부모 세대 모두에게 부양을 하고 있는 경우는 전체의 4분의 1에 못 미쳤다. 그러나 앞으로 2~3년 후 그들의 부모세대가 80세 이상 초 고령층에 진입하면 '끼인 세대'의 역할이 커질 것이다.

가족생활과 관련하여 베이비부머 세대는 45%가 결혼생활에 만족하고 있으나, 부부 갈등 시 회피적 대처를 주로 하고 있는 것으로 나타나 효율적인 대처를 못하고 있음을 알 수 있다, 이런 경향은 부부간 갈등이 누적될 가능성이 있는데, 실제로 이들 세대의 약 40%가 심각하게 이혼을 고려한 적이 있는 것으로 나타나 바람직한 부부관계를 위해 갈등대처 관련 프로그램 개발 보급이 요구된다.

무엇보다 평균수명이 길어지면서 노년기가 계속 증대될 것이므로 베이비부머 세대들의 노년기 가족생활에 관심을 가져야 할 때이다.

의사가 본 부부의 사랑

한 신문기사에서 의사가 사망한 환자의 가족에게 쓴 편지가 인터넷에 공개되어 네티즌들이 '감동'했다는 뉴스가 있었다.

사연인즉 미국 뉴욕시 한 병원의 응급의학 전문의가 자신이 돌보던 환자가 사망하자 그 가족을 위로하기 위해 의사생활 20년 만에 처음으로 환자 가족에게 편지를 썼는데, 그 이유가 자신이 돌본 환자의 특별함 때문이었다고 한다. 그 의사는 "저는 응급의학 전문의로서 항상 바쁘기도 하거니와 환자들과 개인적인 교감을 하지 않는 게 방침이기 때문에 환자나 환자 가족에게 편지를 쓰지 않았지만, 이번엔 당신의 부인을 보면서 특별한 감정을 느껴 편지를 쓰게 되었습니다."라고 설명했다.

그 환자의 특별함이란, 유방암으로 환자가 숨도 제대로 쉴 수 없는 고통 속에서도 항상 용기와 희망을 잃지 않았고, 환자의 남편과 부인이 서로를 정말 사랑하고 있다는 점이 자신을 감동시켰기 때문이라고 했다. 의사가 환자 남편에게 쓴 편지 구절 중에서 "당신은 부인에게 정말 헌신적이었고, 항상 부인을 세심하게 보살폈죠. 의사로서 내 경험에 비춰봤을 때, 남편이나 가족의 사랑과 헌신은 환자에게 평온을 가져다주는 가장 좋은 선물인 것 같습니다."라고 말했다. 그는 마지막으로 "부인 A씨가 돌아가셔서 너무 가슴이 아픕니다. 당신 부인의 맑은 영혼과 사랑에 대한 기억을 바탕으로 가족들이 안정을 찾았으면 좋겠습니다. 그리고 당신과 당신 가족에게 진심 어린 애도의 말을 전합니다."라고 했다.

부부간의 헌신적인 사랑에 환자를 치료했던 의사가 감동을 해서 환자 가족에게 편지를 썼고, 그 감동으로 남은 가족들이 힘을 얻었을 뿐만 아니라 주변 사람들에게도 사랑의 따뜻한 감동을 느끼게 했다는 것이다. 그런가 하면, 충북 청주에서는 부부싸움 끝에 남편을 살해한 부인 A씨(45세)를 긴급 체포해 조사하고 있다는 기사가 있었다. A씨는 어제 오후 8시 30분쯤 남편 B씨(51세)와 부부싸움을 한 뒤 누워있는 남편을 질식시킨 혐의를 받고 있는데, 이유인즉 A씨는 남편이 자신에게 폭력을 휘둘러 홧김에 이 같은 짓을 저질렀다고 한다.

위의 두 가지 사례에서 보여 주는 것처럼 부부는 양 극단의 길로 갈 수 있다. 부부간에 사랑으로 따뜻한 감동을 주는 부부와 폭력으로 물들어 파트너를 살해하는 비극까지 부르는 부부, 과연 무엇이 부부를 이토록 극명하게 바꾸는 것일까? 결혼에서 부부간의 사랑과 신뢰란 무엇일까? 어떻게 해야 부부가 따뜻한 사랑으로 서로를 신뢰하며 일생을 살아갈 수 있는 것일까? 이는 기혼 부부 모두의 과제이며 화두이기도 하다.

오랫동안 사랑을 해 본 적이 없는 많은 부부들은 흔히 바쁜 일상생활 때문에 서로에게 소원해졌다고 변명하기도 한다. 특히 청소년기 자녀를 둔 중년의 부부들은 더욱 그러하다. 그러나 스트레스가 사라질 때까지 부부간의 친밀감을 연기한다는 것은 핑계에 불과하다. 우리는 늘 바쁠 것이며, 생활은 늘 스트레스로 가득 차 있다. '사랑하기에 충분한 조건이 성립되면'이라는 이상적인 생각은 그만두고, 두 사람이 가까워지기 위해 당장 무엇을 할 수 있는지 생각해 보자. 두 사람 사이에 따뜻한 전선이 흐를 때 무엇을 했던가? 가장 그리웠던 것은 무엇인가? 분위기 좋은 커피숍에서 커피 마시기, 맑은 남강 주변을 손잡고 거닐기, 하얀 눈이 소복이 쌓인 강변에 함께 드러눕기 등 우리의 삶속에 이러한 것들을 돌이킬 수 있다면 어떻게 창의적으로 엮어갈 것인가?

부부가 함께할 수 있는 한 가지를 골라보자. 바쁜 토요일 오후에 티타임 갖기, 일요일 오후에 인근 강변이나 주변 공원 산책하기, 저녁식사를 준비하기 위해 함께 장보기 또는 포도주 고르기 등 중에서 한 가지만 하자. 부부가 침실 밖에서 함께 친밀한 시간을 보내는 것은 내면적인 친밀함을 말하는 것이다.

부부 사이는 친구처럼 오래 묵을수록 좋다. 우정이 깊어가는 것은 서로를 이해하는 정도가 깊어지기 때문인데, 부부는 그 어떤 친구보다도 오랜 시간을 함께하기 때문이다. 우리 부부의 친밀함을 점검하고, 일상의 행복을 찾아서 즐거움을 누리는 건 어떨까? '나중에 여유가 되면'이 아니라 지금 당장, 짧은 시간의 친밀함을 나누자. 전화를 걸어 하루의 안부를 물으며, '여보, 좋은 하루!'라는 격려의 말로 부부의 친밀함을 실천하자!

부부 삶의 질과 대화

유엔개발계획(UNDP)이 발표한 '2010년 인간개발지수(HDI)' 순위에서 한국이 전년보다 14개 계단이나 상승해 12위에 올랐다는 반가운 보도가 있었다. HDI는 유엔개발계획(UNDP)이 각국의 국민소득과 교육수준, 평균수명, 유아사망률 등을 평가해 측정하는 '삶의 질' 지표다. 매년 발표되는 HDI 순위에서 우리나라는 지난해까지 연속 26위를 유지했는데, 한 해 만에 14개 계단을 상승한 것이다. 우리나라의 급상승은 유럽국가들이 금융, 채무 위기 등으로 순위가 대폭 하락한데 따른 것이라고도 하지만, 어쨌든 삶의 질이 대폭 향상되었다는 것은 무척 고무적인 결과이다.

한국인 삶의 질이 껑충 뛰어올라 12위가 되었는데, 그렇다면 우리나라 부부의 삶의 질은 과연 어느 정도일까 하는 궁금증이 생긴다. 부부간의 삶의 질을 논한다면 단연코 첫 번째로 떠오르는 조건이 대화이다. 부부간에 대화가 얼마나 잘 이루어지고 있느냐는 부부가 얼마나 좋은 삶의 질을 영위하고 있는가로 연결된다. 많은 사례에서 보면 부부들은 서로 대화하고 있다고 생각하지만 메시지는 제대로 전달되지 않는다. 의사소통의 문제는 부부싸움의 첫 번째 원인이다. 그래서 부부가 '우리는 의사소통이 안 돼요.'라고 한숨을 내쉬게 마련인데, 부부는 말하고자 하는 것을 말하고, 말한 내용을 분명히 할 필요가 있다.

많은 사례에서 부부간 대화문제는 먼저 남녀 간의 서로 다른 대화 형태에서 비롯됨을 보인다. 이에 대한 구체적인 예로써, 놀이터에서 남녀 아이들이 노는 것을 관찰해보면 여자아이들은 서로 친구가 되거나 가까운 사이가 되려면 비밀을 이야기하고 서로 함께 공유하는 것을 중시하는 반면, 남자아이들은 운동을 통해 친구가 된다. 요컨대 성장한 여성인 아내는 이야기와 공감을 중시하는 데 비해 성장한 남성인 남편들은 행동을 원하는 차이가 있다는 것이다. 따라서 아내가 바깥일이나 집안문제를 말하면 남편은 재빨리 해결책을 제시하면서 이야기 자체를 방해한다. 뒤이어 나오게 되는 아내들의 불평은 '그는 내 이야기에 관심이 없어요.', '그는 날 사랑하지 않아요.', '그는 늘 나를 무시해요.' 등이다.

부부간 대화가 통하지 않는 또 다른 이유는 이른바 '독심술사 증후군'이라는 것인데, 이는 결혼한 지 오래된 사람들뿐만 아니라 신혼부부에게도 적용된다. '그가 정말로 날 사랑했다면, 내가 원하는 것이 무엇인지 알고 있었을 것이다.'라는 말이 아내가 남편에 대해 전형적으로 쏟아내는 불평이라면 '만약 아내가 내가 알아주길 원한다면 내게 말하겠지.'라고 생각하는 것이 남편들의 입장이다. 이런 상황 때문에 부부간에 대화가 잘 이루어지지 않게 된다. 부부간 대화문제는 부부들이 정말 말하고자 하는 것과 원하는 것을 말하지 못하고 서로를 비방하기만 할 때 발생한다.

그러므로 대화를 잘 할 수 있는 방법으로 '나-전달법'이라는 기법을 사용하면, 자신의 감정에 초점을 맞출 수 있고, 그 책임감을 받아들이는데 도움이 된다. 예를 들어 '당신은 항상 늦어. 당신은 당신 어머니랑 똑같아.' 등의 비난 내용을 전달하지 말고, '당신이 그렇게 말할 때 난 마음이 아파. ～에 대해 난 당황했어.' 등으로 말하면 상대방에게 공격적이 아니므로 대화가 될 수 있다. 또한 부부간의 대화에서 적절한 타이밍을 맞추는 것이 메시지를 전달하는데 결정적일 수 있다. 지친 아내가 몹시 잠자고 싶어 하는데 사무실 문제를 이야기하고 싶어 하는 남편이나 혹은 지쳐 있는 남편이 집에 들어서자마자 쏘아대는 아내는 대화를 시작할 적절한 시간과 장소를 선택하는 것이 얼마나 중요한지를 모르는 것이다.

또 중요한 것은 한 번에 한 문제를 토의하는 것이다. 많은 부부들의 대화가 극단적이고 사실적이어서 어떤 문제에 관해서 대화를 시작하다가 다른 이야기로 결론을 짓고 만다. 대화문제는 듣기도 중요한데 이는 성의 차이와 관련이 있을 수 있다. 남자들은 조용히 듣고 있는 경향이며, 동의하는 의미로 고개를 끄덕이거나 음성 신호를 별로 하지 않는 데 비해 아내는 이와 반대다. 이러한 차이로 아내들은 남편들에게 스스로 무시당하고 있다고 느끼는 것이다.

대화가 잘되는 부부들은 서로의 말을 잘 들어준다. 만족하면서가 아니라 집중하면서 듣고, 그 말 속에 숨어 있는 감정을 듣고자 하기 때문에 서로 대화가 된다. 한국인의 삶의 질이 껑충 상승했듯이 부부간 삶의 질도 대화를 통해 껑충 뛰어오르기를 기대한다.

부부교육이 필요하다

요즈음 우리 사회에서 문제로 제기되고 있는 큰 이슈 중의 하나가 이혼문제이다. 통계청이 발표한 2012년 이혼 통계를 보면 작년에 11만 7천 건으로 사람 수를 보면 약 23만 4천 여 명이 이혼을 하여 OECD 국가 중 1위에 이르렀다고 한다. 사실 주위에서 보면 옛날과 달리 이혼한 사례들을 자주 접하게 된다. 최근 10년 간 우리 사회의 결혼과 이혼에 대한 변화를 보면 결혼은 조금씩 감소하고 있는 데 비해, 이혼은 지속적으로 늘어나 우리 사회에서 이혼율이 급증하고 있음을 알 수 있다.

결혼과 이혼은 둘 다 모두 개인과 가족, 그리고 사회에 큰 영향을 미친다는 점에서 대단히 중요한 사건이다. 인간은 누구나 정신적으로나 경제적으로 풍요롭기를 원하며 특히 결혼생활에 있어서는 두말할 필요도 없다. 결혼적령기 미혼남녀들이 배우자를 선택해 대부분 결혼하기를 원하는 이유가 여기에 있다. 이같은 인간의 욕구를 충족하기 위해 최근 들어 '결혼정보서비스'라는 새로운 직종이 '배우자 찾기'의 대안으로까지 자리 잡고 있다. 그만큼 결혼에 대한 관심은 시대를 막론하고 중요한 비중을 차지하고 있는 것으로 볼 수 있다. 그런데 이렇게 절실한 욕구에 의해 만나 결혼한 두 사람이 왜 이혼을 하게 되는 것일까? 무엇이 문제일까?

이혼을 하게 되면 무엇보다 그 후유증이 대단히 크다. 이혼의 긍정적인 측면도 있지만, 이혼은 대부분의 사람들에게 가장 고통스러운 인생사건 중의 하나이며 많은 문제를 유발시킨다. 즉 이혼 후 남녀 모두 자존감의 저하, 극심한 분노감, 상실감, 무력감, 우울증, 사기 저하

등의 심리적, 정서적 문제를 겪는 것으로 밝혀졌다. 이를 증명하듯이 어떤 사람은 이혼 스트레스를 견디지 못하고 자살 또는 암의 발생으로 죽는 경우도 있다.

자녀 역시 부모의 이혼으로 큰 영향을 받게 되는데 학업성적의 하락뿐만 아니라 부정적 자아개념, 인지능력 저하, 비사회적 행동 등의 문제까지 수반하게 된다. 이혼한 부모 밑에서 자란 자녀들은 정상적인 발달보다는 비사회적 발달행동을 많이 보이게 되고 이 결과들이 바로 오늘날 우리 사회에서 급증하고 있는 각종 청소년 문제들이다. 따라서 부모들은 이혼을 선택하기 전에 먼저 자녀들에 대한 배려를 하지 않으면 안 된다. 물론 이혼이 모두 잘못되었다고 말할 수는 없다. 때로는 폭력이나 외도, 알코올 중독 등을 동반한 부부생활의 경우, 오히려 이혼하는 것이 자녀들의 제대로 된 인성교육에 더 도움이 되는 경우도 있다. 그러나 그런 경우를 제외한 대부분의 경우 이혼은 당사자와 자녀에게 치명적이고 부정적인 영향을 주기 때문에 무엇보다 이혼이라는 극단적인 사태로 진행되기 전에 가족을 잘 꾸려 나갈 필요가 있다.

지금의 우리 사회에서 이혼이 급증하게 된 배경을 요약해 보면, 첫째, 개인적 측면으로서 결혼관 및 가족이념의 변화와 개인의 의식 변화를 들 수 있다. 즉 가족을 중요시하던 견해에서 부부중심의 개인주의 의식으로 변화되고 있다. 둘째는 관계적 측면으로 부부 상호간 의존의 필요성이 약화되고 있다. 즉 여성의 홀로서기와 함께 부부상호간의 도구적 필요성이 감소되었다. 셋째는 사회적 측면으로서 가문이나 제도적 규제의 약화를 들 수 있다. 즉 현대 결혼 성립 시에는 가족이나 친족보다는 개인의 의견이 중요시되며 가문의 구속력이 감소되는 점을 들 수 있다.

한 사회가 건강하려면 먼저 가족이 건강해야 한다. 따라서 이혼율이 감소되고 행복한 가정이 늘어나는 사회가 되기 위해서는 가장 중요한 것이 각 가정을 운영하는 핵심주체인 부부의 정서적 안정과 사랑이다. 이혼의 주된 사유가 부부불화(75.2%)로 나타난 것이 이를 증명하고 있다. 따라서 부부간에 문제가 생겨나기 전에, 부부관계나 가족생활을 원만하게 유지하고 있는 부부를 대상으로 부부관계의 질적 향상을 위한 부부 교육프로그램의 실시가 필요하다. 이런 맥락에서 볼 때 창원 지역에서 5월 21일을 '부부의 날'로 선포하고 행사를 가진 것은 사회를 건전하게 쇄신하는 매우 의의 있는 일이라 생각된다. 앞으로도 많은 지역에서 '경남 부부 축제'가 열리고 부부 교육 세미나가 활성화되기를 기대해 본다.

부부 성격유형과 행복도

신문기사에 33세의 한 개그맨이 결혼 발표를 해서 세간의 관심을 끌었던 적이 있다. 그는 신부를 얻게 된 비결을 오래전부터 장난처럼 '넌 나랑 결혼하게 될 거야.'라고 세뇌작전을 썼다는 것이다. 깜짝 결혼 발표로 세간을 놀라게 한 '하하'와 '별'이라는 별칭을 가진 이들은 '결혼하자'는 농담을 스스럼없이 주고받던 친구 사이로 몇 년간 지내오다 올해 초 연인으로 발전한 후 마침내 부부의 연을 맺었다. 무엇보다 남편이 될 하하 씨는 "서른 살이 되면서부터 내 인생의 초점을 행복한 가정에 두었기 때문에 빨리 결혼해서 내 가족을 이루고 안정적이고 편안한 삶을 살고 싶었다. 또 나는 어느덧 34살로 결혼 적령기다."라고 결혼을 결심한 이유를 밝혔다. 또 예비신랑이 꼽은 예비신부의 매력은 효심과 신앙심이었으며, 양가의 신앙적인 공감대가 두 사람이 결혼에 이르는 데 촉매가 됐다고 밝혔다.

필자는 위의 기사에서 2가지를 주목하고 싶다. 하나는 현재 34세의 나이를 남자들은 결혼적령기라고 생각하고 있다는 점으로 새삼 우리 사회의 만혼 경향을 주목해 볼 수 있었다. 다음으로는 예비남편의 결혼, 행복에 대한 관점이다. '서른 살이 되면서부터 인생의 초점을 행복한 가정에 두었다.'는 대목에서, 필자는 대중의 인기를 받는 연예인조차 개인적으로는 인생의 초점을 '행복한 가정'에 둘 만큼 가정을 중요하게 생각한다는 사실을 보았다. 그만큼 우리 모두에게 '행복한 가정'을 꾸려 나가는 것은 중요하다. 사실 인생의 커다란 두 축은 직장과 가족이다. 이 두 가지 중심축 중 어느 한쪽이 무너진다면 우리는 행복할 수 없다. 특히 사회적으로 아무리 성공할지라도 행복한 가정을 만들 수 없다면 결코 행복하지 않음을 이미 알고 있기 때문이라 하겠다.

그렇다면 이렇게 중요한 '행복한 가정'을 만드는 비결은 무엇일까? 두말할 필요도 없이 가정을 형성하는 두 축인 부부의 건강하고 긍정적인 관계이다. 이를 위해서는 부부의 성격유형을 서로 알고 이해하는 것이 행복과 직결된다 하겠다. 위의 연예인 부부뿐만 아니라, 이제 막 결혼을 통해 새로운 가족을 형성하려고 첫걸음을 내딛는 신혼부부들이나 기존의 결혼생활을 영위하고 있는 부부들 역시 서로의 성격을 이해하는 정도에 따라 결혼생활의 행복도가 좌우된다 해도 과언이 아니다.

부부의 성격유형의 중요성을 이해하기 위해 9가지 성격유형에 따른 부부의 이해도를 간단히 예를 들어 살펴보면 다음과 같다.

첫째, 부부 중 한쪽 배우자가 파트너의 사랑을 받는데 특히 목표를 두는 '조력가' 형이라면, 매사에 파트너로부터 사랑받는 쪽으로의 행동을 하고 그 반응을 되돌려 받기를 원하는데, 만약 파트너가 이를 전혀 눈치 채지 못하고 다른 행동을 한다면 사랑표현을 원하는 배우자는 상처받게 되고, 부부 사이는 비틀리게 될 것이다.

둘째, 부부 중 한쪽이 매사에 좋은 결과를 원하는 '성취자' 형이라면 그는 자신이 가치 있는 사람이라는 것을 보여 주는 쪽으로 매사에 행동하게 될 터인데, 만약 파트너가 그런 쪽에 전혀 관심이 없다면 이 부부 또한 갈등하게 될 것이다.

셋째, 부부 중 한쪽이 자신의 독특함을 사랑하는 '예술가' 형이라면 이 사람은 매사에 엉뚱한 발상을 하면서 자신의 독특함을 내세우고 즐기려고 하는데, 만약 파트너가 이러한 것을 전혀 이해하지 못하는 다른 유형의 사람이라면 부부 사이는 순조롭지 못할 것이다.

넷째, 부부 중 한쪽이 명석하게 사고하고, 깊게 몰두하는 '사색가' 형이라면, 그는 매사에 신중하게 생각하고 정보를 많이 모으는데 목표를 두게 되는데 만약 파트너가 이러한 유형과 전혀 상반되는 형으로 이를 이해할 수 없다면 부부 사이 또한 갈등할 수 있다.

다섯째, 부부 중 어느 한쪽이 안전에 대한 욕구가 강해서 항상 남의 환심을 사려는 '충성가' 형이라면, 그는 곧잘 두려움이 생기게 되는 상황이 싫어 매사에 남의 기분을 맞추려고 노력하는 성격유형을 가질 것이다. 이에 대해 파트너가 다른 성향을 가지고 있어, 이를 이해하지 못한다면 부부는 갈등할 수 있다.

여섯째, 부부 중 어느 한쪽이 행복을 탐닉하기 위해 지나친 현실도 피를 보이는 '낙천가' 형이라면, 그는 매사에 새로운 것을 선택해서 인생의 즐거움을 탐닉하려 할 것이다. 만약 파트너가 이와는 다른 유형으로 배우자를 이해하지 못한다면 부부 사이는 순조롭지 않을 것이다.

일곱째, 부부 중 어느 한쪽이 자신의 생존전략으로 자신있게 행동하는 '지도자' 형이라면, 그는 매사에 파트너를 통제하려 하고 힘을 행사하려 할 것이다. 만약 파트너가 이런 배우자를 이해할 수 없는 형이라는 이들 부부 역시 갈등하게 된다.

여덟째, 부부 중 어느 한쪽이 평화를 목적으로 항상 타인과 조화를 원하는 '중재자' 형이라면, 자신의 의견을 내세우지 않고 타인의 의견만을 존중하는 행동을 보일 것이다. 만약 파트너가 이와는 다른 유형으로 이런 성격을 이해할 수 없다면 부부간에 갈등이 생기게 된다.

아홉째, 부부 중 어느 한쪽이 완벽을 추구하는 '개혁가' 형이라면, 그는 매사에 부도덕이나 결함 있는 것을 참아내지 못하고 지적하게 된다. 만약 파트너가 이와 다른 유형으로 이를 이해할 수 없다면 부부 사이는 갈등 관계가 될 것이다.

이처럼 부부간에 어떤 성격유형이 좋냐 나쁘냐를 떠나서 서로가 어떻게 이해할 수 있냐 아니냐에 따라 결혼의 행복도가 달라진다는 의미다. 위에서 든 예들이 절대적일 수는 없지만 적어도 부부가 서로 어떻게 다른가를 이해한다면 그에 따른 행동으로 적어도 결혼의 행복도를 조금은 높일 수 있으리라 본다. 오늘 우리 부부의 성격유형을 탐색해 보고 그 차이를 서로 논해 보면 어떨까?

부부의
스트레스

부부 사이의 스트레스는 부부생활에 큰
영향을 준다. 부부는 살아가면서 크고 작은 일상생활 문제로 인해 스
트레스를 받는다. 그 문제가 모든 부부에게 공통적으로 발생할 수도
있고, 특정한 부부들에게만 발생할 수도 있다. 또 같은 문제라 할지라
도 부부가 그 문제를 받아들이는 태도에 따라 그 반응이 다를 수도
있다.

부부간에 생기는 여러 가지 스트레스를 제대로 해소하지 못하면 부
부 사이에 갈등이 생기고 금이 가기 시작한다. '가랑비에 옷 젖는 줄
모른다.'는 속담처럼 부부 사이의 금도 슬며시 시작해서 조금씩 틈새
가 벌어지다 마침내는 감당할 수 없으리만큼 벌어져서 이혼이라는 큰
사건에 직면할 수도 있다.

부부는 생활에서 생기는 느끼는 스트레스를 충분히 자각하고 그

스트레스를 효율적으로 해소하는 방법을 찾아야 한다. 그래야 부부 사이의 틈이 벌어지지 않고 행복한 생활을 영위할 수 있는 것이다. 이 장에서는 부부의 스트레스와 관련하여 부부탐구의 기술에 대해 살펴보자.

부부의 스트레스 의사소통 유형

현대의학의 발달로 평균수명이 길어지면서 부부가 함께하는 기간 이 더욱 길어지고 있다. 따라서 더욱 길어지고 있는 결혼기간을 어떻게 행복하게 살아갈 것인가 하는 것은 결혼한 부부 모두의 화두가 되고 있다. 아울러 모든 부모들의 바람 중의 하나가 자녀가 성공하는 것을 보는 일이다. 그런데 그 자녀의 성공 여부를 결정짓는 것 중의 하나가 부모의 행복한 결혼생활이라는 것은 거의 도외시되고 있다. 부모가 자녀에게 행복한 생활 모습을 보여줄 때, 자녀도 정서적인 안정감을 가지고 행복하게 성장할 수 있다는 것을 생각해 보아야 할 때이다. 이런 측면에서 부부의 불화 중 큰 비중을 차지하고 있는 스트레스 의사소통에 대해 살펴보고자 한다.

사람들이 화가 나거나 방어적이 될 때 흔히 사용하는 네 가지 스트레스 의사소통 유형이 있다.

첫째, 회유형은 상대방의 비위를 맞추고 호감을 사려고 무엇이든지 '예'라고 하는 사람으로, 극단적인 경우에 아첨꾼처럼 보인다. '당신이 원하는 건 무엇이든지. 나는 신경 쓰지 마, 무엇이든지 다 좋으니까.' 이 말이 의미하는 바는 '나는 아무것도 아니야. 당신이 없다면 나는 아무것도 할 수 없고 존재할 가치도 없어.'라는 뜻이다. 이들은 다른 사람의 사랑과 인정을 통해서만 자신에 대한 가치를 느끼므로, 분노를 표현하지도 못하고 마음속에 담아 두기 때문에 나중에 우울증에 걸릴 가능성이 크다.

둘째, 비난형은 상대방의 잘못을 찾아내는데 명수인 독재자로 언제나 상대방에 대해 무자비한 비판을 가하고 잘못을 일반화시킨다. '당신은 제대로 하는 게 없어.', 이들은 사실은 '나는 외롭고 아무도 나를 좋아하지 않을 거야.'라는 생각으로 자신이 원하거나 필요한 것을 얻을 수 없을 거라는 예감 때문에 늘 화가 나 있고, 따라서 가장 좋은 방어가 강한 공격이라고 여긴다.

셋째, 계산형은 언제나 조용하고 냉정하고 침착하며 초이성적이다. 이들은 옳은 말만 골라 하면서 상대방도 그렇게 해주기를 기대하며 실수를 용납하지 않고, 감정을 부정한다. '누구나 다 알고 있다시피……' 등으로 모든 일을 객관적인 사실과 근거자료, 수치 등을 동원한다. 이들은 '나는 절대로 나의 감정을 드러내지 않으며 다른 사람의 감정에도 관심이 없다.'는 생각을 갖는다.

넷째, 산만형은 언제나 말이 많고 초점이 없으며, 미친 듯이 적극적으로 행동한다. 이들은 시선과 직접적인 답변을 피하며, 주제를 빨리 바꾸거나 논의의 요점을 무시한다. 그러나 이들의 마음속은 무서움과 근심, 걱정으로 가득 차 있어 '내가 어떤 문제를 무시한다면, 그 문제는 존재하지 않게 된다.'는 식이다.

이상에서 살펴본 네 가지 유형을 생각하면 '어, 이건 내 이야기네.' 하고 공감하는 부분들도 많이 있을 것이다. 그런데 이 유형 중에 어느 하나에만 해당되는 경우는 거의 없다. 우리는 모두 이 네 가지 유형이 섞여 있기 때문이다. 일반적으로 남성은 고통이나 두려움을 인정하지 않으려 하고, 여성은 분노를 두려워하는 경향을 보인다. 그래서 남편은 초이성적 비난자가 되어 부인에게 수행과 복종을 강요하기 쉽고, 아내는 분노의 표출을 두려워하기 때문에 딴청을 부리는 회유자가 되기 쉽다.

우리가 이런 스트레스 의사소통 유형을 사용한다면 매우 왜곡된 태도로 정서 상태를 표현하기 때문에 부부가 서로 고통스런 관계에 붙잡혀 있게 된다. 그러므로 부부간의 대화 시 우리에게 어떤 특별한 감정을 일으키는 것이 무엇인가를 확인하기만 하면 그것에 대하여 생각하고, 이야기하고, 변화시키고, 또 그것을 가장 효과적으로 처리할 수 있는 방법을 선택하는 능력을 발휘할 수 있다.

스트레스를 주는 의사소통의 이면을 살펴보면, 회유형은 분노가 드러나는 것을 두려워하여 토끼처럼 달아나는 것이고, 비난형은 고통이나 취약성이 드러나는 것을 두려워하여 사자처럼 싸우며, 계산형은 감정반응을 조절력 상실로 여겨 이를 극구 피하며 로봇처럼 행동하고, 산만형은 공포를 두려워하여 모래밭 속에 머리를 박고 있는 타조처럼 자신을 숨김으로써 문제를 해결하려 한다는 것이다.

부부가 서로 지금까지 사용해 왔던 스트레스를 주는 의사소통 유형을 파악한다면 습관적인 스트레스 의사소통 방식에서 벗어나 서로를 이해하는 새로운 대화 방식을 모색할 수 있을 것이다.

우울증과 행복도 점검

최근에 신문기사를 통해 최근 5년 새 우울증 치료약의 소비가 52%나 증가했다는 놀라운 기사를 보았다. 우리나라에 우울증 환자가 늘어나면서 우울증 치료제인 '항우울제' 소비량이 50% 이상 증가했으며, 여성이 남성보다 항우울제 소비량이 2배 가량 많고, 노년층의 항우울제 복용도 매년 늘고 있다는 분석이다. 특히 항우울제를 가장 많이 복용하는 연령층은 50대로 밝혀졌다. 왜 이렇게 50대에 우울증이 가장 많은 것일까? 물론 전문가들의 말처럼 50대는 사교육비 등으로 경제적 부담이 큰데다 직장에서도 정년퇴직을 맞는 시기여서 이 연령대에 정신적 스트레스로 인한 우울증 환자가 많이 발생한다는 것도 맞는 말이다. 하지만 필자는 50대의 우울증 증가 현상을 가족적인 측면에서 살펴보고자 한다.

어느 연구에서 중년기 성인들을 대상으로 행복도를 조사한 결과 행복도에 가장 큰 영향을 미치는 요인이 가족생활인 것으로 나타났다는 보고결과를 읽은 적이 있다. 그 결과를 보면서 중년기 성인들의 삶에서 차지하는 가족의 중요성을 느꼈는데, 오늘 이 기사를 보면서 중년기의 우울증을 제공하는 요인으로서 또한 동시에 중년기의 우울증을 치료해주는 역할을 할 수 있는 가족의 중요성을 생각해 보게 된다.

50대는 인간의 발달단계상 중년기로서 인생의 위기 또는 전환기를 맞는 시기이다. 중년기에 일어나는 여러 가지 변화, 즉 자녀들의 독립, 직업적응, 노화로 인한 생리적, 심리적 변화에 대한 적응 등의 많은 변화에 직면하게 되는 시기로서 위기에 직면할 수도 있고, 또한 이들을 잘 적응해 내는 새로운 전환기가 되기도 한다는 말이다. 중년기 성인들은 인생의 절정에 있으면서도 그들의 시대가 얼마 남지 않았고, 젊은 시절의 모든 꿈을 다 이룰 수 없다는 것을, 또 그 꿈을 이루었다 해도 기대한 만큼의 만족을 얻지 못했다는 것을 깨달으면서 우울한 기분이 들게 된다. 또한 자녀들이 부모의 슬하를 떠나는 이른바 '빈둥지 시기' 때문에 더욱 중년기 부부들은 위기를 느끼게 되고 이에 대한 부적응은 우울증을 동반하게 되기도 한다.

20년 이상을 부모로서의 역할과 의무감 속에서 바쁘게 살아온 중년기 부부는 자녀들이 독립하고 나면 부부관계에 대해 재평가를 하게 된다. 다시 말해서 자녀의 성장으로 인해 시간의 흐름을 절감하면서 결혼의 의미를 다시 생각하게 되는 것이다. 결혼만족도는 가족생활주기, 즉 결혼시작에서부터 배우자 한 사람이 죽으면서 가족이 소멸할 때까지의 각 단계에 따라 달라지는데, 일반적으로 U자 곡선을 그리는 것으로 이야기되고 있다. 즉 결혼 초기에는 결혼만족도가 높고, 자녀 양육기에는 만족도가 낮아지며, 자녀가 독립한 이후에는 다시 높아진다는 것이다. 중년기에는 결혼기간이 늘어나면서 부부 당사자 간의 활력과 만족도가 떨어지기 때문에 결혼만족도가 비교적 낮은 편이지만 부부가 어떻게 서로를 관리하느냐에 따라 결혼만족도가 달라질 수 있다.

중년기 부부는 자녀들이 독립하면서 부모의 의무로부터 해방되어 그동안 제대로 누리지 못했던 자유를 만끽하고, 부부는 시간을 더 많이 가질 수 있게 되어 서로를 개인적으로 더 잘 알게 되는 새로운 기회, 즉 '제2의 신혼기'를 맞이하게 된다. 지금까지 잘 지내온 부부는 중년기의 위기도 잘 넘기면서 동반자적 사랑이 더욱 깊어지지만, 그동안 위태로운 결혼관계를 유지해왔던 부부는 막내가 독립해서 떠나는 빈 둥지 시기가 되면 개인적 위기와 함께 오히려 결혼의 위기가 될 수 있다. 즉 자녀들이 독립함으로써 부부는 그들에게 더 이상 공통되는 점이 없다는 것을 깨닫게 되면서 결혼생활의 위기를 맞게 되고 만약 이런 상황에 처한 중년기 부부라면 남자든 여자든 우울증에 노출되지 않을 수 없기 때문이다.

중년기의 결혼생활이 얼마나 행복한가는 지금까지의 결혼생활의 질에 달려 있으며, 중년기 성인들의 우울증 역시 결혼생활과 무관하지 않다고 본다. 따라서 중년기 성인들의 우울증을 감소시키고 행복하게 살기 위해서는 무엇보다도 중년기 성인들의 가족생활, 특히 부부관계가 건강하고 행복해야 할 것이다. 부부가 행복하게 생활할 때, 부부의 우울증도 없어질 것이며, 특히 자녀들도 행복한 생활을 할 수 있다.

따라서 중년기 부부는 자신들의 행복도를 점검해 보고 '제2의 인생 전환기'를 준비해야겠다.

부부의 분노조절 기술

최근 대전 지역 뉴스에서 변심한 애인을 죽이겠다고 무려 90회에 걸쳐 협박한 20대 남자가 구속되는 사건이 보도되었다. 문제의 그 남자는 잠시 사귀었던 여성이 헤어지자며 만나주지 않는다는 이유로 몇 개월 동안 '애인을 죽이고 나도 죽겠다'는 글을 블로그에 7차례 올리고, '죽이겠다'는 내용이 담긴 이메일을 83차례 옛 애인에게 보내고 협박했다고 한다. 경찰에 잡히자 그 남자는 '너무 사랑해서 그랬다. 반성하고 있다.'라고 진술했다는데 정말 어이가 없다. 너무나 사랑해서 옛 애인을 죽이겠다고 90차례나 협박을 했다니. 그것은 사랑이 아니라 상대방에 대한 극적인 분노가 표출된 것일 뿐이다.

분노를 잘 조절하지 못하면 다양한 형태의 큰 사건이 발생한다. 부부 사이도 마찬가지다. 부부는 서로를 너무나 친밀하게 잘 알고 있기 때문에 그 가까운 친밀성으로 인해 끊임없이 갈등이 발생하기도 하고, 때로 갈등이 잘 조절되지 않으면 분노가 치솟아 서로 감정을 폭발시키면서 싸우기도 한다. 부부간에 분노를 잘 조절하지 못하면, 부부 당사자는 물론 함께 살고 있는 자녀들에게 치명적인 피해가 간다. 함께 살고 있는 자녀들의 촉각은 부모의 불화에 곤두서 있기 때문에 중요한 것은 부부싸움의 여부가 아니라 부부싸움에 대처하는 방법이라는 점을 명심해야 한다.

부모가 자녀들에게 보여 주는 부부싸움의 대처방법은 자녀들에게 감정을 표현하고 분노를 해소하는 법을 가르치는 값진 학습이 될 수도 있는데, 그러기 위해서는 부부가 싸울 때에 다음 사항을 반드시 기억해야 한다.

첫째, 부부는 서로 상대방에게 욕 또는 모욕을 주거나 비아냥거리지 않겠다고 약속해야 한다. 또 서로의 말을 중간에 끊지 않으며, 부부간에 의견이 일치하지 않는다고 해서 자녀들을 부부싸움에 끌어들이지 말아야 한다.

둘째, 부부는 각자 자신도 모르게 분노로 인해 침묵하지 않도록 해야 한다. 부부가 감정적인 거리감을 드러내 놓고 다투는 것보다 오히려 자녀들을 더 놀라게 할 수 있다. 왜냐하면 자녀들은 아빠와 엄마가 이야기 하지 않는 이유를 이해하지 못하기 때문이며, 자녀들은 자신들이 무엇인가를 해야 하는 책임을 느껴 혼란스러워 한다. 이럴 때는 차라리 부부가 자녀들에게 솔직하게 말하는 것이 낫다. 예를 들면, "엄마와 아빠는 지금 어떤 문제에 대해 의견이 달라서 의논하고 있는 중이야. 가끔씩 엄마, 아빠도 너희들이 다투는 것처럼 다툰단다. 그러나 엄마와 아빠는 문제를 잘 해결하려고 노력하고 있단다." 등의 말로 부부의 행동을 자녀들이 확실히 이해할 수 있게 해주어야 한다.

셋째, 자녀 앞에서 부부가 서로 떠난다거나 헤어진다고 위협하지 말아야 한다. 분노가 치밀면 부부는 자주 별 생각 없이 심한 말을 한다. 그러나 아이들은 그러한 심정을 제대로 알지 못하며 정말 엄마나 아빠가 집을 떠날까 봐 혼돈하고 두려워한다.

넷째, 부부가 정말로 화가 날 때에는 서로의 견해차를 인정해라. 어쩔 수 없는 견해차로 말이다. 너무 흥분되어 분노가 폭발할 것 같은 기분을 느낄 때면 타임아웃을 부르다. 예를 들면, "분노가 너무 치밀어 올라 참을 수가 없으니 20분만 쉬고 다시 논쟁합시다." 등의 말로 잠깐 냉각기를 가지는 것이 분노조절에 도움이 된다.

다섯째, 부부가 서로 해결방안을 토의할 만큼 충분히 진정되었을 때, 서로 자신의 의견을 말할 자격이 있다는 사실을 명심해야 한다. 부부 중에 누가 해당 문제에 대해 더 심각하게 느끼는가를 살펴보고, 문제를 더 심각하게 느낀 사람이 먼저 제안을 하도록 해야 한다. 만약 제안대로 토의가 잘 이루어지지 않을 경우에는 다른 방법을 시도한다. 이런 부모의 모습을 보면서 자녀들은 서로의 생각을 존중하며 의견을 공유하는 것이 중요함을 알게 된다.

여섯째, 부부는 결혼생활에 충실해야 한다. 즉 부부 두 사람만의 시간을 가지도록 해야 하는데, 만약 아이를 돌보는 문제로 부부가 함께하는 시간을 가지지 못한다면, 아이를 돌보는 사람을 구해서라도 규칙적으로 부부 두 사람만이 함께 시간을 보낼 수 있도록 관리해야 한다. 부부간에 건전하고 생산적인 관계가 지속된다면 부부간의 갈등에 대한 문제해결이 보다 쉬워질 것이기 때문이다.

부부싸움을 하더라도 부부가 서로 분노 수위를 조절한다면 건강한 가족으로 살아갈 수 있을 것이다. 무엇보다 자녀들이 상처받지 않고 부모의 사랑을 느끼면서 자랄 수 있도록 해야 한다.

부부의 인생지도

얼마 전 통계청이 혼인·이혼 신고서를 기준으로 작성한 '혼인·이혼 통계'에 따르면 지난해 하루 평균 835쌍이 결혼했고 458쌍이 이혼했으며 전년에 비해 결혼 건수는 0.6% 줄었고 이혼은 15% 늘었다고 발표했다. 이 발표에 따르면 이혼이 이제 2쌍 중에 1쌍으로 나타나 마치 이혼율이 고속도로를 달리는 듯한 느낌이 든다. 작년에 3쌍에 1쌍 꼴로 이혼한다는 보고에 충격을 받았는데 이제는 2쌍에 1쌍이라니 할 말을 잃는 심각한 상태이다. 더욱이 자료를 분석한 결과 지난해 이혼한 부부 중에 결혼한 지 20년이 넘은 부부가 17.8%에 달해 중년기 이혼이 전체의 약 5분의 1을 차지하고 있는 실정이다. 이제는 '검은 머리 파뿌리 되도록'이란 서약이 아무런 소용이 없는 시대가 되었다.

그동안 부부의 결혼 초기 적응이 잘 안되어 신혼기 부부의 이혼율이 급격히 늘어나더니 최근에 조금씩 줄어들고 있는 반면, 이제는 중년기 이혼이 늘고 있다 한다. 중년기 이혼은 평균적으로 남자는 41세, 여자는 38세에 이혼을 하고 있으며 이혼하기 전에 부부가 함께 산

기간은 평균 11.4년으로 보고되고 있다. 이혼사유로는 성격 차이가 45.3%로 가장 많았고 다음으로는 경제문제가 16.4%로 나타났다. 전통적인 이혼사유인 성격 차이가 여전히 수위를 차지하고 있는 가운데 경제문제로 인한 이혼이 급증하고 있다. 부부간에 성격 차이나 경제문제가 생겼다고 모든 부부가 이혼을 하지는 않는다. 왜? 어떤 부부는 이혼을 하고, 어떤 부부는 더 결속을 하면서 이를 극복해 나갈까? 이들 부부에게 무슨 차이가 있기 때문일까? 대답은 부부가 어떤 상태로 결속되어 있느냐에 달려 있다 하겠다. 다시 말해서 부부가 얼마나 성숙된 상태로 삶을 함께 해 나가고 있느냐의 차이라 볼 수 있다.

부부를 단위로 하는 가족도 성숙하며 성장·발전한다. 남녀의 결혼으로 시작된 가족의 발달과정을 보면 이를 일명 가족생활주기(family life cycle)라고도 하는데, 크게 3단계로 나뉘어져 발달된다. 첫째 단계는 신혼기라 불리는 형성기이며, 둘째 단계는 확대기로서 첫 자녀 출산에서부터 시작해서 막내자녀의 결혼까지를 의미하고, 셋째 단계는 축소기로서 직장에서 은퇴한 후부터 사망하여 가족이 해체될 때까지를 의미하는데, 각 단계마다 이룩해야 할 발달과업이 있다. 그 중에서 중년기는 가족발달의 두 번째 단계인 확대기 말에 해당되는 시기로서 독특한 위치에 있다. 위로는 노부모세대를 부양하고 아래로는 청소년 자녀세대를 동시에 지원해야 하는 위치에 있는 중년기는 이른바 '협공 받는 세대', '샌드위치 세대'로 불리며 동시에 개인적으로는 삶의 과정에서 중년기 위기에 노출되거나 갱년기 증세로 자신감을 잃는 과정에 있는 어려운 시기이기도 하다.

특히 최근에 명예퇴직이나 감원 바람이 불면서 중년기 남편들이 이 과정에서 직장을 잃고 방황하는 비율이 증가하고 있다. 중년기 아내

역시 다 큰 자녀들을 학업이나 취업 등의 이유로 곁에서 떠나보내고 허전한 상태이거나 혹은 자신의 인생에 대한 공허감으로 방황하고 있을 확률이 높다. 이러한 때에 부부가 서로 적극적으로 의사소통하면서 어려움을 함께 극복해 나간다면 행복한 중년기 부부로 계속 성장할 수 있지만 반대로 대화가 잘 안될 경우에는 서로 상처를 주고받으며 갈등하는 부부로 살아가게 되고 심하면 중년기 이혼으로까지 치닫게 된다. 10여 년 전 미국 사회에서 일어났던 조기퇴직이나 명예퇴직 열풍이 지금 우리나라에서 발생하면서 많은 중년기 남편들이 설 자리를 잃고 방황하고 있다. 이같은 사회적 변화의 회오리 속에서 부부의 결속이 잘된 성숙한 부부는 이 어려움을 대부분 슬기롭게 잘 극복해 내고 있지만 그렇지 못한 부부의 경우에는 대개 가정에 문제가 생기게 된다.

가족을 형성한 부부가 죽기까지 평균수명 80세를 기준으로 볼 때, 50년 이상을 함께 지내게 되므로 부부가 잘 살아나가기 위해서는 부부인생에 대한 준비가 되어 있지 않으면 안 된다. 즉 부부가 어떻게 살아가야 할지에 대한 인생지도와 나침판이 있어야 할 것이다. 더구나 오늘날 사회는 과거와 달리 변화무쌍한 환경을 제공하고 있기 때문에 더욱 이러한 준비가 필요하다.

가족을 이끌어가는 부부의 축이 든든할 때 가정은 물론 사회 및 국가가 안정되고 튼튼해질 것이다. 부부의 인생여정에 대한 인식과 관리가 그 어느 때보다도 중요한 것 같다.

중년기의 위기와 대안

5월은 가정의 달이다. 가족의 중요성이 그 어느 때보다 강조되는 시기이다. 인간은 직장과 가족이라는 양대 축을 중심으로 삶을 살아간다고 생각하는데 흔히 직장생활은 열심히 최선을 다해 노력하지만 가족에 대해서는 그냥 가만히 있어도 저절로 굴러간다고 생각하고 별로 노력하지 않는다. 그러다가 삐걱거리며 나타나는 것이 균열된 가족의 모습이다. 때늦은 후회로 금이 간 것을 원래 상태로 만들려고 노력하지만 생각보다 쉽지 않으며, 이러한 삶의 모습 중 대표적인 것이 바로 중년기 위기의 모습이다. 최근 우리 사회에 많이 회자되고 있는 용어 중의 하나가 중년기 위기로서 위기의 남자, 또는 위기의 여자 등이며 종종 드라마나 연극의 주제가 되고 있다.

중년기는 젊은 세대와 노인세대의 중간에 위치하는 세대이다. 왜 중년은 위기의 시기일까? 이는 중년기의 특성과 관련이 있다. 융(Jung)은 인생의 전반기에는 사람들이 그의 외부세계와 밀접한 관계를 맺으면서 살아온 것에 비해 인생의 후반기에는 그들의 내면세계에 귀를 기울이며 삶의 방향을 전환한다고 했다. 또한 레빈슨(Levinson, 1978)은 중년기를 자기 자신에 대한 재평가와 자아비난의 시기로 보았다. 자신을 돌아보며 지금까지 내가 무엇을 해왔나? 40년 가까이 살아온 인생의 목표와 야망은 어떻게 되었나? 우리의 결혼생활은 어떠했나? 등의 질문을 제기하면서, 나이 먹는 것에 대한 아쉬움과 자신에 대한 갈등과 혼돈, 심리적 허탈감 등으로 자아정체감의 위기를 가져오며 이로 인해 부부관계와 자녀관계에도 영향을 끼칠 수 있다.

이러한 중년기 위기는 크게 세 측면으로 볼 수 있다.

첫째, 중년기 부부관계의 위기는 20년 이상을 부모로서의 역할과 의무감 속에서 바삐 살아온 중년부부가 자녀들이 독립해 나간 뒤 다시금 진실하게 서로를 바라볼 수 있게 되면서 그들의 관계를 재평가하게 된다. 이 때, 성공한 남편들은 지금까지 자신이 걸어온 분야에서 쌓은 전문적인 지식과 기술로서 마음껏 자신의 기량을 발휘하며 자기 성취로 인한 생의 만족감이 최고 정점에 이를 수 있는 시기이다. 반면에 전업주부인 아내들은 남편의 일 몰두 성향으로 부부가 함께하는 시간이 줄고 대화 부족으로 심리적 허탈감을 느껴 삶의 만족도나 결혼생활의 만족도가 최하의 수준에 있어 부부간 친밀감의 간격이 가장 크게 벌어질 수 있다. 둘째, 신체와 관련된 위기로서 중년기 여성들은 '갱년기 증상'과 같은 신체적 변화가 뚜렷하게 드러나면서 무력감을 느끼고, 남성들의 경우 역시 신체의 점진적 쇠퇴와 함께 만성적인 성인병이 증가하여 남성다움의 상실에 대한 두려움과 우울증에 빠지는 심리적 불안감을 나타내기도 한다. 셋째, 중년기는 자녀들의 독립을 통해 상실감도 있지만 동시에 자유를 느끼게 되어 시간과 에너지를 새로운 취미생활이나 부부들만의 여가계획에 투자하기도 한다. 그러나 이러한 자유와 함께 연로한 부모를 모셔야 하는 또 다른 부양의 의무를 인식해야 하는 시기이기도 하다. 특히 별거하던 부모님의 건강이 악화될 경우 새롭게 생활을 조절해야 하는 문제가 발생하게 된다.

이상과 같이 중년기 위기의 필연성에 관련된 몇 가지 요인을 살펴보았는데, 그러면 중년기는 누구에게나 꼭 위기로만 오는가 하면 그렇지는 않다. 개개인의 주어진 환경이나 여건에 따라 다르게 나타날 수 있다. 위기(危機)라는 한자어 그대로 중년기는 위험할 수도 있고 동시에 새로운 기회가 될 수도 있다.

그러면 중년기를 성공적으로 보내기 위해서는 어떻게 해야 하나? 중년기를 성공적으로 이끌어가기 위해서는 무엇보다 개인적인 성장과 함께 부부관계를 새롭게 재생시키는 것이 필요하다. 즉 개인적인 과제로서는 중년기에 대한 사고의 전환으로 결혼생활에 대한 회의 역시 정상적인 삶의 한 과정임을 인식하고 그것을 극복하려는 노력이 필요하다. 또한 부부관계의 성장을 위해서는 부부가 상대방에 대한 지나친 기대를 수정하고, 서로 정서적 지지를 보내며, 부부 공동의 취미나 관심사를 개발해야 한다. 이처럼 부부가 삶의 새로운 탐색에 적극적으로 참여하고 함께 노력하게 될 때 중년의 위기는 성공으로 갈 수 있을 것이다.

이혼가족의 문제

어느새 12월이다. 마지막 달력 1장을 앞에 놓고 모두들 상념에 묻히는 달이기도 하다. 올해 역시 다른 해와 마찬가지로 다사다난한 한 해였지만 특히 가족문제와 관련하여 빼놓을 수 없는 것 중의 하나가 이혼가족의 급증 현상이다. 하루 840쌍이 결혼을 하고 398쌍이 이혼을 하는 세계 최고 수준의 이혼율을 보이면서 우리 모두에게 충격과 경각심을 준 한 해였고, 보건복지부는 이혼숙려기간을 설정하는 방안을 검토하기에 이르렀다.

이혼율 문제는 개인과 가족뿐만 아니라 한 나라를 구성하는 사회구조에도 막대한 영향을 미치므로 중요한 문제이다. 우리나라의 이혼율은 1980년대에 들어오면서 조금씩 상승하기 시작하다가 2002년 이후 현재 우리나라의 조이혼율은 인구 1천 명당 3건으로 OECD 회원국 중 미국(4.2건)에 이어 세계 2위이다. 가족해체를 나타내는 대표적 지표로 여겨지는 이혼율이 급증한 것은 우리나라 가족의 현주소에 대한 많은 우려를 야기하는 문제이므로 그 양상과 원인을 파악할 필요가 있다고 본다.

먼저 우리의 이혼양상은 수적인 증가뿐만 아니라 몇 가지 주목할 만한 변화가 관찰되는데, 첫째, 과거에는 이혼이 결혼 후 5년 이내의 부부인 젊은 연령층에 집중되어 있었으나 최근에는 다양한 연령층으로 확산되고 있다. 특히 중년층의 이혼이 다른 어떤 연령층의 이혼보다 큰 폭으로 증가하였으며, 결혼 후 15년 이상 된 부부의 이혼율 증가가 두드러진다. 즉 이혼이 결혼 초기에 한정되지 않고 가족생활주기 전 단계에 걸쳐 나타나는 것으로 변하고 있으며, 자녀를 낳고 상당 기간 동안 결혼생활을 영위한 부부들의 이혼이 우리 사회의 이혼 증가에 핵심적인 기여를 하고 있음을 알 수 있다.

둘째, 과거에는 외도, 폭행과 같이 결혼관계의 근본을 해치는 심각한 문제가 있는 경우의 이혼이 많았던 반면, 점차 성격 불일치, 생활양식 부조화 등에 의한 이혼의 비중이 높아지면서 이혼사유가 갈수록 다양화되고 있다. 이는 결혼관계에서 중시되는 요소의 시대적 변화를 반영하면서, 부부간의 의사소통 문제나 이해 부족과 같은 정서적 문제가 있는 경우에도 이혼이 대안으로 여겨지기 때문이다. 셋째, 과거에는 자녀가 있는 부부의 경우 이혼을 망설이고, 이혼 후에도 자녀 양육권을 서로 차지하기 위한 갈등이 있었다면, 최근에는 이혼 후 자녀를 유기하는 경향이 증가하는 것으로 나타난다. 즉 이혼의 대표적 억제요인인 자녀의 의미가 축소되고 있고, 이는 한국사회에서의 이혼 성격 자체가 변화하고 있음을 시사한다.

한편 이혼율 증가의 원인을 보면 복합적 사회현상으로 그 원인을 언급하는 것이 쉽지 않지만, 먼저 교환론적 관점을 적용하면 결혼관계에서 얻는 '보상'과 이혼에 따르는 '비용'의 비교에서 이혼 여부가 결정된다고 볼 수 있다. 즉 부부관계에 대한 기대와 실제 사이에 괴리가 커지고 결혼생활에 대한 불만이 높아지면 '행복하지 못한 결혼'의 해소가 증가할 수 있다는 것이다. 보통 고통스러운 결혼을 해체하지 못하는 결정적 이유는 그 결혼으로부터의 '보상'때문이 아니라 이혼을 하게 되면 치러야 할 '비용'이 크기 때문이다. 이는 이혼에 대한 사회의 부정적 시각이나 자녀에 대한 걱정, 경제적 이유 때문에 결혼관계를 깨지 못한다는 것이다. 그러나 최근에는 법제적 요인의 변화, 여성의 경제활동 참가, 그리고 이혼에 대한 부정적 시각이 완화되면서 이혼의 비용이 저하되고 있다고 할 수 있다. 다음으로는 경제적 위기로 인한 가족해체의 증가현상을 들 수 있는데, IMF 사태로 인해 우리 사회의 이혼율은 급격히 상승하게 되었다.

이처럼 우리 사회의 이혼문제를 살펴볼 때 이제는 가족을 운영하는 부부는 물론 사회의 인식이 바뀌지 않으면 안 되겠다. 가족해체가 증가하면 가족구성원의 불안한 삶은 물론, 사회 전체가 흔들리게 된다. 따라서 가족의 운영 주체인 남편은 전통적인 가부장적 사고방식에서 벗어나 파트너인 부인의 입장을 배려해 주어야 한다. 그래서 부부가 함께 행복한 삶을 영위할 때 이혼이라는 극단적인 가족해체가 방지될 수 있을 것이다. 또한 지역사회에서도 가족해체에 대한 부작용의 심각성을 인식하여 부부를 대상으로 한 각종 프로그램을 보급함으로써 건강한 사회를 만들도록 노력해야 할 것이다.

부부싸움 효과적으로 대처하기

며칠 전 신문에 부부싸움 후 푸는 방법에 대해 남녀의 차이가 있음을 다룬 흥미 있는 기사가 실렸다. 사실 부부싸움 해법은 결혼생활을 하는 모든 부부의 화두이기도 하므로 이 기사가 많은 사람들의 관심을 끈 것은 당연하다.

내용인즉 재혼전문 사이트가 결혼정보회사와 공동으로 돌싱(결혼 후 이혼으로 인해 돌아온 싱글) 남녀 510명을 대상으로 '부부싸움 후 스킨십의 효과'에 대해 설문조사를 했는데, 조사 결과에 따르면, 남성 응답자의 절반이 넘는 55.7%가 '효과가 크다'라고 대답한 반면, 여성은 '문제만 키운다(42.0%)'거나 '별로 효과 없다(21.1%)'는 부정적인 대답이 과반수를 넘었다(63.1%). 즉 여성 36.9%만이 '효과가 크다'라고 대답하여 '부부싸움 후 스킨십의 효과'에 대해 남녀 간에 인식의 차이를 보였다.

또 부부가 토라진 배우자의 마음을 돌리기 위해 이용하는 방법도 남녀 간에 차이가 컸다. 남성은 아내와 화해를 시도하는 비중이 '외식을 통해서(29.0%)'가 가장 높고, 다음으로 '사과한다(23.1%), 스킨십(19.2%), 시간이 약(15.7%), 선물(8.6%)' 등의 순으로 나타났다. 이에 비해 여성은 남편과 화해를 시도하는 비중이 '시간이 약(28.2%)'이 가장 많았고, 다음으로 '맛있는 요리(21.2%), 시댁에 호의 베풀기(16.5%), 스킨십(13.3%), 사과(11.8%)' 순으로 나타났다.

이 두 결과에서 보는 것처럼 부부로 사는 남성과 여성은 '부부싸움의 화해 방법'에 있어서도 판이하게 다른 생각을 하고 있음을 보여준다. 만약 이런 차이를 무시하고 각자의 생각대로 밀어붙인다면 부부싸움 화해 시도가 또 다른 부부싸움을 일으키게 될 것이 뻔하다. 무엇보다도 부부싸움 후 화해를 할 때, 남성은 스킨십이 만병통치약이라는 생각을 갖고 있지만 정작 여성들은 그것이 문제만 더 키운다는 생각을 하고 있다는 차이에 대해 서로 인정하고, 효과적인 대처방법을 찾아야 할 것이다.

결혼생활에서 부부싸움은 필연적으로 있기 마련이고, 부부싸움에는 반드시 화가 동반된다. 그러나 화 그 자체가 진정한 문제가 아님을 알아야 한다. 건강한 부부관계를 유지하기 위해서는 화를 안내는 것이 아니라, 부부가 서로 화를 잘 다루는 것이 필요하다. 사람들은 자신들의 분노를 각자의 방식대로 다룬다.

어떤 부부는 화 그 자체를 부정하는데, 이는 분노를 인정하지 않는 것이 고통도 적다고 생각하기 때문이다. 그러나 그런 사람들은 분노를 마음속 깊이 묻어 두었다가 배우자와 논쟁할 때 방어적이 되거나 폭발하게 된다. 어떤 여성들은 분노를 다루기 힘들어 하며, 화를 내는 행위에 대해 죄책감을 느껴 화를 나타내지 않으려고 하기도 한다. 하지만 문제는 표현되지 않는 화가 그냥 사라지지 않는다는 것이다. 수년간 부정해온 분노는 자기 자신을 비하시키고 스트레스로 인한 만성질병을 앓게 만들기도 한다. 그것은 육체적, 그리고 감정적 에너지를 소진시키고 심장병의 원인이 되기도 한다. 그때그때 잘 풀지 못한 화나 분노는 잠재되어 있다가 배우자의 가벼운 비난이나 단순한 행동에 화산처럼 폭발하게 되어 부부싸움을 걷잡을 수 없게 만들기도 한다.

부부가 서로에게 비난과 적개심을 가지게 되면 쓸데없이 되풀이되는 논쟁에 빠져, 어떤 부부들은 자신은 옳고 배우자가 잘못되었다는 것을 증명해 보기기 위한 가치 없는 시도를 하기도 한다. 이때 상대방 배우자는 당연히 상처를 입을 것이다. 어떤 부부는 끝나지 않는 다툼이 쓸모없다는 것을 알고 있지만, 어떻게 그 궁지에서 벗어나야 하는지를 모르는 부부도 많다.

결혼생활을 성장시키기 위해서는 올바르게 화를 내는 방법을 알아야 한다. 그 첫 단계는 화가 나고 약이 오르게 하는 상대방 배우자의 행동이나 모습을 서로 인식하는 것이다. 두 번째 단계는 직접적인 화의 감정을 인식하고 배우는 것이다. 이 때 주의해야 할 것은 부부싸움에서 화나 분개의 욕구를 감추는 것은 부부 사이의 경고의 표시가 될 수 있다. 남편과 아내는 그들의 화나 분개의 욕구를 정확하게 표현함으로써 부부 모두가 자존감을 갖게 되고 또한 결혼생활을 공고히 하게 된다.

결론적으로 부부가 부부싸움을 할 때, 화를 감추지 말고 서로의 어떤 의견 차이로 어떤 화나는 감정이 생기는지, 그리고 어떻게 해결하면 좋겠는지 서로 이야기하며 화를 해결해 나가야 한다는 것이다. 우리 모두 우아하게 화를 표현하는 방법을 연구해 보면 어떨까?

부부 사랑 측정 시스템

우리나라의 부부관계가 변하고 있다. 전통적으로 존재했던 가부장제의 영향 아래 수직적인 종속관계였던 부부관계가 사회변화로 인해 수평적인 평등관계를 지향하며 변하고 있고 그 결과들이 사회 전반에서 나타나고 있다. 요즘 사회적으로 급물살을 타면서 이슈가 되고 있는 양성평등문제 역시 같은 맥락으로 볼 수 있다. 이처럼 부부관계가 중시되면서 부부간의 사랑 역시 화두로 떠오르고 있는데, 이러한 경향을 뒷받침하듯이 최근 미국에서 관심을 끄는 프로그램이 개발되어 국내에 소개되었다.

이 프로그램은 부부 사랑이 오래 갈지 아니면 이혼하게 될지를 예측해주는 부부 사랑 측정 시스템이다. 워싱턴대학의 존 고팀(심리학) 교수와 제임스 머리(수학) 교수가 13일 시애틀에서 열린 미국과학진흥협회(AAAS) 연례 총회에서 부부의 미래를 정확히 예측하는 수학적 모델을 개발했다고 공식적으로 밝힌 것인데, 고팀 교수는 "수학과 심리학을 결합시켜 만든 이 측정 모델은 부부가 5년 안에 이혼하게 될지, 아니면 시간의 시험대를 통과하게 될지를 94%의 정확도로 예측할 수 있다."고 장담했다.

오늘날 이혼이 급격히 증가하다 보니 부부간의 결속을 위해 별의별 대안이 만들어지고 있는 것 같다. 이 프로그램이 가지는 의의는 부부 사랑 측정 시스템의 측정을 통해 부부 사이가 문제가 있다고 분석되면 그에 따른 가족상담이나 치료를 통해 부부간의 결속을 강화시켜줄 수 있기 때문에 효과적이다. 이혼율이 세계 1위인 미국이 이런 시스템을 개발하면서까지 부부간 결속을 강화하여 가족을 보호하려는 데 대해 그 대응책의 치밀함에 감탄스러울 뿐이다. 그런데 이런 방안은 미국뿐만 아니라 우리나라에도 그대로 적용될 수 있는 사안이다. 현재 세계 2위의 이혼율을 보이는 우리나라 역시 부부 갈등으로부터 자유로울 수 없는 입장이기 때문이다.

부부간의 갈등요소는 그 첫 번째가 부적절한 의사소통 때문이다. 즉 부부가 주고받는 말들의 메시지가 부부 각자에게 서로 다르게 전달되어 갈등을 일으키는 것이다. 이 사소한 차이가 부부간의 간격을 얼마나 크게 벌려놓는지 많은 부부들이 미처 상상하지 못할 것이다.

한 예를 들면 직장상사에게 꾸중을 듣고 기분이 나빠 퇴근한 남편이 집안에 들어서면서 던지는 첫 마디가 '집안이 왜 이 모양이야!'라고 표현했다고 하자. 이때 남편의 말을 들은 부인이 그 말 자체만 듣고 분개해서 '웬일로 일찍 들어와 집안일에 간섭이냐, 당신은 청소 제대로 해 본 일이 있느냐!'라고 신경질적으로 대응한다면 그 집 부부는 필경 싸우게 된다.

그러나 똑같은 상황에서 만약 부인이 그 말을 듣고 순간적으로 남편의 그 말 이면에 숨어 있는 불편한 마음을 인지하고, '어머, 미안해요. 치운다고 치운 것이 오늘따라 그렇게 되었네요.' 하면서 '그러나 저러나 당신, 요즘 같은 불경기에 회사생활도 너무 피곤하시죠? 우선 따끈한 차라도 한 잔 드실래요?' 하면서 미소 띤 얼굴로 반응한다면 그 후의 상황은 완전히 다르게 전개된다. 이것이 의사소통에 있어 적극적인 의사소통의 효과라 할 수 있다.

이를 반영하듯이 부부 사랑 측정 시스템을 개발한 연구팀은 수백 쌍 부부에게 서로 대립하는 토론 주제를 주고 15분 정도 토론하도록 한 뒤에 이를 녹화하여 '다우존스 부부 대화 평균지수'라는 모델을 만들었다. 부부 사이에 긍정적 상호작용이 이루어질 때마다 1점을 추가하고 부정적 상호작용에 대해서는 1점을 빼며, 얼굴표정과 심장박동 등도 측정해서 종합분석한 후 긍정적 상호작용과 부정적 상호작용의 비율을 계산한다는 것이다. 따라서 부부 대화에서 부정적 상호작용의 비율이 20% 이내이어야 하고, 만약 그 이상이 되면 어려움에 빠진다는 것이다.

이는 부부 사랑을 가꾸어 나가는데 있어서 부부 대화의 중요성을 단적으로 보여 주는 프로그램이라는 생각이 든다. 대부분 부부간 갈등의 첫째 원인은 의사소통의 부적절함에 의한 것이다. 따라서 부부간의 결속을 강화하고 사랑을 가꾸어 나가기 위해서는 무엇보다 서로가 이해하고 배려하면서도 정확한 의사전달을 하는 것이 필요하다 하겠다.

건강한 부부와 긍정적 커뮤니케이션

요즈음 나라 전체가 '도청' 규명 문제로 열기가 뜨겁다. 논란이 되고 있는 녹음테이프의 진위여부를 비롯하여 각종 의구심도 만만치 않다. 이 모든 사태를 보면서 정치권에서 커뮤니케이션이 제대로 안 되고 있구나 하는 답답함을 느낀다. 커뮤니케이션은 서로를 이해하는데 필수적이다. 만약 가족 내에서도 서로 커뮤니케이션이 잘 안 된다면 비슷한 상황이 발생하여 가족이 모두 갈등에 빠질 것이다.

부부가 행복한 관계를 유지하기위해서는 좋은 커뮤니케이션이 필요하다. 왜냐하면 좋은 커뮤니케이션은 자신의 생각을 억압하지 않고 표현하여 상대방에게 수용되고 있다는 느낌을 주기 때문에 가족의 정신건강을 촉진하고 소속감을 주며, 문제를 잘 해결할 수 있게 하는 윤활유 역할을 하기 때문이다. 부부치료 및 가족치료자들은 가족불행의 원천이 커뮤니케이션의 결여뿐만 아니라 방법에도 있다는 사실을 지적하고 있다. 건강한 부부가족을 만드는 좋은 커뮤니케이션을 위한 몇 가지 전략을 생각해 보자.

첫째, 충분한 시간을 주어야 한다. 가족끼리 나누는 대화는 그저 일상적이고 사소한 이야기라 하더라도 서로 이야기 나누는 것을 즐기는 게 중요하고, 그러다 보면 중요한 이야기가 연결될 수 있다. 자녀들이 부모에게 사소한 문제를 이야기할 수 없다면 어떻게 자신에게 큰 문제가 된 사건을 이야기하겠는가. 그래서 자녀들이 충분히 이야기할 수 있는 시간이 주어져야 한다.

둘째, 경청이다. 어떤 남편은 아내가 자기 말을 잘 경청해 주는 것만으로도 큰 도움이 된다고 했다. 아내가 특별한 조언을 하지 않아도, 아내에게 이야기하다 보면 사태를 분명하게 내다볼 수 있게 되고, 스스로 해결책을 발견하게 되기 때문이다. 이처럼 경청은 상대방의 말을 귀 기울여 잘 들어주므로 상대방을 따뜻하게 배려하고 존중한다는 메시지를 전달하여 관계를 강화시켜준다.

셋째, 이따금 점검해 보라. 어떤 남편이 매일 밤 집에 들어와서는 신경이 날카롭고, 여러 번 별것 아닌 일로 아내에게 화를 내어 아내도 마음이 상하고 남편에게 분노를 느꼈다. 아내의 분노는 남편의 행동이 다 자신을 향한 것이라고 생각했기 때문이다. 그러나 아내가 정말 문제가 무엇인지 점검해보기 위해 어느 날 용기를 내어 남편에게 "당신 기분이 언짢아 보이는데 나 때문인가요?" 하고 물은 결과 회사의 어려운 사정 때문이라는 것을 알게 되었다. 만약 아내가 남편의 행동에 대한 점검을 하지 않았더라면 그 부부의 갈등상황은 더욱 악화되었을 것이다.

많은 부부들이 피해야 할 두 가지 커뮤니케이션 함정이 바로 '간접적 커뮤니케이션'과 '마음 읽기'이다. 간접적인 커뮤니케이션 예를 들면 어떤 아내가 남편에게 "시내에 어디 좋은 영화 상영하는 곳이 있을까?"라고 말했다면 그것은 "지금 영화 보러 가고 싶다."는 의미이다. 만약 남편이 이 말을 액면 그대로 받아들이고 "잘 모르겠는데."라고 응답한다면 부인의 마음을 몰라주어 이 부부는 부족한 의사소통 때문에 갈등관계로 갈 수 있다. 이런 경우 아내는 영화를 보러 가고 싶다고 직접적으로 표현하는 것이 바람직하다. 또한 '마음 읽기'란 상대방의 생각을 확인해보지 않고 자기 마음대로 추측하는 것으로 이른바 말해 '넘겨짚기'로써 이런 행동은 상대방의 생각을 확인해 보지 않고 마음대로 추측해서 행하므로 오해가 생기기 쉽다.

넷째, 상대방의 세계로 들어가 보라. 부부는 각자 자기의 고유한 세계 안에서 살아왔으므로 상대방의 입장에서 볼 줄 아는 '공감'을 가져야 한다. 어떤 아내가 남편이 식탁에서 말하는 습관이 퉁명스러워 언제나 불만이었는데, 시댁 식구들의 식사태도를 경험하고는 오해가 풀렸다는 것이다.

다섯째, 비판이나 평가를 삼가라. 부부싸움을 하더라도 인신공격은 절대 하지 않아야 한다. 무례한 판단은 관계를 손상시키므로 건강한 가족을 만들기 위해서는 상대방을 평가하거나 비판 또는 우월감을 가지고 대하지 않아야 한다.

여섯째, 항상 정직해라. 건강한 가족은 정직과 개방으로 특징지을 수 있으며, 이를 위해 의견의 불일치나 생각들을 긍정적이고 비판단적이며, 상처를 주지 않는 방법으로 표현할 수 있어야 한다는 것이다.

이상과 같은 전략들을 사용한다면 누구라도 건강한 부부관계를 만들어 갈 수 있을 것이다.

부부의
외도

부부 사이에 어느 한쪽이 바람을 피워 서로 간에 신뢰감을 회복시킬 수 없는 경우가 생긴다면 나는 어떻게 해야 할까? 이러한 생각은 상상만 해도 끔찍하다. 하지만 실생활에서는 이런 일들이 의외로 많이 일어나고 있다.

최근 미국에서 아내의 외도 비율이 남편과 비슷해졌다는 조사 결과가 발표되었고, 아내의 외도로 이혼하는 부부도 그만큼 늘어나고 있다. 미정부 기관인 국립과학재단(NSF)의 지원으로 실시된 조사에서 지난 2010년도에 결혼생활 중에 외도를 한 적이 있다고 응답한 남편의 비율은 19%, 아내는 14%로 나타났다. 미국은 이와 동일한 조사를 1972년부터 매년 실시하고 있다. 이 조사에서 남편의 외도 비율은 1991년에 21%이고, 2010년에 2%가 떨어진 것으로 나타났으나, 아내의 외도 비율은 1991년 11%에서 2010년에 3%가 올라갔다고 월스트리트 저널이 보도했다.

2011년 인디애나 주립대 등이 실시한 조사에서도 결혼생활 중 외도를 한 경험이 있는 남성이 23%, 여성이 19%로 엇비슷했다고 보고했다. 즉 남녀 사이의 외도 비율 차이는 사라져 가고 있는데, 사실 이 같은 조사에 솔직하게 답변하지 않는 사람들이 많기 때문에 실제로 외도 비율은 조사 결과보다 더 높을 수 있다고 보았다.

미국의 시사주간지 〈타임지〉가 2011년 19일 '아시아의 성'에 대한 특집기사에서 한국을 비롯하여 홍콩·태국·필리핀·싱가포르 5개국의 성 행태·의식에 대한 조사를 벌인 결과, 한국 기혼자 중 남성은 63%, 여성은 29%가 '혼외정사를 했다.'고 응답한 것으로 나타났는데, 이는 우리의 상상을 뛰어넘는 수치이다.

또 우리나라에서도 2011년 '기혼 남녀의 혼외관계에 관한 연구'라는 석사학위 논문을 통해 기혼자의 혼외관계 실태와 원인을 조사한 연구가 있는데, 그 결과를 보면 놀랍다. 서울·경기에 거주하는 20~50대의 기혼 남녀 263명(여성 196명, 남성 67명)을 대상으로 설문조사를 한 결과 '혼외관계를 가진 적이 있다.' 는 응답자는 남성이 46.2%로 절반에 육박했다. 이에 비해 여성은 26%로 상대방적으로 낮았지만 결코 낮은 수치가 아니다. 외도 경험이 있다는 응답자 가운데 '현재 외도 중'인 경우는 여성이 14.3%로 12.3%인 남성보다 다소 높게 나타났다고 밝혔다.

연구자는 남자들은 결혼생활이나 성생활에 만족해도 기회가 생기면 바람을 피웠고 주로 욕구에 의한 외도라고 했다. 반면에 여자들은 그럴 만한 이유가 있어야 다른 사람을 만나는데, 주로 시집과의 불화, 경제적 상황 등이 원인이 된다고 보고했다.

남성들의 권위적인 태도는 혼외관계를 바라보는 의식에서도 큰 차이를 보여, 유부녀의 바람에 대한 기혼남들의 의식은 '절대 그래서는 안 된다.'는 쪽이 압도적인 반면, 유부남의 바람에 대해 기혼녀들은 '남자가 그럴 수 있지.'라고 생각하는 쪽이 많았다고 한다. 즉 우리 사회에 뿌리박힌 '여자는 바람을 피우면 큰일 나지만, 남자는 괜찮다.'는 의식의 이중 잣대를 엿볼 수 있다.

이혼율이 급증하는 이유 중의 하나로 정보의 바다인 '인터넷'이 외도 범죄의 온상으로 떠오르고 있는데, 유부녀들이 채팅에 빠져 가정에 소홀하거나 불륜을 저지르게 되기 때문이다. 이 연구 가운데 '만약 당신의 결혼생활이 불행하다면'이라는 질문에 남자 54.9%, 여자 68.6%가 '다른 이성에게서 행복을 찾는다.'고 응답했으며, '배우자 외 이성과 사랑에 빠질 수 있나?'라는 물음에는 '나는 원래 애인을 원해 왔다.'가 남자 49.8%, 여자 46.8%로 나타나 우리나라 외도실태의 현주소를 보여 주었다.

외도는 필연적으로 이혼이라는 결과를 수반한다. 최근 대한민국은 이혼공화국이라는 이야기가 회자되고 있으며, 이혼율 세계 3위에 올라 있다. 2011년 통계청의 자료에 의하면 33만 쌍이 결혼했고, 11만 쌍이 이혼했다. 결혼 3~5년차 미만의 신혼기 이혼율은 전체의 27%, 결혼 20년차가 대부분인 50~70세의 황혼 이혼율은 25%다. 이혼 가구수는 127만을 넘어섰다. 우리가 외도 문제에 관심을 기울여야 하는 이유이다.

결혼한 여성이 실제로 외도를 하거나 외도를 추구하는 이유로는 자신의 매력 확인, 정서적 유대감, 존재감, 자아 추구, 새로운 관계에서 오는 긴장감, 부부 관계의 현실적인 부담 탈피 등을 꼽고 있다. 특히 TV 드라마, 영화 등에서 결혼한 여성이 빈번하게 혼외정사를 하고 있으며, 적극적으로 남성을 유혹하고 있어 일반 여성들이 외도를 쉽게 받아들이는 경향도 있다. 남녀를 막론하고 어떤 이유에서건 외도는 부부에 대한 정절을 깨뜨렸기 때문에 이혼의 사유가 됨을 명심하자.

가족과 사회에 부정적인 영향을 미치는 혼외관계를 예방하기 위해서는 부부 모두 외도가 결혼생활을 깨뜨린다는데 대한 인식을 정확히 가져야 한다. 이 장에서는 부부의 외도와 관련하여 부부 탐구의 기술에 대해 살펴보자.

❧ 중년기의 외도, 그 끝없는 수렁

영국 북아일랜드 자치정부 수반인 총리의 부인이 40세 연하인 21세 청년과 스캔들을 일으켜 전 세계가 들썩이고 있다. 총리 남편은 일단 총리직 사퇴를 한 상태이고, 장본인은 죄책감으로 자살을 시도했다가 구조되어 정신과 치료를 받고 있다. "잘못을 되돌릴 수 있다면 어떤 대가라도 치르고 싶다."고 때늦은 후회를 하고 있지만, 이미 엎질러진 물이다. 그녀는 총리인 남편과 40년의 결혼생활을 유지해온 중년의 부인으로, 장성한 세 자녀가 있는데 이번 스캔들로 가족들을 볼 면목이 없게 되었다. 무엇보다 남편과 자녀들의 자괴감이 얼마나 클 것인가!

중년기 혼외관계는 부부관계를 파탄으로 몰아가는 흉악 범죄이다. 세간에 공공연하게 떠도는 농담 중의 하나가 '요즘 유부남이나 유부녀가 남편이나 아내 외의 애인을 가지는 것은 기본이며, 서로에게 생활의 활력소가 된다.'는 것인데, 농담이든지 진담이든지 간에 그 의미를 심각하게 재고해보지 않을 수 없다. 위에 제시된 스캔들이 아니더라도 중년기 혼외관계는 부부관계에 치명적으로 충격을 주며 결혼을 파괴하는 많은 예들이 매스컴을 통해서 전해지고 있다. 즉 중년기 혼외관계는 일시적인 바람이 아니라 가족을 파멸시키는 쓰나미이다.

부부관계 파탄에 치명적인 영향을 미치는 혼외관계를 예방하기 위해서는 혼외관계의 원인과 영향, 그리고 대책이 무엇인지에 대한 이해가 필요하다. 먼저 혼외관계의 원인이 되는 요인들을 보면, 첫째, 부부간에 개인적 배경 차이에 의한 갈등으로, 취미나 학력, 사회계층의 차이 때문에 나타날 수 있다. 둘째는 욕구에 의한 갈등으로, 아동기에 잠재된 갈등이다. 애정이나 관심의 부족, 해결하지 못한 분노 등이 있으며, 부부생활에서 생긴 갈등으로 성적 갈등, 재정적 갈등, 자녀양육 갈등 등이 있다.

다음으로 혼외관계가 부부의 결혼생활에 미치는 부정적인 영향을 보면 첫째, 결혼생활 개념의 불일치를 가져온다. 즉 혼외관계의 경험을 가진 배우자는 자기 자신과 배우자, 결혼생활에 대해 다른 기대와 욕구를 갖기 때문에 부부간의 부조화나 부적응이 더욱 심해져서 결혼생활의 위기가 초래된다. 둘째, 부부간에 소원한 관계가 된다. 혼외관계는 배우자에 대한 관심을 줄게 하여 정서적 거리감을 가져오며, 일상적인 부부생활의 의식도 매우 냉정하고 형식적으로 이루어진다. 부부가 함께 지내는 유일한 이유는 의무감과 가족을 잃게 되지 않을까 하는 두려움 때문이다. 셋째, 신뢰의 붕괴이다. 한쪽 배우자의 혼외관계로 인해 일단 부부간에 소원한 관계가 형성되면, 다음 단계는 신뢰감이 점차적으로 무너진다. 부부가 서로 상대방의 말과 행동을 믿지 못하는 불행한 관계가 되는 것이다. 넷째, 성생활 문제이다. 혼외관계로 인해 부부간의 성적 접촉이 감소된다. 배우자와 보내는 시간과 에너지는 혼외관계에 대신 투자된다. 부부의 성생활은 이러한 단계에서는 매우 기계적이고 표면적으로 이루어져서, 어떤 기쁨이나 공유가 이루어지지 않고 고통스럽게 된다. 다섯째, 결혼생활의 경직이다. 이때쯤이면 결혼생활에서 상당한 냉혹함이 나타난다. 결혼생활이 무뎌지고 파멸로 치닫는데도 부부는 이를 방치하며, 고통이 감소되어 결혼생활이 지속되는 경우일지라도 고통이 남아 있으며, 한쪽 배우자는 그 동안의 충격과 불안정을 마음 한구석에 담아 놓기 때문에 잊지 못하고 되씹을 수밖에 없게 된다. 부부간의 사소한 싸움에도 혼외관계 사건이 되살아나고 갈등의 쟁점으로 재부각된다.

마지막으로 혼외관계에 대한 대처로서 혼외관계가 발생한 상황에서 부부관계를 지속할 것인지 혹은 결혼생활을 정리하고 새로운 인생을 계획할 것인지에 대한 선택을 해야 한다. 어떤 선택을 하느냐에 따라 그 선택에 따른 여러 가지 도움이 필요할 것이다. 무엇보다 자녀에 대한 배려가 있어야 한다. 혼외관계로 인한 부부간 갈등은 자녀의 정서적인 면을 포함한 모든 생활에 중대한 영향을 주기 때문이다.

이처럼 중년기 외도는 영화나 소설 속에 나오는 한 차례 지나가는 바람이 아니라 가족의 해체로 연결되는 쓰나미임을 명심하자. 결론적으로 부부는 서로에게서 행복을 추구하고 삶을 가꾸어 가야 한다. 우리가 A학점을 받으려면 시간을 투자해서 노력하듯이 행복한 결혼생활도 부부가 서로 시간을 투자해서 노력할 때 가능함을 인식하자.

🌱 드라마 〈부부 클리닉 사랑과 전쟁〉의 허와 실

요즈음 금요일 늦은 밤이 되면 부부간의 갈등문제를 드라마로 다루어 방영하는 〈부부 클리닉 사랑과 전쟁〉이 아주 인기다. 일반적인 부부들이 상상하기 어려울 정도의 기상천외한 소재의 문제들이 다양하게 다루어지기 때문에 더 인기가 있는지도 모르겠다. 그러나 만약 부부가 함께 앉아서 이 드라마를 본다면 〈부부 클리닉 사랑과 전쟁〉이란 드라마를 즐기면서도 부부가 그 드라마의 내용과 영향에 대해 보다 신중하게 대화할 필요가 있다는 생각이다.

먼저 드라마 〈부부 클리닉 사랑과 전쟁〉에 나오는 내용은 부분적으로는 현실 내용을 반영한 것이지만 드라마로 극화한 요소도 있다는 점을 간과해서는 안 될 것이다. 즉 드라마와 현실 사이를 구분해야 한다는 의미이다. 〈부부 클리닉 사랑과 전쟁〉이란 말 그대로 갈등을 가진 부부관계를 치유하는데 좀 더 도움이 되고자 방영하는 것이다. 조금씩 갈등을 겪고 있는 부부들이 이런 드라마를 보면서 자신들의 처지를 보다 객관적으로 비교 분석해서 바람직한 방향으로 문제를 해결하며 살아가기를 바라는 것이 이 드라마의 최종 목적이자 바라는 효과일 것이다. 그러나 과연 그 목적이 제대로 잘 수행되고 있는지에 대해서는 의심해 볼 여지가 있다.

얼마 전 방영된 드라마 〈부부 클리닉 사랑과 전쟁〉 중에 '위험한 이웃사촌'이란 충격적인 소재가 있었다. 그 내용은 조금의 갈등은 있지만 소박하고 성실하게 살고 있는 부부의 옆집에 자유분방한 딩크족 부부(자신들의 자유로운 생활을 마음껏 즐기기 위해 자녀를 갖지 않고 사는 부부)가 이사를 와서 처음에는 사이좋은 이웃으로 잘 지내다가 나중에는 딩크족 부부의 부인은 옆집 남편과 딩크족 부부의 남편은 옆집 아내와 각각 불륜관계를 맺어 결국에는 그 성실하던 부부가 이혼하게 된다는 내용이다. 이런 기가 막힌 드라마를 보면서 이 드라마의 영향력에 대해 잠시 생각해 보았다. 이 드라마가 부부들에게 끼칠 영향력은 긍정적인 면과 부정적인 면 두 가지 측면으로 볼 수 있겠다.

긍정적인 면으로는 먼저 일반적으로 부부가 그 드라마를 보면서 자신들의 갈등문제를 스스로 점검하여 관계를 조절하고 갈등을 감소하는 방향으로 나아가는데 도움을 받을 수 있을 것이고, 두 번째로는 부부의 더 큰 갈등을 미연에 방지할 수 있는 부부 갈등 예방 효과를 가질 수 있다는 점이다. 그러나 이러한 긍정적인 면 못지않게 부정적인 면 역시 존재한다.

부정적인 면으로는 첫째, 드라마에서 나타난 비정상적인 불륜관계에 대해 미처 알지 못하고 지내던 부부들은 그 세계에 대해 처음에는 놀라 경악하고 다음으로는 나도 한번쯤은 저런 상황이 되어 보았으면 하는 이상한 호기심마저 가지게 된다. 두 번째 해악으로는 이런 드라마를 통해 멀쩡하던 부부가 어느 날 갑자기 배우자를 불신하거나 오해하는 현상을 낳게 되는 문제가 생긴다. 〈부부 클리닉 사랑과 전쟁〉에 나오는 드라마의 내용처럼 '혹시 내 아내가?, 혹시 내 남편이 설마?' 하는 불신이나 오해가 증폭되어 걷잡을 수 없는 갈등관계로까지 번져 나갈 수 있다는 점이다. 만약 그런 상황이 된다면 〈부부 클리닉 사랑과 전쟁〉 드라마는 그야말로 '부부 불화 조장'의 드라마가 되는 것이다.

이런 드라마가 매주 방영되고 있다는 것은 현실적으로 그만큼 부부갈등이 많을 뿐 아니라 부부간에 문제의 소지가 많다는 의미로도 볼 수 있다. 그러나 다른 한편으로는 부부간의 갈등을 다룬 드라마를 보고 객관적으로 분석하고 평가하는 과정을 통해 자신들의 갈등 문제를 조금이라도 치유하는 효과를 가지기를 원하는 목적도 있다 하겠다. 다시 말해서 부부의 건강한 관계, 바람직한 관계 개선을 통해 결국 가족을 건강하고 튼튼하게 만들어 나가기를 바라는 면이 더 크기 때문에 이런 드라마가 계속해서 활성화되고 있지 않을까 생각한다.

우리나라도 올해부터 건강한 가족 만들기에 국가적인 관심을 보이고 관련 정책들도 부분적이기는 하지만 적극 추진되고 있는 것으로 알고 있다. 전 세계적으로 영향력을 미치고 있는 교황 요한 바오로 2세 역시 올해 초 일반인들의 알현자리에서 "인류의 미래는 가정 안에서 형성된다."며 가족의 중요성을 역설하셨고, 또 "사랑의 학교로서 가정과 혼인의 소중함에 대해서 끊임없이 일깨워 주기를 바란다."고 강조하셨다. 이 드라마의 허와 실을 잘 따지면서 앞으로 부부가 행복하고 건강한 가정을 만들어 나가는데 도움이 되었으면 한다.

남성의 외도심리와 유형

5월은 가정의 달이다. 빠르게 변하는 사회 속에서 가족 역시 다양한 형태로 변화하고 있어 가족문제가 사회적 화두가 되고 있다. 가족의 생활양식이 자녀 중심에서 부부 중심으로 바뀌면서 부부관계의 중요성이 그 어느 때보다 높아지고 있지만, 그럼에도 불구하고 부부간의 외도문제, 특히 남성의 외도가 여전히 부부불화의 핵심문제로서 가족생활에 치명적인 타격을 주고 있다. 이런 상황을 감안해서인지 최근 가족치료학회에서 남성의 위기를 다루면서 남성의 외도에 대한 문제를 언급한 바 있어 이에 대한 생각을 나누어 보고자 한다.

일반적으로 사람들은 외도가 삶의 활기를 준다는 사고방식을 가지고 있거나 배우자가 나에게 채워 주지 못하는 것을 불평하기보다는 다른 이성으로부터 해결하면서 가정을 지키는 것이, 배우자를 비난하며 가정을 버리는 것보다 훨씬 낫다는 왜곡된 논리를 퍼뜨리는 경우가 많다. 또한 외도는 일상생활의 모든 압박과 스트레스에서 벗어날 수 있는 이상적인 피난처로 여기면서 자신이 외도를 아무도 모르게 비밀리에 진행시키는 한 아무에게도 해가 갈 것이 없다고 믿는다. 그러나 이것은 환상이다. 그런 환상의 안개가 걷히고 자신이 저지른 일의 비극적인 모습을 보게 되는 순간 절망감에 몸부림치게 된다.

외도는 결혼생활에서 발생하는 가장 고통스런 경험 중의 하나이다. 배우자로서는 가장 견디기 힘든 일이고, 자녀들도 정신적으로 큰 고통과 상처를 입게 되며, 부모형제나 친구에게도 역시 고통스런 경험이 된다. 대부분의 사람들은 외도하는 사람들과 그의 배우자 역시 크나큰 상처를 입는다는 것을 잘 모르며, 외도라는 사건이 결혼생활에 미치는 크나큰 파장을 간과하는 경우가 많다.

외도하는 남편들의 일반적인 심리특성을 보면 전반적으로 너무나 일방적이고 이기적인 면을 보이는데, 구체적으로 살펴보면 다음과 같다. 첫째, 외도는 외면적으로 볼 때는 다른 이성에 끌리는 대상애이지만, 사실 남성의 내면세계 속에서는 자기애적인 동기와 욕구에 깊이 사로잡혀 있는 모습을 보게 된다. 둘째, 외도는 사회적으로 인정받을 수 없는 행위이므로 심리적인 방어기제가 강하게 나타나는 것을 볼 수 있고, 자신의 외도를 합리화시키거나 책임을 전가하는 면이 자주 보인다. 셋째, 인격의 구조가 본능적 측면이 강하고, 초자아의 기능이 약하거나 비현실적인 자아이상이 강하게 나타나는 면을 보인다. 넷째, 유아기적 퇴행이나 과거에 학대나 상처받은 시기에 심리적으로 고착되어 역기능적이고, 미숙한 사랑과 성적 일탈이 반복되는 모습을 보인다. 다섯째, 자신의 삶과 인격이 건강하고 성숙한 면으로 통합되지 않고 이중적인 모습으로 모순되거나 분열되어 있다.

한편 남성의 외도 유형은 성적 외도와 정서적 외도로 나눌 수 있는데 남성은 주로 성적 외도 유형이 많은 편이다. 남편이 외도한 사례를 보면 아내에게 대체로 만족하면서도 성적인 호기심으로 외도를 하게 된 경우 또는 자신의 성적인 욕구를 아내가 장기간 채워 주지 않을 때 깊은 분노를 갖게 되면서 외도로 쉽게 빠지는 경우가 이에 해당된다. 남녀의 성 심리의 차이로 인해 남편은 부부 사이가 좋아도 외도에 빠지는 경우가 있는가 하면, 아내의 외도는 남편이나 결혼생활에 대해 큰 불만이 있는 경우가 많다. 남자들의 외도는 먼저 성적인 면에서 시작되고 정서적인 면은 나중에 오는 경향이 있고, 여자들은 정서적인 개입이 먼저 되고, 성적인 개입은 나중에 일어나는 경우가 흔하다.

어떤 부부관계도 성적인 열정이 줄어드는 것을 거의 막을 수 없지만 그렇다고 모든 남자들이 외도를 하는 것은 아니다. 따라서 성적인 요인만으로 남성의 외도를 설명할 수는 없으며, 외도에서 남편은 지금의 아내보다 더 나은 누군가를 찾으려는 것이 아니라, 지금의 아내와는 다소 다른 누군가를 찾으려는 것이다. 외도는 때로 자신의 결혼생활에서 표현하기 어렵거나 자신의 어떤 숨겨진 부분을 나타내는 수단이 되기도 하는데, 이는 외도문제가 부부의 원만하지 않은 의사소통 문제와 관련된다는 의미이기도 하다.

결론적으로 외도하는 남편은 외도가 자신의 미성숙한 자아 상태를 표출하는 것임을 인지하고 좀 더 성숙한 태도로 결혼생활에 임해야 한다. 배우자 모두 서로의 심리를 항상 짚어 주는 배려와 사랑이 함께해야 함을 인식해야겠다.

신뢰하는 부부 사이 만들기

최근 법원에서 배우자가 아닌 이성과의 사이에서 휴대전화로 연인이나 부부 사이에 보낼 수 있는 내용의 문자메시지를 주고받으면 '이혼사유가 되는 부정한 행위'로 판단해 주목을 받고 있다.

서울가정법원은 11일 문자메시지를 근거로 배우자의 외도를 인정한 이혼판결사례를 공개했다. A씨(67세)는 3개월간 아내가 아닌 다른 여성에게 '당신 사랑해', '여보 잘 자요' 등의 문자메시지를 보냈고, 이에 A씨의 아내(62세)는 외도와 폭력을 이유로 이혼 및 재산분할 청구소송을 냈다. 문자메시지 외에 불륜의 증거는 없었지만 재판을 맡은 서울가정법원 단독판사는 불륜 메시지는 '부부의 정조의무에 충실하지 않는 일체의 부정한 행위가 포함된다.'는 것으로 해석하여 이혼판결을 내렸다. 이 판례는 앞으로 부부간 이혼판결에 불륜메시지와 관련하여 많은 시사점을 줄 것으로 생각된다.

부부가 가족을 새롭게 형성하여 인생이라는 항해를 평생 함께하는 일은 결코 만만한 일이 아니다. 부부가 일생을 살아가는 동안 여러 가지 희로애락과 시련을 겪으며 종국에는 원하는 목표를 달성한 행복한 노년기라는 인생의 목적지에 도착하게 될 것이다. 이러한 과정을 어떻게 보내느냐 하는 것은 결국 두 사람의 결혼생활 태도에 달려 있다. 누구나 행복한 결혼생활을 하기를 바라지만 그 행복한 결혼생활 유지를 위해 서로 얼마나 노력해야 하는지에 대해서는 별로 생각하지 않는다. 필자는 행복한 결혼으로 이끄는 몇 가지 비밀에 대해 함께 나누어 보고자 한다. 그 첫 번째 비밀이 부부간에 신뢰감을 쌓는 것이다. 부부간에 신뢰감 형성 유무가 결혼생활에 어떤 영향을 주는지 생각해 보자.

먼저 부부간의 신뢰감은 행복을 유지시키고 만족스러운 결혼생활로 이끌어가는 밑바탕이다. 부부가 신뢰하는 관계에서는 서로 있는 그대로 정직하게 내보이며, 서로의 말과 행동에 거짓으로 대하지 않는다. 또한 자신을 위해 상대방의 요구를 희생시키고 자신만의 목표를 좇지도 않는다. 그런데 위의 사례에서는 평생을 함께 산 남편이 아내에게 줄 신뢰를 어느 날 아내 외의 다른 여자에게 몽땅 준 것이다.

부부가 서로 신뢰감을 주지 못하면 배우자를 불신하는 실수 그 자체가 결혼생활의 다른 문제들을 간과하게 만들어 불행한 결혼생활을 만든다. 부부간 신뢰의 개념은 성적으로 서로 충실한가의 문제를 넘어서서 부부의 일상생활의 모든 측면에까지 걸쳐 있다. 부부들은 진정한 자아라고 할 만큼 서로에게 안전함을 느껴야 하며, 관계가 견고한 부부들은 결코 상대방에게 신뢰를 요구하지 않는다. 신뢰는 요구로 되는 것이 아니라 노력으로 얻어져야 하기 때문이다.

부부간에 신뢰를 어긴다는 것은 배우자의 느낌, 요구, 생각을 무시하거나 몰라 주는 것을 의미한다. 드러나게 신뢰를 하찮게 여기면 결혼생활이 불확실해지고 상대방에 대한 모순 감정을 가져온다. 또한 배우자가 다른 사람 앞에서 상대방을 난처하게 하거나 불만거리를 늘어놓아 사생활이 지켜지지 않으며, 부부는 더욱 신뢰를 저버리게 된다. 부부간의 신뢰가 부족하면 처음에는 눈에 띄지 않지만 점차 커지면서 나중에는 상처투성이의 관계로 치달을 수 있다. 부부가 심하게 자주 불평을 하거나, 배우자가 중요한 기념일을 잊어버리거나, 중요한 행사인데 배우자가 계속 늦거나, 중요한 메시지를 제대로 전달해 주지 못하는 일들이 반복해서 생기면 불신은 천천히, 그러나 꾸준히 결혼의 기반을 흔든다.

남편과 아내가 신뢰에 기반을 둔 결혼생활을 하기 위해서 어떻게 해야 할까? 무엇보다 부부가 서로의 입장을 공감하는 감정이입을 해야 하는데, 이는 상대방의 입장에서 상대방의 관점으로 주어진 상황을 생각하는 것을 말한다. 부부가 감정이입을 하기란 쉽지 않지만 신뢰를 쌓기 위해서는 꼭 필요하다. 신뢰감을 주는 배우자는 상대방의 목표와 꿈에 용기를 주거나 상대방의 편이 되어 준다. 여성은 배우자의 성공과 행복에 진정으로 행복해하고 배우자의 슬픔과 좌절을 걱정한다. 남성은 배우자의 걱정, 화, 또는 두려움에 대해 비판이나 비난 또는 경멸하지 않고 상대방의 진정한 모습을 존중하며 받아들인다. 신뢰감이 넘쳐나는 결혼은 크고 작은 방식으로 상대방에게 연결되어 있다.

행복한 결혼생활을 원한다면 우리 모두 배우자에 대한 공감 형성으로 부부 사이에 신뢰감이 흐르도록 해야 할 것이다.

결혼생활을 온전히 지속시키기

최근 미 정보 수장의 불륜 스캔들 파문이 전 세계로 확산되며 충격을 주고 있다. 데이비드 퍼트레이어스(60세) 전 미 중앙정보국 국장의 내연녀였던 전기작가 폴라 브로드웰(40세)이 다른 여성에게 "내 남자한테서 손 떼."라는 협박성 메일을 보내, 미연방수사국이 사건조사를 시작하면서 커다란 사회문제가 되었기 때문이다.

협박 이메일을 받은 여성이 FBI에 신고하자 FBI가 협박 당사자인 브로드웰을 조사하면서 그녀가 전 미중앙정보국 국장과 주고받은 이메일을 발견하게 되어 불륜 정황이 포착되었다 한다. 수사의 초점은 이 과정에서 두 사람 사이에 정보유출이 있었나 없었나? 다시 말해 불륜으로 인한 국가안보 침해 여부에 두고 있지만, 필자는 여기서 그 측면보다는 이 사건 발표로 인해 엄청난 충격을 받았을 그 국장의 가족에 초점을 맞추어 이야기하고자 한다.

누구에게나 그렇듯이 결혼은 두 당사자 간의 정절을 약속하는 일종의 의식이다. 그리고 이 성스러운 의식을 형성하는 것은 바로 부부 간의 신뢰감이며, 신뢰감은 건강하고 만족스러운 결혼생활을 이끌어 가는 밑바탕이 된다. 그런데 전 미 정보국장은 이러한 부부 사이의 신뢰를 왕창 무너뜨리는 일을 한 것이다. 그것도 장기적으로 불륜을 저질러 왔다. 이 사건이 우리에게 주는 시사점은 무엇일까?

먼저 남편의 불륜으로 인해 한 가정이 파괴되었다는 점이다. 남편이 60세라면 적어도 30년 이상을 단란한 가족생활을 이끌어 왔을 텐데, 부인을 비롯한 자녀들이 받는 충격은 가히 상상할 수 없다. 이 사건은 가족구성원 간의 신뢰를 무너뜨렸고, 어떤 형태로든지 회복되기가 쉽지 않을 것이다. 왜냐하면 그는 자녀들에게 더 이상 아버지로서의 역할 모델을 할 수 없게 되었기 때문이다.

둘째는 부인의 충격이 엄청날 것이라는 점이다. 배우자에 대한 몇십 년간의 신뢰가 무너져 아마 당분간은 마음을 추스르기 어려운 충격에 빠져 있을 것이다. 만약 몇 십 년을 함께 산 내 배우자가 다른 파트너와 불륜을 저질렀다면 그에 대한 나의 충격이 어떠할 것인가를 상상해 보면 짐작할 수 있을 것이다.

부부간에 신뢰의 개념은 성적으로 충실한가의 문제를 넘어서서 부부들의 일상생활의 모든 측면에까지 걸쳐 있다. 남편과 아내는 신뢰에 기반을 둔 관계에서 결혼생활을 우선시한다. 자녀들, 일, 사회 혹은 가족의 책임에서 오는 갖가지 요구와 압력에도 불구하고 결혼생활과 부부관계가 가장 우선이다. 만약 부부가 드러나게 신뢰를 하찮게 여기면 결혼생활이 불확실해지고 모순될 수 있다.

우리는 때로 배신당한 고통에서 허우적거리며 산산이 부서진 부부들을 본다. 그들이 신뢰를 회복하는 데에는 많은 시간이 걸리며, 그 관계를 복구하기란 만만치 않다. 바람기의 여파로 부부간에 신뢰감이 무너졌을 때에 깨져 버린 신뢰감을 회복하기 위한 방법으로는 다음의 몇 가지가 있다.

첫째, 불륜을 끝내야 한다. 둘째, 배우자가 바람 피운다는 것을 안 이후 상처받은 사람이 화, 앙심, 상처를 느끼도록 시간을 주어야 한다. 여기에는 1년 혹은 그 이상의 시간이 걸릴 수도 있다. 셋째, 부부가 함께 전문 상담을 받아야 한다. 만약 한쪽이 거부한다면 혼자라도 가는 것이 필요하다. 왜냐하면 한쪽이 변화를 보인다면 그 관계는 반드시 변하기 때문이다. 넷째, 배신 당한 쪽의 고통과 상처를 상대방이들을 필요가 있으며 상대방이 깨닫도록 해야 한다. 다섯째, 중요한 결정을 빨리 내리지 말라. 가능한 일이라 할지라도 누구나 한 번에 분명하게 생각하기란 어렵기 때문이다. 여섯째, 배신을 당한 쪽은 불륜으로 인해 개인적으로 실패한 인생이 아니라는 것을 자신에게 상기시켜야 한다.

위의 여섯 가지 방법을 통해 부부관계를 다시 회복시켜야 한다. 이런 과정에서 많은 어려움이 따르겠지만 더러는 그런 위기를 통과한 부부들이 상처를 치유하는 시간을 가진 후에 결국에는 자신들의 관계 개선과 함께 부부간에 친밀한 관계를 만들기도 한다. 우리 속담에도 '비 온 뒤에 땅이 굳어진다.'는 말이 있다. 그러나 더 중요한 것은 결혼생활 내내 부부가 신뢰관계로서 이런 파괴적인 관계를 만들지 않는 것이다. 부부간의 신뢰감 구축으로 우리의 결혼생활을 온전히 지속시키자!

진화하는 부부 유형

최근 신성일·엄앵란 부부의 이혼가능성 여부가 세간의 화제가 되고 있다. 신성일 씨가 자신의 자서전 출간 간담회에서 부인외의 다른 여자와의 불륜사실을 고백해 논란이 되었기 때문이다. 그러나 정작, 논란의 중심에 선 신성일 씨의 부인 엄앵란 씨는 이에 대해 "신성일과의 이혼은 사치다."라고 말하며 "내 나이가 70이 넘었는데 이혼해서 뭐 하느냐. 마음만 아프다. 죽을 때 같이 죽으면 된다고 생각했다."면서 이혼설에 대해 언급할 가치도 없다는 단호한 입장이다.

이들이 화제가 되는 이유는 한때 국민배우로서 온 국민의 사랑을 받았던 배우이기도 하지만, 무엇보다 남다른 부부 유형을 살고 있기 때문이 아닐까 생각된다. 알다시피 이 두 부부는 현재까지 이혼하지 않고 살고 있지만 각각 자신의 독립된 아파트에 살면서 가끔씩 만나는, 일반부부들과는 전혀 다른 형태의 결혼생활을 유지해 왔다. 그런데 최근 들어 남편이 부인외의 여자와의 불륜관계를 태연하게 고백했고, 이에 맞추어 부인은 남편 집에 최근 4년 동안 한 번도 간 적이 없다고 하면서도 올해 결혼 47주년을 맞이한다고 밝혔으니, 어찌 세간의 주목을 받지 않으랴.

일반인들 입장에서 생각하면 한마디로 어이가 없다. 하지만 이런 삶도 부부의 한 유형임에는 틀림없다. 왜냐하면 이들은 이혼하지 않고 살고 있는, 실제로 존재하는 부부이기도 하기 때문이다. 물론 부부의 의미나 부부 행복도를 가지고 따지자면 여러 가지 이야기가 따르겠지만, 어쨌든 이 부부는 이런 부부의 형태를 유지하고 있는 것이다. 이들 부부의 삶을 지켜보던 엄앵란의 동생은 "언니가 노후는 우아하게 살아야 할 시기인데 혼자 살아가는 모습이 안타깝다."고 언니에 대한 측은한 마음을 표해 세간인들의 안타까움을 자아냈다.

최근 가족이 진화하면서 부부 유형도 진화하고 있다. 주말가족, 월말가족, 학기말가족, 분거가족, 장기분거가족, 기러기가족, 펭귄가족, 독수리가족 등 가족의 다양한 삶의 형태에 따라 부부 유형도 무척 다양하게 나타나고 있다. 이들 가족은 주로 부부의 직장이나 자녀교육에 따른 형태로 나름대로의 이유와 배경을 가지고 있다. 하지만 앞서 언급한 화제의 부부처럼 부부가 서로 왕래 없이 4년을 지내오면서 이혼을 하지 않고 있다는 것이 과연 무슨 의미가 있을까? 이들 부부는 과연 어떤 유형의 부부로 분류할 수 있을까?

쿠버와 해로프는 이혼이나 별거하겠다는 생각을 하지 않고 10년 이상 한 배우자와 살고 있는 기혼남녀 211명을 대상으로 조사분석한 결과, 적응이 잘 된 부부들이라고 해도 모두가 비슷한 결혼생활을 영위하는 것이 아니고 아래와 같은 다섯 가지 유형으로 구분된다고 했다. 첫째는 갈등이 습관화된 유형으로 부부간에 긴장, 갈등, 말다툼이 계속되며 서로를 비난하는 부부 유형이다. 모든 일에 견해 차이가 있으며 단순히 함께 있는 것만으로 싸움이 일어나지만 그렇다고 싸움이 결혼을 해체할 만한 이유가 되지 않으며, 오히려 결혼을 지속시키는 요인이 된다. 둘째는 생기를 잃은 유형으로 결혼 초기에는 부부가 사랑하는 감정으로 적극적인 관계였으나, 시간이 지남에 따라 함께 지내거나 즐기는 활동이 없어지고 서로를 의무적으로 대하게 되는 부부 유형이다.

세 번째는 소극적·동조적 유형으로 결혼 초기부터 부부가 서로 몰입되어 있지 않은 경우로, 각자의 영역에 충실하며 부부관계보다는 대외적 활동을 중시하는 부부 유형이다. 넷째는 생기 있는 유형으로 부부가 많은 시간을 함께 보내고 자녀를 사랑하는 등 가정을 소중하게 생각하며 직업생활도 성공적이다. 부부가 서로에게 친밀감과 공감을 느끼며 심리적인 유대감이 강하고, 갈등이 있을 경우 불일치점을 쉽게 발견하여 갈등을 피할 수 있는 방법을 찾는 부부 유형이다. 다섯째, 통합적 유형으로 생활의 보다 많은 부분을 부부가 함께 공유하며 성실하게 참여한다. 부부의 불일치가 쉽게 해결되기 때문에 긴장을 덜 느끼며, 부부간의 견해 차이가 있기는 하지만 타협이나 양보에 의해 쉽게 해결하며, 문제해결 방법을 찾기 위해 서로 노력하는 형으로 이상적인 부부 유형이다. 결론적으로 부부는 적어도 생기 있는 유형이나 통합적 유형이 될 수 있도록 노력해야 한다.

곧 다가오는 5월 21일은 부부의 날이다. 만물이 소생하고 무르익어 가는 계절인 5월에 가족의 중심축인 부부의 날을 만든 것이 예사롭지 않다. 둘이 하나가 된다는 의미를 가진 부부의 날에 즈음하여, 우리 모두 자신의 부부 유형을 점검해 보고 정말 둘이 하나가 되는 부부의 날을 음미하는 하루를 보냈으면 한다.

행복한 부부로
사는 기술

부부가 행복하게 살기 위해서는 노력과 전략이라는 기술이 필요하다. 결혼만 하면 행복이 넝쿨째 굴러들어오는 것은 결코 아니기 때문이다. 많은 부부들이 결혼식을 올리고, 혼인신고를 하면 행복은 저절로 온다고 생각한다. 하지만 이 생각은 난센스이다. 학창시절, 우리가 시간을 투자해서 열심히 공부하면 성적이 오르지만 게으름을 부리고 공부하는 시간을 투자하지 않으면 성적은 떨어진다. 부부관계도 마찬가지다. 부부가 행복한 결혼생활을 위해 여러 가지로 계속해서 노력해야만 행복이 지속된다.

한 심리학자가 사랑의 유효기간은 3년이라고 했다. 아무리 사랑하는 사이라도 3년이 지나면 그 효력이 떨어진다는 것이다. 그러면 그 이후에는 어떻게 해야 하나? 바로 노력과 투자이다. 부부가 서로에게 관심을 가지고, 자신의 숨어 있는 재능을 계발하고 가꾸어서 서로에게 도움이 되고 빛나는 존재가 되어야 한다. 결혼하고 혼인신고 도장을 찍었다고 해서 더 이상 노력하지 않는 나태한 상태로 빠진다면 그 부부관계는 신혼의 달콤함이 지난 무미건조한 생활이 되고 말 것이다. 따라서 부부는 매순간 서로 가꾸며, 서로의 삶에 도움이 될 수 있도록 감정을 교류해야 한다.

흔히 아내들은 외출을 할 때 갖은 정성을 다하여 화장을 한다. 많은 시간을 투자하면서 자신을 가꾸기 때문에 외출 준비 시간이 길어지는 반면, 완성된 모습이 평소와 다르게 아름답다. 이는 남에게 예의를 갖추고 자신의 모습을 멋지게 보이기 위해서이다. 그러나 정작 집에서는 아무런 예의도 갖추지 않는다. 편하기 때문에, 또는 부부이기 때문에 무덤덤한 상태로 내버려둔다. 그래서 남편들이 불평을 하기도 한다. 제발 흐트러진 모습 좀 바꾸어 달라고…….

그렇다. 부부가 행복하게 지내기 위해서는 서로에게 존경심이 생기도록 함께 노력해야 한다. 그리고 일상의 생활에서 작은 행복을 함께 찾아야 한다. 주말 저녁에 부부가 함께 영화를 보러 가도 좋고, 분위기 좋은 카페에서 커피를 함께 마시거나 아파트나 집 근처의 강변을 산책해도 좋다. 매일 또는 매주 짧은 시간이라도 부부가 함께하는 시간을 가질 때 그 부부는 정말 함께 사는 이유, 그리고 행복한 부부의 삶을 만들어 갈 수 있다. 이 장에서는 부부가 행복하게 사는 것과 관련하여 부부 탐구의 기술에 대해 살펴보자.

부부의 행복 만들기

　최근 '행복이란 무엇인가'라는 철학적 주제가 사회적 화두가 되고 있다. 행복이란 말은 관념적일 수 있지만 구체적인 프로그램을 통해 행복을 만들어 낼 수 있다는 것이 심리학의 입장이다. 하버드생은 물론 전 세계에 행복 열풍을 일으킨 긍정심리학 교수인 탈 벤 샤하르의 저서 《하버드대 52주 행복연습》이나 니컬러스 크리스태키스 하버드 의대 교수의 《행복은 전염된다》, 그리고 원인 모를 희귀병과 두 번의 암을 극복한 미국 피겨의 전설 스콧 해밀턴의 《행복을 위한 8가지 기본기》 등 행복 실천 매뉴얼들은 개인이 생활 속에서 행복을 만들어내는 방법을 구체적으로 제시하고 있어 새해를 맞으며 누구나 꿈꾸는 행복에의 길 안내자로 인기를 끌고 있다.

　그러면 새해를 시작하면서 가정에서 부부의 행복 만들기를 위해서는 과연 무엇이 필요할까? 부부 행복 만들기의 조건으로 꼭 필요한 것 중의 하나가 대화이다. 부부간의 대화란 '부부가 서로 말하고자 하는 것을 말하고, 말한 내용을 분명히 하는 것'이다. 그런데 이 단순할 것 같은 의사소통의 문제가 부부싸움의 첫 번째 원인이 된다. 많은 부부들이 "우리는 단지 의사소통이 안 돼요."라며 한숨을 내쉬고 있다. 오죽하면 새해 건배사에 첫 번째로 의사소통이 들어가 있을 정도이다. 최근 사회에서 회자되고 있는 건배구호가 "통, 통, 통, 쾌, 쾌, 쾌."라고 한다. 즉 의사소통, 만사형통, 운수대통에 유쾌, 상쾌, 통쾌가 줄여진 말이다. 재미있는 건배구호로만 볼 수도 있지만 그만큼 많은 사람들이 의사소통의 중요성을 각성하고 있다는 것을 시사한다.

　부부상담의 많은 사례에서 보면 부부들은 서로 대화하고 있다고 생각하지만, 실제로 메시지는 전달되지 않고 있으며, 부부간에 대화가 되지 않는 이유들을 들어보면 다음과 같다. 첫째, 부부간의 대화문제는 남자와 여자의 서로 다른 대화 형태에서 비롯된다. 즉 어린 시절에 여자아이들은 서로 친구가 되거나 가까운 사이가 되려면 비밀을 이야기하고 서로 함께 공유하는 것을 중시하는 반면, 남자아이들은 운동을 통해 친구가 된다. 그래서 성인이 된 부부들은 대화 시 아내가 바깥일이나 집안문제를 이야기하면 남편은 재빨리 해결책을 제시하면서 이야기 자체를 방해한다. 더욱이 남자들은 어떤 생각을 한번 제시하면 그 일은 이미 끝났다고 생각하는 경향이어서 전혀 다른 대화 스타일을 가진 아내들은 불평하는 것이다. '그는 내가 하는 말에 관심이 없어요.', '그는 날 사랑하지 않아요.', '그는 늘 날 무시해요.' 등.

부부간에 대화가 통하지 않는 두 번째 이유는 이른바 '독심술사 증후군'이라는 것인데, 여기에는 결혼한지 오래된 사람뿐만 아니라 신혼부부들도 희생자가 된다. '그가 정말로 날 사랑한다면, 그는 내가 원하는 것이 뭔지 알고 있을 것이다.'라는 말이 아내들이 전형적으로 쏟아내는 불평이다. 이에 비해 남자들은 개인적인 질문을 여자보다 많이 하지 않기 때문에 남편들은 '만약 아내가 내가 알아주길 원한다면 내게 말하겠지.'라고 생각한다. 불행하게도 부부는 배우자가 행동하는 방식의 잘못된 인식에 집착하여, 진정으로 느끼는 감정과 욕구를 서로에게 직접적으로 정직하게 말하지 못해 갈등을 일으키게 된다.

세 번째 이유는 부부들이 명확하게 정말 말하고자 하는 것과 원하는 것을 말하지 못하고 서로를 비방하기 때문이다. 부부들은 일반적으로 상대방과 이야기할 때 이야기 주체를 너를 중심으로 하는 '너-

전달법'을 사용하기 때문에 상대방을 적대적으로 표현하고 비난하게 된다. 따라서 무의식적으로 상대방에게 방어적이 되는 것이다. 이때 나의 감정을 중심으로 표현하는 '나–전달법'을 사용하면 상대방을 비난하지 않고 자신의 감정에 초점을 맞출 수 있어 배우자가 책임감을 받아들이는 데 도움이 된다.

네 번째는 적절한 타이밍 문제이다. 적절한 타이밍 역시 메시지를 전달하는데 결정적일 수 있다. 즉 지친 아내가 몹시 잠자고 싶어 하는 데 사무실 문제를 이야기하고 싶어 하는 남편이나, 지쳐 있는 남편이 집에 들어서자마자 쏘아대는 아내는 대화를 시작할 적절한 시간과 장소를 선택하는 것이 얼마나 중요한지를 모르는 것이다.

위와 같은 요인들로 부부는 함께 살면서도 서로를 이해하지 못하는 동상이몽이 될 수도 있기 때문에 서로 바라보는 관점을 이해한다면 부부간의 대화도 훨씬 나아질 것이다. 배우자가 어떻게 대화하는가를 서로 깨닫는 것이 낡은 패턴을 바꾸고 좀 더 새롭게 공감하면서 부부 간의 관계를 순조롭게 이어나가는 첫 번째 단계이다. 새해에는 많은 부부들이 서로를 이해하고 행복을 만들어가길 기대한다.

❧행복한 부부로 사는 법

"당신 없이 살기보다는 당신과 함께 죽고 싶다." 이 말은 젊은 연인들이 자신들의 사랑을 맹세하면서 상대방에게 하는 말 같지만, 실은 1947년 존 F. 케네디의 부인인 재클린 케네디가 남편에 대한 자신의 사랑을 표현한 말이다. 올해 케네디 취임 50주년을 맞아 14일에 케네디 대통령 부부의 삶에 대한 재조명 행사에서 소개될 인터뷰 내용의 일부이다. 그런데 이런 표현은 케네디 부부에게만 있는 것이 아니라 평범한 부부 사이에서도 때로 상대방에 대해 이런 소중한 감정을 가지고 있다. 그래서 우리는 결혼을 했고, 자녀를 기르면서 힘들지만 소중한 가족생활을 지켜 나가고 있는 것이다. 부부들 중에는 살아가면서 계속 사랑의 감정을 지속시켜 가는 부부가 있는가 하면, 더러는 사랑하는 마음보다 서로를 미워하는 마음이 더 빈번하게 나타나 서로에게 상처를 입히며 사는 부부도 많다.

안정된 결혼생활과 그렇지 못한 결혼생활을 구분하는 방법 중의 하나는 배우자가 서로 존경받고 위기 속에서도 사랑받는다는 느낌을 가지도록 하는 능력이 있느냐 없느냐 하는 것이다. 사실 누구도 미래를 예측할 수 없다. 미래를 전부 알 수는 없지만, 현재 우리가 가지고 있는 것을 소중히 여기는 마음을 가질 수는 있다. 이런 멋진 마음과 정신은 집안 분위기를 밝게 하고 에너지를 불러일으키며, 일상생활을 풍부하게 만들어 주변 사람들까지 행복하게 만든다. 자신을 잃지 않고 배우자와 따뜻한 사랑의 관계를 지속하는 방법은 무엇인지 알아보자.

첫째, 좋은 일들을 나열해 보는 것이다. 자주 자신의 부정적인 측면만 보고 있지는 않은가? 자신의 모든 문제점들, 배우자가 자신에게 했던 좋지 않은 일들을 생각하면서 지내는가? 그렇다면 그 대신 좋은 것을 보는 훈련을 해라. 즉 자신에게 다가온 배우자의 도움이나 격려와 같은 친절함을 기억해라. 특히 배우자와의 관계로 슬픔이 가슴에 가득 찰 때 생각을 긍정적인 쪽으로 돌려라.

둘째, 시련에 주의를 기울이되 행복한 것도 무시하지 마라. 자신에게 닥친 어려운 시련만 생각하지 말고, 친구들과 가족과 접촉하면서 즐거움을 가져다 줄 활동을 시작해라. 자신의 욕구를 완전히 부정하는 것은 사랑하는 사람들이 치유되는 것에 도움이 되지 않는다. 자신의 감정을 한번 적어 보라. 무엇이 가장 필요하고 고통스러웠는가? 그런데도 받지 못한 것은 무엇이었는가? 이것에 대해 부부가 의논하면서 서로 더 깊이 이해할 수 있다.

셋째, 서로 위로하고 격려해 주라. 부부는 서로의 행복을 지지하기 위해서 열심히 노력할 필요가 있다. 부부는 배우자가 어려울 때 승리를 위해 함께 노력해 주고, 적을 쫓아버리며 계속 살아갈 수 있게 격려해 주며, 울고 싶으면 침대 속으로 들어가 한바탕 울어버릴 수 있도록 하는 것. 이를 위해서는 배우자의 신체적인 언어나 말들의 미묘함을 아주 주의 깊게 관찰하고 들을 수 있어야 한다.

넷째, 마음으로 모든 새로운 가능성을 열어 놓아라. 위기가 있든지 없든지 간에 결혼생활이란 항상 변한다. 결혼생활이 잘 유지되기 위해서는 매 갈림길에서 부부의 관계를 기꺼이 새롭게 만들고자 하는 노력이 필수적이다. 변화에 대해서 긍정적으로 접근한다면 미래에 대한 시야도 넓어지고 차선책에 안주하고자 하는 자신에게서 벗어날 수 있다.

다섯째, 좋았던 시절에 대한 추억, 멋진 추억들을 다시 돌이켜보라. 가령 첫 번째 데이트라든지 처음으로 사랑을 나누었던 장소라든지. 가끔은 음악이 행복한 순간을 다시 기억나게 하기도 한다. 부부가 함께 즐겼던 음악을 듣거나 가능하다면 좋은 시간을 가졌던 장소에 다시 가 보거나 하는 것 등이다.

여섯째, 두 사람이 함께 기대하는 미래를 이야기해 보라. 부부가 5

년이나 10년, 또는 20년 후에 자신들이 어디쯤 와 있을까에 관해서 끊임없이 이야기한다. 우리의 결혼은 이렇게 흘러왔고, 앞으로 미래는 이럴 거야 하는 정도로. 그리고 때때로 상대방에게 물어보라. 은퇴하면 무엇을 하고 싶은지, 만약 복권에 당첨된다면 무엇을 사고 싶은지 등을.

이처럼 부부가 행복하게 사는 법은 돈이 드는 것이 아니라 부부가 서로를 위해 어떻게 노력하는가에 달려 있다. 추석을 지나면서 부부의 행복 정도를 점검해 보고 부족하다면 위의 방법들을 당장 실천해 보자.

위기에서 부부가 행복하게 사는 법

최근 한국보건사회연구원과 사회통합위원회가 부부간의 돌봄 관계에 대해 공동조사한 결과, 우리나라 여성 10명 중에 7명이 늙은 남편을 돌보는 부담이 커진다면 부부간 갈등이 생길 것이라고 걱정하고 있다는 연구결과를 발표했다. 즉 '저출산·고령화사회갈등' 국민 인식조사에서, '평균수명이 늘어나면 여성이 남편을 돌봐야 하는 기간이 길어져 노부부간 갈등이 발생할 것'이라는 항목에 대해 여성의 71.9%가 '동의한다'고 했으며, 같은 항목에 대해 남성은 66.4%로 여성보다는 조금 낮게 나타났다. 또한 연령대별로는 젊은층(20~30대)이 71.3%, 중장년층(40~65세)이 70.1%, 노년층(65세 이상)이 60.7%로 나타나 세대 간에 차이를 보여 주기도 했다.

이 조사는 전국의 20세 이상 성인 남녀 3000명을 대상으로 지난 8

월 30일부터 9월 19일까지 전화면접 방식으로 진행된 것을 정리해서 최근 발표한 것으로 현실성 있는 자료라 볼 수 있으며, 이러한 결과는 한마디로 백년해로의 부부관계가 맥없이 무너질 수도 있음을 보여 주는 결과라 하겠다. 대부분의 결혼식에서 '몸이 건강할 때나 병들었을 때나 당신을 사랑하고 곁에서 돌봐 주겠습니다.' 등의 결혼서약은 어디로 가고 부부가 서로 돌봄 행위 때문에 갈등을 느낄 것이라고 대답한단 말인가?

사실 우리의 인생 자체가 얼마나 드라마틱한가! 결혼생활을 한창 재미있게 꾸려 나가야 할 결혼 5년차의 젊은 부부들에게서 남편이나 아내에게 갑자기 근육무력증 같은 질병이 올 수도 있고, 교통사고로 장애자가 될 수도 있다. 이런 경우 부부의 어려움과 막막함은 이루 말할 수가 없을 것이다. 이런 일이 생길 경우 부부가 그동안 어떻게 살아왔느냐에 따라 전혀 다른 두 가지 반응이 일어날 것이다. 첫째는 평소 긴밀하고 따뜻한 관계를 유지해온 부부라면, 처음에는 큰 고통과 슬픔을 느끼기는 하겠지만 어느 정도 시간이 지나면서 부부가 서로를 위로하며 관계가 결속되고 어려움을 헤쳐 나가는 부부가 될 수 있을 것이다. 그러나 두 번째의 경우는 전자와 달리 부부가 자신들에게 일어난 운명에 대해 비통해하고, 상대방의 어려움을 헤아리기는커녕 서로 헐뜯고 기진맥진하게 만들어 마침내 서로를 떠나게 되는 위기의 부부가 될 것이다.

서두에서 언급된 우리나라 부부들이 배우자 돌봄에 대한 갈등에서 높은 비율을 나타낸 것도 이러한 측면과 무관하지 않을 것으로 생각된다. 부부가 건강하고, 젊음을 가지고 있을 때는 서로를 아껴 주고 즐거워하지만, 늙거나 병든 몸이 되면 과연 어떤 변화가 올 것인가? 며칠 전 필자는 늦은 밤에 학교에 들어가다가 치명적인 교통사고를 당할 뻔했다. 다행히 핸들을 바깥쪽으로 틀어 갑자기 차선을 변경한 거대한 트럭과의 충돌을 피할 수 있었지만 만약 사고가 났다면. 나는 어딘가 부러져 장애인이 되지 않았을까 하는 생각이 들면서 누구에게나 장애인이 되는 위기가 올 수 있다는 생각이 들었다.

결혼생활은 질병이 있든지 없든지 간에 어려울 때가 많고, 예측할 수 없는 어려움도 많다. 사실 누구도 미래를 예측할 수은 없지만 현재 우리가 가지고 있는 것을 소중히 여길 수는 있다. 만약 한쪽 배우자가 갑자기 휠체어에 타는 위기 상황이 된다면 부부는 어떤 노력을 해야 할까?

첫째는 좋은 일들을 나열해 보는 것이다. 즉 자신의 모든 문제점들, 부정적인 측면만 보고 있지 말고, 그 대신 좋은 것을 보는 훈련을 해야 한다. 자신에게 다가온 동료들의 도움이라든가 친구들의 격려와 같은 친절함을 기억하면서 슬픔이 가슴에 가득 찰 생각을 그런 긍정적인 쪽으로 돌려야 한다. 둘째는 질병에 주의를 기울이되, 행복 찾기도 무시하지 말라는 것이다. 즉 친구들과 가족과 접촉을 하면서 즐거움을 가져다줄 활동을 시작해라. 또한 자신의 감정을 한번 적어 보라. 이런 경험에서 가장 고통스러운 기억은 무엇이며, 무엇이 가장 필요했는가? 이런 의논을 하면서 부부간에 서로를 더 깊이 이해할 수 있다. 셋째, 서로 위로하고 격려해 주기다. 부부는 서로간의 행복을 지지하기 위해서 열심히 노력할 필요가 있다. 넷째, 마음으로 모든 새로운 가능성을 열어 놓기 등이다.

위기가 없는 부부들은 자신의 소중한 삶을 감사하며 살고, 장애나 질병 등의 위기를 가진 부부는 위의 조언들을 토대로 행복을 찾아 살기를 바란다.

중년기 부부의 행복 비결

　중년기란 인간발달의 단계로 볼 때 40세부터 60세까지의 시기를 말한다. 중년기에는 신체적 변화가 나타나는데, 여성은 폐경기를 경험하고 남성은 갱년기를 경험하면서 심리적으로 '중년의 위기'를 경험하게 된다. 또한 중년기는 자녀들이 결혼해서 집을 떠난 후 '빈 둥지 증후군'이 나타나기도 하며, 아래로는 자녀를 돌보고 위로는 노부모를 봉양하는 이중의 책임감으로 인해 스트레스가 발생하기도 하여 '샌드위치세대' 또는 '협공 받는 세대'라고 불리기도 한다.

　한마디로 중년기는 가족생활과 관련된 어려움과 부담이 크고, 이에 따라 부부관계도 힘들어질 가능성이 크다. 그래서일까? 최근 방송에서 보도된 이혼율 관련 기사를 보면, 결혼 20년 이상 된 부부의 이혼율이 급증하고 있으며, '위기의 베이비부머'라고 해서 50대 초 부부의 이혼율이 크게 증가하고 있다.

　올해 통계청과 대법원 자료에 따르면, 베이비부머의 주 계층인 '58년 개띠'가 속한 50~54세 남성의 이혼건수가 작년에 1만 5천 813건으로 전년도에 비해 34.8%가 증가했다고 보고되었다. 즉 베이비부머의 이혼이 최근 4년 사이에 급상승하고 있는 것이다. 이 베이비부머들의 이혼사유를 보면, 가장 많은 이혼 사유는 성격 차이(42.2%)이고, 두 번째는 경제문제(14.3%), 그 다음은 배우자 부정(9.2%) 순으로 나타났다. 이 결과에서 알 수 있듯이 부부간에 성격 차이가 크면 그것은 부부간의 갈등으로 이어지고, 그것이 바로 중년기 이혼으로 이어질 수 있다 하겠다.

　그렇다면 중년기 부부가 성격 차이를 극복하면서 행복하게 살 수 있는 비결은 무엇일까? 이에 대한 해법 중의 하나는 부부가 대화를 통해 서로의 성격 차이를 극복하는 것인데, 그것은 한마디로 부부간의 의사소통 방법을 개선할 수 있는 '부부대화법'이다. 즉 부부가 서로 말하는 법을 배우고 진심으로 상대방의 말을 들어주는 것이다. 대부분의 부부는 결혼생활에서 대화를 잘 하고 있다고 생각하고 있지만, 정작 그들의 희망과 꿈, 그리고 두려움과 불확실 등에 대해서는 거의 대화를 공유하지 못하고 있다.

부부의 대화를 보면, 배우자 중 어느 한쪽은 직장 일에 몰두해 있기 때문에 상대방 배우자가 말을 걸면 귀담아 듣지 않는다. 많은 부부는 자신들이 타고 있는 결혼생활이라는 배가 흔들릴까 봐 두려워한다. 그래서 부부는 보통 때는 자신들의 관계에 대해 이야기하지 않다가 부부가 서로 다툴 때만 자신들의 관계에 대해 이야기하게 되는데, 사실은 '부부가 진정으로 대화하기 좋은 시간은 부부 사이가 좋을 때'이다.

부부가 서로 공유할 수 있는 대화기술로서 '반영적 경청'이 있는데, 이 대화기술은 부부가 서로 자신의 생각을 이야기하고, 배우자가 가진 내면의 감정을 공감하여 반영해 줌으로써 부부간에 진정한 대화가 가능하게 해준다. 이를 위한 구체적인 실행방법을 보면, 먼저 자녀들이 잠들고 난 후 적어도 20분 정도의 시간을 준비한다. 그리고 차나 커피, 포도주를 준비하고 전화는 자동응답기 상태로 돌려 놓는다. 이 시간이야말로 부부만을 위한 시간이다. 이 모든 준비가 되면 부부가 차례대로 말하는 사람과 듣는 사람의 역할을 진행하는데, 배우자가 말할 때는 자유롭게 말할 수 있는 충분한 시간을 갖도록 한다. 직장에서 일어난 일, 휴가에 하려고 기대하는 일들, 자녀들에 관한 재미

있는 사건 등에 대해 이야기할 수 있다. 단, 이때 잠재적으로 민감한 주제는 피하는 것이 좋다.

그리고 듣는 사람은 반드시 말하는 사람을 쳐다보아야 하며, 이때 부부는 말하는 상대방 배우자에 대해 비난하거나 판단 또는 재촉을 자제해야 한다. 10분이 지난 후에 배우자의 말을 들었던 사람은 상대방이 무엇을 말했는지, 또 말 뒤에 숨어 있는 감정이 무엇이었는지에 대해 말하며 확인한다. 이런 식으로 번갈아가면서 대화하면 부부는 점차 상대방이 하는 이야기를 정확하게 인지할 수 있고, 말 표면 뒤에 숨은 감정도 확인할 수 있게 되므로 진정한 의사소통을 할 수 있게 된다.

필자의 경우도 가끔은 아무에게서도 방해받지 않는 두 사람만의 공간에서 남편과 함께 포도주를 나누어 마시곤 한다. 우리 모두 중년기의 행복비결을 실천해 보자.

행복한 부부 만들기 전략

최근 신문의 한 면을 장식하면서 사람들의 관심거리로 회자된 기사가 있었다. "불륜의 죄값 10조 원!"이란 제목 하에 소개된 내용은 한 남자가 불륜의 대가로 위자료 10조 원의 이혼청구 소송을 당했다는 것이다. 그는 잉글랜드 프로축구의 최강팀 첼시의 구단주인 로만 아브라모비치로, 아내 몰래 다른 여자와 밀회를 즐긴 것이 들통 나 아내로부터 재산의 절반을 위자료로 청구 당하게 되었다는 내용이다. 이 기사가 우리에게 주는 시사점은 재벌들의 위자료가 엄청나다는 점과 불륜의 대가가 크다는 것도 있지만 무엇보다도 중요한 점은 부부간의 사랑이 파괴되면서 서로 상처를 많이 입을 것이라는 점이다. 이 부부 역시 결혼 초에는 누구보다 행복한 부부로서 일생을 살 것을 다짐했을 것이다. 그런데 왜 안정된 결혼생활을 지속하지 못하고 30대 후반에 이런 일이 일어나게 되었을까?

일생 행복한 부부로서 가족생활을 건강하게 영위해 나가는 것은 아마 모든 부부들의 궁극적인 목표일 것이다. 그런데 많은 경우 부부가 행복한 시간을 보내기 보다는 불만과 갈등으로 서로를 적대시하는 감정싸움에 노출되는 경우가 많다. 미국에서 발생하는 이혼사유의 3분의 1은 적대감과 폭력이며, 많은 불행한 가족들이 분노와 격한 감정으로 고통 받는다고 한다. 우리나라도 이와 크게 다르지는 않을 것이다. 그러면 가족의 중심축을 이루는 부부가 이런 갈등에 노출되지 않고 행복하게 살 수 있는 방법은 없을까?

부부가 행복해지기 위해서는 우선 부부가 함께하는 시간들의 질적인 향상이 이루어져야 한다. 부부가 함께 좋은 시간을 보낼 때 고독과 소외가 사라지고, 관계가 강화되어 부부로서의 정체감이 발달된다. 건강한 부부가 함께하는 시간의 질적 향상을 위한 몇 가지 전략들을 살펴보면 다음과 같다.

첫째, 부부가 함께 식사하며 담소를 나눈다. 행복하게 사는 많은 부부들은 정기적으로 함께 식사하면서 대화하는 시간을 가진다. 간혹 부부가 함께하지 못하는 날도 있지만 가능한 한 지키려고 노력하며, 식사 때는 부부가 각자 자신의 성취나 고민거리를 나눈다.

둘째, 부부가 집안일을 함께한다. 부부가 집안일을 함께하면서 그 시간을 부부간 대화의 기회로 만든다. 어느 부부가 주말에 열리는 부부성장 세미나에 참석을 했는데 사회자가 참석한 부부에게 질문을 했다고 한다. "매주 쓰레기를 내다 버리는데 보내는 시간이 얼마나 되십니까?" 참석한 부부는 의아해하면서 대답했다. "하루에 약 15분 정도." 그러자 사회자는 부부끼리 대화하는 데 보내는 시간은 하루에 몇 분 정도냐고 물었다. 부부가 대답하기를 망설이자 사회자는 "당신도 짐작하겠지요. 우리 모두는 부부간 대화시간보다 쓰레기를 버리는 데 보내는 시간이 더 많습니다."라고 말했다는 의미심장한 이야기가 있다. 우리나라 부부들 역시 비슷한 경향일 것이다.

셋째, 부부가 함께 논다. 부부가 함께 재미있게 보낼 수 있는 장소는 집안과 바깥인데, 건강한 부부의 상당수가 함께 노는 적절한 방법으로 야외활동을 꼽았다. 등산, 스포츠 경기 관람, 자전거, 산책, 수영 등의 활동을 꼽을 수 있다. 부부가 함께 즐겁게 놀았던 추억들이 부부간의 결속을 강화시킨다.

넷째, 부부가 함께 종교, 클럽, 학교활동을 즐긴다. 부부가 같이 신앙생활을 하는 것은 행복한 부부가 될 수 있는 전략 중의 하나이다. 그 외 자녀학교에서의 활동이나 스카우트 활동 등에 부부가 같이 적극적으로 참여하면서 공통의 관심사를 키운다.

다섯째, 부부가 특별한 이벤트를 마련한다. 휴일이나 휴가, 생일과 같이 개인적으로 축하할 일이 있을 때 이벤트를 마련하여 특별한 시간, 특별한 공간을 만들어 부부간 사랑을 강화시킨다.

여섯째, 특별한 일을 하지 않아도 부부가 함께 있다. 즉 부부라는 존재는 함께 있는 것만도 가치 있는 일이다. 부부가 즐겁게 보내기 위해서 꼭 무엇인가를 해야 하는 것은 아니며, 가만히 있어도 서로 친밀감을 느낄 수 있다면 그것으로 족하다.

결론적으로 이상의 전략들을 사용한다면 우리가 행복한 부부가 되는데 훨씬 가깝게 다가설 수 있을 것이다. 우리가 사랑하는 사람에게 시간을 내주는 것이야말로 가장 고귀한 선물이다. 이 가을 부부가 서로 행복을 느끼는 시간을 만들자.

행복한 부부되기 기술

요즘 세간의 이목을 끄는 영화가 있는데, 바로 《레미제라블》이다. 이 영화는 150년 전 프랑스 빈민가의 비참한 생활과 이를 타파하기 위한 젊은 세대들의 혁명, 그리고 인간과 신앙이라는 주제를 함께 다루고 있다. 그래서 '비참한 사람들'이라는 제목과 달리 보는 이들에게 인간에게 잠재되어 있는 선한 의지와 신의 사랑, 그리고 희망을 이야기한다. 이 영화가 한국 관객에게 익숙하지 않은 3시간 분량의 뮤지컬 영화이면서도 이례적으로 500만 관객에 달하는 흥행 기록을 세운 것은 개인성과 사회성을 결합한 영화로 지금 우리 시대의 모습을 비추는 듯한 이미지와 맞물린 것으로 분석된다.

최근 '힐링(치유)'에 관한 프로그램이 많은데, 이 영화 역시 '힐링 무비'로 사람들에게 전달되었기 때문에 사회적 반향이 컸다고 분석된다. 주인공 '장발장'이 전과자에서 사업가로 멋진 변신을 하는 것이나 하층 계급인 '코제트'가 귀족 집안 아들인 '마리우스'와 결혼해 상층 계급과 결합하는 것은 신분 상승이 가능하다는 메시지를 주면서, 인간의 선한 의지를 부각시키기 때문이다.

필자는 여기서 영화 속의 인물인 '코제트'와 '마리우스'가 신분의 차이를 뛰어넘는 사랑으로 부부가 된 일에 초점을 맞추고자 한다. 신분의 차이를 뛰어넘은 결혼을 한 그들의 열정적인 모습이 무척 아름다웠다. 그들은 언제까지 그런 멋진 모습으로 살아갈까? 오늘을 사는 많은 부부들이 신혼 초기에는 그 부부처럼 사랑과 열정으로 시작한다. 그러나 부부간의 사랑은 허니문이 지나고, 결혼생활 10년, 20년이 지나면서 퇴색된다. 그래서 올 한 해, 행복한 부부로 살아가기 위한 기술에 대해 이야기하고자 한다.

결혼생활이 해를 더해 갈수록 대부분의 부부들이 서로에 대해 매너리즘에 빠져 반응하게 된다. 특히 20년 이상을 함께 산 부부들은 서로 닮은 점보다 다른 점이 더 많다는 생각을 하면서 아내는 갑자기 남편이 낯설게 느껴지거나 남편도 나를 잘 모르는 것처럼 느껴지기도 한다. 이는 남편도 마찬가지다. 어쨌든 중년부부 사이에 대화가 부족하다면 상실감과 공허감을 느끼면서 무언가 부족함을 인지하게 된다.

부부가 행복을 느끼기 위해서 가장 필요한 것 중의 하나가 대화이다. 우리는 부부 사이에 대화를 잘하고 있다고 생각하지만 사실 진정한 대화를 하고 있는지에 대해서는 별로 생각하지 않는다. 대화란 내가 의미하는 바를 말하고, 내가 말한 것을 분명히 하는 것이다. 의사소통이 잘 안 되면 부부싸움의 첫 번째 원인이 된다. 많은 부부들이 '우리는 의사소통이 안 돼요.' 하고 한숨을 내쉬게 되는데, 많은 사례에서 보면 부부가 서로 대화하고 있다고 생각하지만 메시지는 전달되지 않는 경우가 대부분이다. 대화가 잘 되는 부부는 서로 말을 잘 들어준다. 즉 집중하면서 듣고, 상대방의 말 속에 숨어 있는 감정을 들으려고 한다. 공감하며 듣는 것은 말할 때, 서로를 바라보아야 한다.

많은 부부가 좋은 결혼생활이란 부부가 정확하게 똑같이 생각하고 느껴야만 하는 것이라고 오해한다. 아무리 밀접한 관계라도 각자 걱정과 스트레스를 다루는 방법이 다르고, 의견이나 좋아하는 것의 차이 등이 반드시 있기 마련이다. 만약 배우자와 대화가 부족하여 일상생활에 영향을 미친다는 생각이 든다면 다음 사항에 유의하여 관계를 개선해야 한다.

첫째, 어떤 문제에 있어 두 사람 모두의 역할이 각각 있었음을 인정해라. 둘째, 상대방을 비난하지 말고 가능한 한 명확하게 당신의 욕구와 감정을 말해라. 셋째, 기꺼이 타협해라. 넷째, 배우자의 개성과 견해가 어떤 진가를 갖는지에 대해 긍정적으로 생각해라. 다섯째, 부부의 의견이 일치하지 않을 때, 차이는 도덕적 판단이 아니라는 것을 명심해라. 때때로 우리는 차이에 있어 옳고 그른 것이 없다는 것을 잊어버리고 있다. 예를 들어, 아이들이 제시간에 잠들도록 취침 규칙을 세워 두었는데, 만약 남편이 늦게 퇴근하여 자려고 하는 아이들과 놀려고 한다면, 규칙도 중요하지만 아빠와 함께 노는 시간도 중요하다. 이런 일이 자주 있지 않는 한 문제를 바라보는 두 가지 시각이 있다는 것을 생각해라.

이상에서 살펴본 것처럼, 행복한 부부가 되기 위해서는 부부가 서로 차이점을 수용하고 감사함을 느껴야 한다. 올 한 해 행복한 부부 되기로 우리 가정을 '힐링'해 보자!

부부의 날

가정의 달 5월에 새로운 법정 기념일이 신설되었다. 바로 부부의 날이다. 5월 21일은 부부의 날로서 이 날을 정한 이유는 둘(2)이 만나 하나(1)가 된다는 해석을 할 수 있는 날이기 때문이다. 특히 우리나라 부부의 날은 세계 최초로 국가기념일로 지정되어 그 의미를 더하고 있다.

부부의 날은 지난 2003년 12월 18일 민간단체인 '부부의 날 위원회'가 제출한 '부부의 날 국가 기념일 제정을 위한 청원'이 국회 본회의를 통과하면서 올해부터 시행되게 되었다. 이 날이 공휴일은 아니지만 부부의 날 제정이 갖는 의미는 각별하다 하겠다. 이 날의 유래는 17년 전부터 결혼향상 프로그램인 매리지 인카운터(Marriage Encounter) 주말교육을 받은 부부를 중심으로 미국에서 실시하고 있는 월드 매리지 데이(World Marriage Day)를 본떠 우리나라에서 '부부의 날' 행사를 민간주도로 시작한 것이 계기가 되었다. 이 날을 법정 기념일로 만들기 위해 그동안 천주교의 윤갑구·김부희 부부와 개신교의 권재도 목사가 중심이 되어 국회와 정부에 청원을 내고 노력한 결과 드디어 '부부의 날'로 지정받게 되었다.

이 날을 국가기념일로 적극 추진하게 된 배경은 사회의 가장 기본 공동체인 가정이 바로 서고 행복하게 되면 세상이 밝고 아름답게 변할 수 있다는 신념 때문이었다. 이 교육은 1950년대 초 스페인의 칼보(Calvo) 신부가 시작했는데, 그는 문제 아동들을 돌보다가 '문제 아동은 문제 가정에서 나온다.'는 사실을 발견하고 먼저 원만한 가정을 만들기 위한 교육 프로그램을 만들었다. 원만한 가정을 만들기 위해서는 먼저 부부가 하나로 일치되어야 하고, 그러려면 대화가 매우 중요하다는 점에 착안해 부부교육 프로그램을 보급한 것이 전 세계적으로 확산되었다.

우리나라에는 1977년에 도입되었으며, 부부간의 대화가 원만하게 이루어지는 가정에서는 대부분의 부부문제, 자녀문제가 해결될 수 있음이 이 교육과정을 통해 입증되고 있다. 사실 얼마 전 우리를 충격 속에 몰아넣었던 버지니아 공대 총기난사사건 역시 여러 가지 요인이 있겠지만 일차적으로는 부모가 그를 제대로 돌보지 못했음을 간과해서는 안 될 것이다. 그리고 그 부모의 따뜻한 사랑과 격려가 있기 위해서는 무엇보다 먼저 부부간의 따뜻한 사랑이 우선되어야 한다.

그러면 좋은 부모노릇을 할 수 있는 좋은 부부관계의 근간은 무엇일까? 가장 우선순위가 바로 대화이다. 부부의 날만이라도 부부가 대화를 나눈다면 부부 불화의 90%는 해결할 수 있을 것이라는 것이 현장의 목소리다. 좋은 대화를 위해 다음과 같은 여섯 가지 규칙을 지킨다면 도움이 될 것이다.

첫째, 대화에 충분한 시간을 준다. 부부간에 많은 대화를 나누다 보면 부부가 토의해야 될 중요한 주제가 떠오르게 된다. 둘째는 경청이다. 어떤 어려운 문제에 대해 부부가 실제적인 해결책을 내놓지 못하더라도 진심으로 경청하기만 해도 상대방이 나를 따뜻하게 배려해 주고 있다는 사실을 깨닫고 힘을 얻게 된다. 셋째는 점검이다. 부부 중 어느 한쪽이 퇴근 후 언제부터인가 신경이 매우 날카롭거나 별것 아닌 일로 자주 화를 내게 되면 그것이 자신 때문인지 아니면 다른 회사일 때문인지 상대방에게 물어서 점검해 볼 필요가 있다. 부부간에는 상대방의 생각을 확인해 보지 않고 마음대로 추측하는 넘겨짚기를 해서 오히려 서로 상처받는 경우가 비일비재하기 때문이다. 넷째는 상대방의 세계로 들어가 본다. 부부라 해도 상황을 바라보는 눈이 각자 자신이 살아온 가정환경의 영향을 받아 다르기 때문에 상대방 입장에 대한 '공감'이 필요하다. 다섯째, 비판이나 평가를 삼가라. 무례한 판단은 서로의 관계를 손상시키기 때문에 설령 부부싸움을 하더라도 서로의 입에서 나쁜 말이 나오지 않도록 노력해야 한다. 여섯째, 정직과 친절의 균형을 유지해라. 부부는 서로에게 정직해야 하며 아울러 부부간에 예의를 중시해서 '부탁해요, 고마워요'라고 말하는 것이 필요하다.

이상과 같은 부부간 대화의 방법을 생활화하면서 부부의 날에 부부관계를 점검해 본다면 좋은 부부, 좋은 부모, 그리고 나아가 행복한 가정을 만들어 나갈 수 있을 것이다.

행복한 부부가족 만들기

5월은 가정의 달이다. 만물이 소생하는 봄의 절정을 보여 주는 달로, 어린이날, 어버이날을 비롯하여 입양의 날, 부부의 날 등이 모두 들어 있어 가족의 소중함을 생각하게 하는 달이기도 하다. 지난주 어린이날과 어버이날이 지났고 앞으로 입양의 날과 부부의 날이 남아 있다.

5월 11일이 입양의 날인 것을 아는 사람들은 그다지 많지 않을 것이다. '진실과 화해를 위한 해외 입양인의 모임(TRACK)'은 한국의 입양제도를 개선하고 미혼모를 돕기 위한 활동을 벌이는 모임으로, 생후 6개월 때 미국으로 입양되어 작가로 활동하고 있는 정트렌카라는 여성에 의해 시작되었다. 그녀의 친엄마가 알코올중독인 아버지 때문에 생활형편이 어려워 생후 6개월인 그녀를 미국으로 입양 보냈다고 한다. 정 대표는 현재 한국에서 활동 중이며 '입양촉진 및 절차에 관한 특례법' 개정안의 국회 통과를 촉구하는 활동도 벌이고 있다.

결혼을 하여 가정을 꾸리기 시작할 때는 모두가 행복한 가족을 만들어 나가기를 원한다. 그런데 부부의 의도와는 달리 여러 측면에서 가족생활이 뒤틀리기 시작한다. 특히 알코올이나 폭력으로 연결된 가족의 경우 부모가 아이를 버리는 상황이 되는 불행한 결혼생활이 될 수도 있다. 알코올이나 폭력이 내재된 경우가 아닌 일반 가족생활에서도 우리는 때때로 많은 갈등 속에서 허우적대기도 한다. 이러한 가족 갈등의 중심에 부부가 있다. 그래서 부부 두 사람이 하나가 되는 날로서 5월 21일을 부부의 날로 정했을지도 모른다.

부부는 두 사람의 결합 이상의 의미를 가진다. 가족의 주춧돌은 부부이다. 부부가 어떻게 결속되어 가족을 이끌어 가느냐에 따라 가족 구성원 전체가 행복해지기도 하고 불행해지기도 한다. 즉 가족의 행복은 부부의 가족관리 여하에 달려 있다고 해도 과언이 아니다. 평생을 행복하게 살겠다고 결혼서약을 하고 출발한 부부가 갈등하는 이유는 무엇일까? 그 갈등발생의 원인을 살펴보면 첫째는 친밀감 때문이다. 부부간에는 친밀감 때문에 개인의 모든 특성이 노출되어 배우자의 단점을 알게 되고 그로 인해 서로를 종종 비난하게 되는 경우가 있다. 둘째는 항구성이다. 결혼이란 며칠 만에 끝나는 일이 아니므로 참기 어려운 일이 계속될 경우 서로 자극적인 일에 노출되는 것이다. 셋째는 경쟁 때문이다. 부부는 그들의 애정뿐만 아니라 충분하기 못한 자원, 특히 금전 사용에서 많은 갈등을 일으킨다. 넷째는 가변성 때문이다. 부부가 살아가는 결혼생활의 내용은 매일 변화하므로 결혼생활에서 갈등이 일어나는 것은 당연하고 정상적인 과정이라고 볼 수 있다.

그러나 결혼생활에서 얼마간의 갈등이 발생하는 것은 당연하고 정상적이라는 말은 갈등이 그대로 존재해도 좋다는 것은 아니다. 부부가 갈등의 해결과정을 통해 긍정적 결과를 가져올 때만 건설적 갈등이 되고 결혼생활도 더 건강해 질 것이다. 부부간 갈등은 서로간의 노력을 통해 개선시킬 수 있지만 다음과 같은 갈등해결의 방해요인을 먼저 파악하여야 한다. 첫째는 미성숙 요인이다. 미성숙한 사람은 혼란된 정보에 휩싸이게 되므로 갈등해결이 어렵다. 둘째는 의견의 불일치를 참을 수 있는 능력의 부족 요인이다. 의견의 불일치를 참지 못하고 분노나 비난 등의 부정적인 감정을 심하게 노출하게 되면 갈등이 더 악화된다. 셋째는 무의식적 왜곡 요인이다. 부부가 자기도 모르는 사이에 상대방을 왜곡하거나 사건을 올바르게 인식하지 못하는 상태이다. 넷째는 과음 요인이다. 부부 어느 쪽이든 음주한 상태에서 갈등을 해결하고자 하면 의논이 언쟁으로 변하기 쉽다. 다섯째, 피로 요인이다. 대부분의 사람들은 피곤하면 자제력을 잃기 쉽기 때문에 다투게 되므로 부부는 이런 상태에서 대화를 피해야 한다.

　　이상과 같은 갈등해결의 방해요인을 생각하고 그 조건들을 없애가면서 부부갈등 해결방법을 모색해야 한다. 갈등해결에 대한 제언은 학자들마다 다양하지만 가장 강력한, 갈등해결을 위한 조건은 성숙, 사랑, 집중이다. 즉 부부가 서로 성숙된 인격과 사랑하는 마음을 가지고 상대방에 대해 관심을 기울일 때 부부의 갈등도 원만하게 해결될 수 있다. 가정의 달에 부부가 서로를 이해하며 관심을 가져서 부부간 갈등도 해결하는 혜안으로 가족을 행복하게 만들어 갔으면 한다.

부부관계의 역동성 척도

다음은 부부 사이의 역농성을 점검해 보기 위한 척도이다. 다음 문항을 읽고 응답하면서 스스로 우리 부부의 역동성을 점검해 볼 수 있다.

> 당신의 배우자와의 관계에 대한 다음의 질문에 답하시오. 각 항목은 혼자서 응답합니다. 당신이 배우자와의 관계에서 각 상황을 경험하는 빈도에 따라 '전혀 혹은 거의 경험하지 않았다'면 1점, '가끔씩 경험했다'면 2점, '자주 경험했다'면 3점을 주십시오.

1. 사소한 논쟁이 비난, 욕하기, 혹은 지나간 상처를 들추어내는 추잡한 다툼으로 확대된다.
2. 나의 남편(아내)은 나의 의견이나 감정, 욕구를 비판하거나 얕잡아 본다.
3. 나의 남편(아내)은 나의 말이나 행동을 내가 의도한 것보다 부정적으로 받아들인다.
4. 해결해야 할 문제에 직면하면 우리 부부는 마치 서로 반대편에 속한 것 같다.
5. 나는 생각하는 바나 느낀 바를 나의 남편(아내)에게 말하는 것을 망설인다.
6. 나는 우리 관계에서 외로움을 느낀다.
7. 논쟁을 할 때, 우리 가운데 한 사람은 뒤로 물러선다. 즉, 더 이상 이야기하기를 원하지 않거나 그 상황에서 떠난다.

평가

점수가 높다는 것은 두 사람이 어떤 변화를 만들어가지 않으면 큰 위험에 처할 수 있음을 의미한다. 또한 이 점수는 개인단위의 점수이기 때문에 부부가 다른 점수를 나타낼 수도 있다.

일반적으로 7~11점은 관계가 상당히 양호한 상태이다. 관계는 가변적이므로 양호하다는 것은 어디까지나 현재 상태이며, 이는 앞으로 행복한 관계나 그 반대 방향으로 발전할 가능성도 있다. 동시에 앞으로의 원만한 관계형성을 위해 노력해야 할 최적의 시기이기도 하다.

12~16점은 다소 주의가 필요한 상태이다. 두 사람의 관계가 비록 지금은 행복하더라도 앞으로 자신이 원하지 않는 방향으로 발전할 가능성을 경고하고 있다. 관계를 강화하기 위해 시간을 투자하는 것이 미래를 위한 최선책이 될 것이다.

17~21점은 두 사람의 관계가 상당히 위험한 수준임을 의미한다. 어려움을 눈앞에 두고 있거나 이미 겪고 있을 수도 있다. 두 사람의 관계를 향상시키기 위한 방법을 즉시 배워야 한다.

자료: Markman, H.J., Stanley, S.M., & Blumberg, S.L.(2001). Fighting for your marriage. San Francisco: Jossey-Bass: 정옥분·정순화·홍계옥, 2005 재인용.

부모-자녀관계 탐구

무릇 결혼으로 좋은 부부관계가 형성되고 서로 사랑하며 살아가게 되면
그 다음으로 뒤따르는 것이 자녀출산이며, 그로 인해 부모-자녀관계가
형성된다.

부모됨의 기쁨과 어려움은 동서고금을 막론하고 화두이다. 오죽하면 우리나라
이야기 속에 자녀가 세 살까지 부모에게 준 기쁨이 그 이후 자녀가 평생 부모를
속 썩여도 보상이 될 만큼 부모에게 기쁨을 주는 존재라고 하는 말이 회자되고
있을까? 이런 소중한 자녀를 우리 부모들은 과연 어떻게 키우고 있을까?
부모가 부모됨의 준비가 되지 않은 상태에서 자녀를 출산하고, 키우게 되면
많은 문제들이 발생하게 된다. 따라서, 부모됨의 준비는 물론, 부모자격증도
필요하다는 여론이다.

2부에서는 실생활을 중심으로 부모-자녀관계의 탐구에 나서 보자.

부모교육의
필요성

　　　부모교육이란 부모가 부모됨의 역할을
잘할 수 있도록 부모에게 교육을 시키는 것을 의미한다. 부모가 될 준
비가 미처 안 된 부모들이 무작정 자녀를 낳은 후 방치하게 되면 그
자녀들이 부모로부터 제대로 된 사랑을 받지 못하고 자라기 때문에,
성인이 되어 급기야 반사회적인 행동으로 사회를 황폐하게 만들 수
있다. 따라서 이러한 폐해를 막기 위해 부모가 될 사람들은 부모로서
충분히 자녀를 잘 키울 수 있도록 준비된 상태에서 자녀를 키워야 하
기 때문에 부모자격증이 필요하다는 이야기까지 나오고 있다.

　한동안 '신사의 자격'이란 드라마가 세간의 관심을 끌었다. 마흔을
바라보는 4명의 남자가 성숙해 가는 과정을 담았는데, 신사에 걸맞은
자격을 어떻게 갖출 것인가 하는 내용이 주제를 이루었다. 부모도 부
모에 걸맞은 자격을 갖추어 자녀를 양육해야 자녀들이 훌륭하게 성장

해 바람직한 사회구성원이 될 수 있다.

몇 해 전, 젊은 아빠가 영아가 밤새우는 울음소리를 참지 못해 아이를 발로 차서 사망시킨 사건이 있었다. 아빠의 역할은 무엇일까? 전혀 준비되지 않은 상태에서 자녀를 낳고 아이가 밤새 운다고 스트레스를 받아 저지른 끔찍한 사건이다. 이러한 예들을 통해 볼 때, 부부가 결혼해서 부모가 되면 어떤 부모 역할을 준비해야 할까? 즉 부모의 자격이 무엇인지에 대해 준비하지 않으면 안 된다는 것을 보여준다.

이 장에서는 부모가 자녀를 잘 키우기 위해서 어떤 태도를 가져야 하는지 부모교육의 필요성과 관련하여 부모교육 탐구의 기술에 대해 살펴보자.

부모의 자격

부모의 자격이라니! 요즈음 드라마 '신사의 자격' 이후 대통령의 자격이란 용어가 유행하더니 급기야 부모의 자격이라는 표현까지 보고 대다수의 부모는 의아스럽게 생각할지도 모른다. "자녀를 낳아 키우면 그만이지, 새삼 부모의 자격이란 또 뭔가." 하고 말이다. 하지만 부모의 자격을 되짚어보지 않으면 안 될 계기를 주는 사건이 생겨 이에 대해 생각해 보고자 한다.

며칠 전 우리 사회를 경악케 만든 충격적인 사건이 발생했다. 친엄마가 36개월 된 아들을 때려 숨지게 한 뒤 시신을 저수지에 버린 사건이다. 남편과의 불화로 몇 달 전 가출한 엄마가 데리고 나왔던 아들을 때리고 밟아 숨지게 한 뒤, 미리 준비한 검은 가방에 7㎏, 4㎏짜리

돌멩이와 함께 아이를 넣어 저수지에 버린 것이다. 낚시꾼에 의해 발견된 이 가방 때문에 그 진상이 백일하에 드러났다.

도대체, 부모가 아이를 때려 죽게 만들다니! 그것도 모성애가 강하다는 엄마가! 얼마나 아이를 때렸으면, 또 어떻게 때렸기에 아이가 죽기까지 할까? 정말 생각할 수 없는 끔찍한 사건이다. 부모라는 존재 자체를 무색케 했던 사건이었다. 사건의 이면에는 엄마의 불우한 어린 시절에서 비롯된 비뚤어진 모정이 있었다고 한다. 엄마가 아들을 죽인 이유인즉 아들이 평소 많이 울고 대소변을 제대로 가리지 못한 데다 음식을 먹으면 자주 토해 한 달 전쯤부터 아들과 함께 죽을 결심을 했으며, 범행 일주일 전부터는 이같은 생각이 더욱 굳어졌다고 한다. 또 남편이 자신과 닮은 아들을 평소에 미워해서, 집에 두고 나오면 남편에게 계속 학대를 받을까 봐 걱정이 되어 데리고 나왔다고도 했다. 그러나 이러니하게도 이 엄마는 아들이 걱정되어 데리고 나왔음에도 불구하고 정작 사소한 일로 아들을 심하게 때리는 등 모순된 모습을 보였고, 더 나아가 아들을 살해하고 시신을 유기하는 잔인한 행동까지 했다. 이 사건은 한마디로 부모가 부모의 자격을 갖추지 못하고 부모가 되면 가족과 사회에 어떠한 악영향을 끼칠 수 있는지를 보여 주는 대표적인 사례라 하겠다.

부모의 자격이라는 것이 돈을 많이 버는 부모처럼 물질적인 기준으로 보는 부모가 아니라 부모가 얼마나 부모답게 자녀들을 잘 양육하느냐를 보는 것이다. 즉 자녀에게 필요한 최소한의 경제적 보호뿐만 아니라 자녀들이 건강하게 성장할 수 있도록 돌보아주는 정서적인 성숙이 얼마나 준비되어 있는가를 본다는 의미이다. 자녀는 한 개인의 소유물이 아니라 우리 사회를 이끌고 지켜 나갈 차세대 사회구성원이기도 하기 때문에 개인이 마음대로 학대하고 팽개칠 대상이 아니다.

아동학대의 주 가해자가 부모로 80% 이상을 차지한다는 것은 이미 주지의 사실이다. 가해 부모들의 아동학대는 방치, 욕설 등의 정서적 학대, 신체적 폭력 등을 동반한다. 최근 들어 아동학대가 심해지는 양상에 대해 관련 전문가들은 대안의 하나로 아동학대에 대한 사회적 관심과 법적인 개입이 필요하다고 보고 있는데, 물론 일리 있는 지적이다. 하지만 더 중요한 것은 부모 당사자들의 성숙된 부모에 대한 인식개선이라고 본다.

내 자녀라고 해서 내 마음대로 학대해도 된다는 인식이 먼저 변해야 한다. 즉 내 자녀이기도 하지만 사회구성원이 될 소중한 존재라는 인식을 가져야 한다. 자녀를 내 마음에 안 든다고 마음대로 때리고, 먹이지 않고, 방치해서는 안 되고, 미래의 사회구성원으로 존중하고 잘 키워야 한다.

성인이 되었다고 무조건 결혼하고 아이를 낳을 것이 아니라 자신이 충분히 부모의 역할을 잘할 수 있는지, 즉 부모의 자격을 갖추었는지에 대해 어떤 형태로든지 간에 검증할 수 있어야 하겠다. 부모의 자격을 갖춘 사람들이 자녀들을 낳아 기른다면 우리 사회가 더 나은 사회가 되지 않을까?

여기 이 사건에서 보는 것처럼 어릴 때 학대를 받으며 자라 성인이 된 부모는 또다시 자기 자녀를 학대하는 이른바 '학대의 대물림'을 하고 있다. 따라서 이런 '학대의 대물림'을 예방하기 위해서는 '건강한 부모교육'이 범사회적 차원에서 실시되어야 하겠다. 만약 부모로서 자

녀를 잘 키울 수 있는 정신적 준비가 되어 있지 않은 미성숙한 개인
이 결혼하여 아이들을 낳는다면, 아동학대를 비롯한 잘못된 자녀양
육으로 아이들이 대부분 잘못 성장하여 또다시 사회를 황폐화시키는
범죄자들이 될 수도 있다. '부모의 자격'이라는 제도에 대해 진지하게
생각해볼 때이다.

부부와 자녀문제의 상관관계

연일 충격적인 보도로 우리를 강타하는 사건들이 그 도를 넘고 있
어 할 말을 잃게 만든다. 어제 오늘 연이어 일어난 두 가지 사건을 보
며 가족과 학교폭력 및 성폭력 가해자와의 상관관계를 생각해 본다.

첫 번째 사건은 지난 11일 경북 경산에서 최 모(15세) 군이 학교폭
력을 견디다 못해 스스로 목숨을 끊어, 학교 현장에서 학교폭력에 대
한 사각지대가 여전히 존재한다는 사실을 다시 한 번 알려 준 가슴
아픈 사건이다. 잊을 만하면 들려오는, 학교폭력으로 인한 청소년 자
살 이야기는 우리 청소년이 병들어 근본적인 치유가 필요한 사회임을
상기시킨다.

청와대는 13일 오전 수석비서관회의에서 학교폭력을 근절하는 근
본적인 대책은 인성교육이 되는 환경을 만드는 것이지만 우선은 폐쇄
회로 TV의 화소를 대폭 높이는 방안을 논의했다. 하지만 CCTV 확충
같은 형식적인 대책보다는, 교사가 학생에게 관심을 쏟을 수 있는 환
경과 일반 학생들의 인식 전환이 필요하다는 것이 전문가들의 목소리
다. 2011년 12월 대구 중학생의 학교폭력으로 인한 자살사건 이후 학

교폭력에 대비해 정부는 지난해 2월 종합대책을 내놓으며 다양한 예방교육과 철저한 사후대응에 초점을 맞췄다고 공언했다. 그러나 1년이 지난 후에도 결과는 마찬가지여서 철저한 사후대응이 공염불에 불과함을 보였다. 전문가들은 학교폭력 대책으로 예방교육을 가장 중요하게 꼽는다. 스웨덴, 노르웨이 등 북유럽 국가에서는 예방교육 프로그램으로 학교폭력을 50% 줄였다는 보고도 있다. 우리도 더 늦기전에 청소년 학교폭력 예방하는 프로그램을 적극적으로 실시해야한다.

두 번째 이야기는 초등학생에 의한 20대 지적장애 여성의 성폭행 피해 사건이다. 이 사건은 학교폭력으로 인한 고교생 자살사건에 이어 또 한 번 우리의 가슴을 철렁하게 만든 사건이다. 아니 오히려 가슴을 섬뜩하게 만든 사건이기도 하다. 불과 초등학교 6학년에 불과한 어린 남학생들이 자기보다 나이가 10살이나 많은 20대 지적 장애여성을 성폭행했다니 도저히 믿기지 않는 사건이다. 헤럴드경제에 따르면 강원 원주경찰서는, 13일 지적 장애여성을 유인해 성폭행한 혐의로 초등학교 6학년인 A군 등 3명을 붙잡아 조사하고 있다고 밝혔다. 조사결과 A군 등은 평소 동네에서 알고 지내던 B씨가 지적 장애가 있다는 점을 악용해 이 같은 범행을 했다고 경찰은 밝혔다. 특히 이들은 범행 당시 휴대전화에 저장된 일명 '야동'을 피해 여성에게 보여 주며 강제로 범행한 것으로 전해져 충격을 주고 있다. 어떻게 이런 일이 가능한가?

이 엽기적인 사건보도를 보며 일반적인 부모들은 어떤 생각을 할까? 또한 가해자의 부모는? 이 끔찍한 사건들의 책임은 과연 누구에게 있는가? 부모, 사회, 사건 당사자들 중에서 과연 누구의 책임일까?

물론 첫째는 범행을 저지른 당사자들이다. 그러나 그들은 겨우 만 11세에 불과한 어린아이들이다. 피아제의 인지발달 단계상으로 보면 초등학교 6학년생은 구체적 조작기로서 이제 막 청년기의 형식적 사고가 시작되는 시기이다. 다시 말해서 청년기의 사고가 무르익지 않은 설익은 단계의 사고기인데 이런 끔찍한 일을 저지른 것이다.

부모, 특히 부부는 자녀들의 가치관에 귀감이 된다. 자녀들은 가족 안에서 사회생활에 가장 기초가 되는 도덕성을 배우고, 대인관계의 기초를 배운다. 자녀가 학교폭력이나 장애인 성폭행을 저지른다면 그 일차적인 책임은 학생 당사자와 함께 그 부모에게 있다. 왜냐하면 부모가 가정이라는 환경 속에서 아이들을 제대로 가르치지 못했기 때문이다. 부모, 즉 부부는 자신들의 부부관계와 부모-자녀관계를 되짚어 보아야 한다. 모든 문제학생의 뒤에는 문제부모가 있다는 것은 불변의 진리이다.

따라서 이런 엄청난 사회적 사건을 계기로 부부는 자신들의 가족관계, 특히 부부관계를 점검해 보아야 한다. 혹시 우리 부부의 불화가 자라나는 우리 아이들에게 나쁜 영향을 주고 있지는 않은지 하고 말이다. 부부의 불화와 자녀문제와의 상관관계는 매우 밀접할 것이다. 문항으로 신뢰도 조사를 하지는 않았지만, 거의 예측 가능한 변수이기 때문이다.

부부가 솔선하여 관계를 개선하면, 한창 자라나는 자녀가 사회의 훌륭한 구성원으로 성장할 수 있게 된다. 부부의 역할이 부모로서의 표양을 보이는 기초가 된다는 점을 인지하고, 성숙한 부부관계로서 훌륭한 부모역할을 할 수 있도록 자각하자.

청소년 인생 각본과 부모교육

10월 중순에 들어서면서 색색으로 아름답게 물든 단풍잎이 가을의 정취를 더해주고 있다. 가을 단풍잎의 아름다움처럼 우리나라의 청소년들도 자신의 꿈을 활짝 피워내는 멋진 모습으로 살아갈 수 있도록 부모들이 이끌어주어야 하므로 오늘은 부모교육의 중요성에 대해 함께 생각해 보고자 한다.

최근 청소년을 대상으로 취재된 기사 두 가지가 극단적인 대비를 보여준 사건이 있었는데, 청소년 인생 각본의 예시로 적용시켜 보면 다음과 같다. 한 사례는 지난 11일 아침, 서울 강남구 신사동에서 택시 한 대가 신호위반 차량을 피하려다 인도로 돌진해 가로수를 들이받고 불붙었다. 이 출근길 사고에서 행인들이 운전자를 구할 엄두를 내지 못하고 있는데, 이때 한 고교 남학생이 쏜살같이 불길 속으로 뛰어 들어가 운전자를 들쳐 업고 나왔다. 이 학생이 바로 서울 현대고 3학년 김택우 군이었다. 각박해가는 현실에서 김 군의 용감한 행동은 단연 화제가 되었지만, 정작 당사자는 '위험에 빠진 택시기사 할아버지를 보고 구출했을 뿐'이라며 그 행동을 당연하게 생각했다. 그야말로 사회공동체에 헌신하는 바람직한 가치관을 가진 학생이었다.

한편 그 하루 뒤인 지난 12일 오후, 대구시 동구에서 전날 스스로 목숨을 끊은 대구 K고 1학년 학생의 빈소가 차려졌다. 성적과 친구 문제로 고민하던 이 학생은 전날 새벽 자신이 살고 있던 아파트 8층에서 뛰어내려 숨졌다. 이 학생뿐만 아니라, 최근 대구에는 1년 사이 13명의 학생이 자살이라는 극단적인 선택을 해서 사회문제가 되고 있다. 우리나라 청소년 자살률이 해마다 늘고 있는데, 2008년 청소년 자살이 14%에서 2010년 28%로 급증했다. 전문가들은 "청소년 자살의 경우 전염성이 강한 편으로 청소년 자살률의 증가 추세를 멈출 수 있는 대책마련이 시급하다."고 지적한다.

여기에서 말하고 싶은 초점은 왜 어떤 청소년은 사회공동체에 기여하는 행동을 하고, 어떤 청소년들은 자신의 삶을 마감하는 자살이라는 극단적인 행동을 하게 되는 것일까? 물론 여러 가지 이유가 있겠지만 가장 중요한 것은 청소년에게 미치는 부모의 영향력이다. 이와 관련하여 부모교육이 얼마나 중요한지 살펴보자.

부모교육에 대한 여러 이론 중의 하나인 교류분석 이론 속에 인생각본이라는 개념이 있다. 각본이란 교류분석에서 사용되는 개념의 하나로, 우리의 인생을 하나의 드라마에 비교하여 그 드라마에서 자신이 연기하는 역할을 일컫는다. 즉 연기자가 각본에 의해 모든 행동과 사고를 하는 것처럼, 개인은 자신의 인생 각본대로 살아가게 된다는 것이다. 그러면 그 각본은 누가 작성하는 것인가? 교류분석에서는 자기 자신이 작성한다고 믿는다. 그 각본의 작성에 영향을 주는 사람은 어린 시절의 부모이고, 그 후로는 인생 체험에 의해 강화되지만 특히 부모가 자신을 대하는 태도가 자녀들의 각본에 지대한 영향을 준다고 본다. 예를 들어 어릴 때에 부모로부터 거절당하고 비건설적인 메시지를 끊임없이 들어온 아동은 마침내 그 메시지를 따르기로 하고, 자기 파괴적인 각본을 형성하며 그러한 삶을 살아간다. 한번 형성되고 선택된 각본에 의해 우리는 행동하고 그 각본을 확인하고 실현하려는 방향으로 움직여진다는 것이니 부모의 자녀양육태도가 얼마나 중요한가!

인생 각본은 크게 세 가지로 나뉘는데, 파괴적 각본, 평범한 각본,

그리고 성공적인 각본 등이다. 먼저 파괴적인 인생 각본을 갖는 청소년은 자기 스스로가 목표를 달성할 힘이 없는 존재라고 생각하고 마음먹은 대로 되는 일은 하나도 없다고 생각한다. 그리고 실제 그렇게 행동한다. 다음으로 평범한 인생 각본을 갖는 청소년은 눈에 띌 만한 일도 없이 그저 보통으로 인생을 살아가고 끝내고자 한다. 그들은 특별한 문제를 일으키지 않는 대신 사회적으로 공헌하고 기여하는 삶을 살지도 못한다. 힘이 있음에도 불구하고 자기의 힘과 에너지를 사용하려고 하지 않는다. 마지막으로 성공적인 인생 각본을 갖는 청소년은 인생의 목표를 스스로 세우고 그것을 향해 전력을 다한다. 즉 자기실현을 이루어내는 각본을 가지고 그것을 실행하며 살아간다. 때로는 실패도 있지만 그에 굴하지 않고 꿋꿋이 헤쳐 나가며 종국에는 성공하는 삶을 사는 것이다.

이런 인생 각본은 결국 어린 시절 부모에 의해 형성된 자아개념에 근거하여 만들어진다. 따라서 부모는 자녀가 성공적인 인생 각본을 갖게 해주어야 하는데, 특히 부모가 자녀를 대하는 태도에 기인함을 잊지 말아야 할 것이다. 오늘부터 좋은 부모역할로써 자녀들이 성공적인 인생 각본을 갖도록 격려를 시작하는 것은 어떨까!

아동학대와 부모자격증

지난 4일 아이 기르기가 힘들다고 애 팽개치는 젊은 부모들이라는 주제 아래 아동학대 진상이 적나라하게 폭로되어 우리에게 충격을 주었다. 18세 미만 아동·청소년 학대신고 건수가 1만 건을 넘었으며, 가해자는 대부분 부모였다. 아동은 우리 사회를 이끌고 지켜 나갈 차세대 사회구성원이다. 그런데 그런 아동들을 다른 사람도 아닌 부모가 학대해서 이웃이 신고하는 세태가 된 것이다.

보건복지부가 발표한 '2011년 전국 아동학대현황보고서'에 따르면 지난해 전국 45개 아동보호전문기관에 접수된 아동학대 신고건수는 1만 146건으로 전년보다 10% 증가했으며, 학대 받다 사망한 아동은 13명이었다. 특히 우리 사회의 주의를 끄는 것은 부모의 보호 없이는 정상적인 생활을 하기 어려운 만 3세 미만의 영아를 대상으로 한 학대가 급증했다는 점이다. 2009년 455건이던 영아 학대가 2010년에는 530건으로 전년 대비 16.5% 증가했으며, 2011년에는 708건으로 전년대비 33.5% 급증했다. 이러한 영아학대는 20~30대의 젊은 부모(69.7%)와 여성(66.7%)에서 많이 발생했다.

구체적인 사례를 보면, 경기도에 사는 주부 A씨는 늦둥이 첫딸을 38세에 낳은 후 처음에는 몹시 기뻐했으나 남편의 시원찮은 벌이 탓에 부부싸움이 잦아지면서 딸이 돌이 될 무렵 남편이 가출을 해버렸다. 혼자 남은 A씨는 우울증이 심해지고 폭음을 일삼으면서 집단은 쓰레기로 넘쳐났고 돌이 된 딸은 방치되었다. 보다 못한 이웃이 지난해 3월 아동보도전문기관에 신고를 해서 실상이 드러났는데, 딸아이는 제대로 먹지 못한 탓에 또래 아이들보다 많이 작았고, 온몸엔 피부병이 번져 있었다.

또 다른 사례는 충북에 사는 초등생 B군이 재혼한 계부에게 수년간 심한 폭행을 당해왔는데, 계부는 B군의 태도가 마음에 들지 않는다는 이유로 고무호스나 회초리를 휘둘렀고, 어머니는 경제적으로 새 남편에게 의존하고 있던 터라 아들이 당하는 폭행을 모른 척했다. 보다 못한 이웃의 신고로 아동학대가 드러났는데, B군의 엉덩이와 종아리는 시퍼렇게 멍이 들고 부어 있어 병원으로 옮겨진 사례이다.

신고된 영아학대사례 중 절반 가까이(48.1%)가 방임으로, 부모가 영아를 제대로 먹이지도, 씻기지도, 입히지도 않은 것으로 나타났으며, 이런 아동들은 대부분 체격이 왜소한 데다가 피부병 등 환경 관련 질병을 많이 앓았다. 놀라운 사실은 지난 해 신고된 아동학대 중 실제 부모와의 격리 등 보호조치를 받은 사례가 6,058건이었는데, 이 중에서 가해자가 부모인 사례가 83.2%인 5,039건이나 되었다는 사실이다. 또한 한부모 가정 사례가 44%를 차지하는 것으로 나타났으며, 가해부모들의 아동학대는 방치, 욕설 등의 정서적 학대, 신체적 폭력 등이 많은 것으로 나타났다.

아동학대 실태를 통해 볼 때 일반 부모의 아동학대, 그리고 한부모 가족의 아동학대 문제가 심각하며, 재혼 가족의 아동학대 문제도 걸려 있음을 보여준다. 최근 들어 아동학대가 심해지는 양상에 대해 관련 전문가들은 젊은 맞벌이부부가 늘면서 '육아'를 부담으로 느끼는 데다 태어나자마자 어린이집 등 남의 손에 맡기다 보니 유대감이 적어 영아를 학대하는 것으로 분석했다. 그리고 대안의 하나로 아동학대에 대한 사회적 관심과 법적인 개입이 필요하다고 보고 있다. 물론 일리 있는 지적이라고 본다. 하지만 더 중요한 것은 부모 당사자들의 인식 개선이다.

내 자녀라고 해서 내 마음대로 학대해도 된다는 인식이 변해야 한다. 내 자녀이기도 하지만 사회구성원이 될 자녀이므로 사회적으로 소중한 존재이다. 이런 자녀를 내 마음에 안 든다고 때리고, 먹이지 않고, 방치해서는 안 되며, 사회구성원으로 존중하고 잘 키워야 함을 인식해야 한다.

아울러 성인이 되었다고 무조건 결혼하고 아이를 낳을 것이 아니라, 충분히 부모의 역할을 잘할 수 있는지를 검증한 후에 부모가 되게 하는 부모자격증제를 실시해야겠다. 부모 자격을 갖춘 사람들이 자녀들을 많이 낳아 기를 때 우리 사회가 더 나은 사회가 될 수 있을 것이다.

얼마 전 강력범죄자들의 성장과정 분석에서 가정환경의 영향이 강력범을 만드는 주요인이 되었음을 밝힌 바 있다. 만약 부모답지 못한 부모들이 아이들을 낳아 아동학대를 하면 그 아이들은 거의 대부분 반사회적으로 성장하여 또다시 사회를 황폐화시키는 주범들이 될 것이다. 따라서 차제에 부모자격증을 가진 사람들만이 부모가 되는 것을 생각해 봄 직하다.

성폭행범과 부모교육 1

최근 조두순사건부터 통영 초등생 살해사건, 나주 성폭행·살인미수 사건까지 아동·청소년을 대상으로 한 끔찍한 성폭력 범죄가 끊임없이 발생하고 있어 여자아이를 둔 부모들의 마음을 한없이 무겁게 하고 불안에 떨게 한다. 성범죄자들의 '묻지 마 범죄'로 사회는 대책 없이 당하고 황폐화되고 있으니 큰 문제이다.

오죽하면 경찰과 검찰에 한계를 느껴 시민들이 직접 나서 '발자국'이란 아동 성폭력을 추방하기 위한 자발적인 모임까지 인터넷 카페에 개설하고, 서울역 광장에서 아동성폭력 추방 촉구 집회까지 열고 있는 상황이 되었을까. 경찰청 통계로 본 지난해 국내에서의 아동·청소년 대상 성폭력 범죄는 2,054건으로 하루 평균 5~6명의 아동이 성폭력 피해자가 되었다니 얼마나 심각한 상황인가!

　정부에서는 사고 때마다 성범죄 대책을 내놓았지만 미봉책에 불과해서 성범죄 방지 대책 발표 후에 성범죄는 보란 듯이 더 극성을 부려 시민들을 괴롭히고 있으니 국민들의 불신 또한 여전하다. 사회를 황폐화시키고, 자라나는 사회구성원의 영혼을 꺾어버리는 잔인한 성범죄자들에 대해 죄의 무게를 심판하는 관계자들은 '우범적 충동을 억제하지 못하는 성범죄자 또는 포르노를 자주 접해서, 술에 취해서' 등의 이유를 대면서 죄질의 형량을 희석시키려는 경향이 있다. 다시 말해 성범죄 처벌의 '집행유예'가 높다 보니 성범죄자들은 죄를 지어도 마땅한 처벌을 받지 않고, 또 법을 만만하게 생각하는 경향이 계속되어 재범, 3범 식으로 성범죄를 저지르고 있는 것이다.

　다행히 이번에는 성폭행범죄자들에게 처벌을 강화해서 19세 미만을 대상으로 한 성폭행은 최고 무기징역까지 벌하고, 또 친고죄도 없애는 쪽으로 대책 방향을 정했다고 한다. 그러나 이런 처벌이 법률로서 정착되려면 여러 절차를 거쳐야 하므로 빨리 성립시킬 수 있는 방안이 강구되어야 할 것이다. 국가별 아동성폭행 처벌 수위를 보면 영국이나 스위스는 종신형이며, 프랑스는 최소한 징역 20년이다. 미국 또한 최소 징역 25년이며, 중국은 사형으로 되어 있다. 이에 비해 현재 우리나라의 아동 성폭행 처벌 수위는 피해자가 13~19세 미만이면 5년 이상 유기징역형, 강제추행은 1년 이상 징역에 불과하므로 엄중한 처벌이 이루어져야 하겠다. 법무부도 성인을 대상으로 한 성폭행 범죄에 대해 피해자의 고소가 있어야 공소 제기할 수 있도록 한 친고죄 조항의 전면 폐지를 검토하고 있다고 밝혔다.

　또 하나의 문제는 성범죄 보호감호 상태에서 재범률이 80%나 된다고 하니 이에 대한 대책 마련도 시급하다. 실제로 지난 7일 전만 해남 터미널 인근에서 초등학생을 납치해 성폭행하려다 주민에게 붙잡힌 범죄자는 성폭력 전과 2범으로 보호관찰소에서 상담을 하고 문을 나선지 20분 만에 이러한 범행을 저질렀고, 또 지난달 20일 서울 중곡동의 한 주택에서 주부를 성폭행하려다 실패하자 흉기로 살해한 범죄자도 전자발찌를 찬 채 보호관찰을 받던 중 범죄를 저질렀기 때문이다.

성폭행범의 처벌도 구조적으로 강화해야 하지만 더 중요한 것은 예방이다. 앞으로 계속해서 일어날 가능성이 높은 성범죄자의 범죄행위를 막기 위해서 국가와 지역사회에서 궁극적으로 어떤 예방대책을 세워야 할까?

성범죄자들을 만드는 온상은 일차적으로 그들의 부모이다. 그동안 사회를 병들게 했던 대부분의 성범죄자들이 모두 가정환경이 불우했다. 부모님의 이혼 또는 가출 등 어린 시절부터 부모로부터 버림받고, 의지할 데 없이 자라면서 도둑질을 비롯한 각종 범죄에 노출되었음을 보여 주고 있다. 결국 성범죄자 대부분이 어린 시절 가정에서 부모의 따뜻한 보살핌을 제대로 받지 못하면서 비뚤어져 결국 반사회적 행동을 하는 것이다.

이처럼 부모가 자녀를 낳아놓고 제대로 기르지 못했을 때 일어나는 폐해는 이루 말할 수가 없다. 따라서 성범죄자 양산의 가장 큰 책임이 있는 부모가 이를 각성해야 한다. 부모는 자녀를 출산하는 것만으로 부모역할이 끝내는 것이 아니고, 그 자녀가 최대한 잘 성장할 수 있도록 애정을 가지고 보살펴야 한다. 이러한 부모역할에 대한 중요성을 강조하고 교육하는 부모교육이 사회적으로 활성화되어야 하겠다. 가래로도 못 막을 일을 부모교육을 잘해서 호미로 막을 수 있도록 노력해야겠다. 성범죄 없이 자녀들이 마음 놓고 자랄 수 있는 환경을 만들어 주자.

성폭행범과 부모교육 2

연일 신문에 성폭행사건 일색이어서 딸을 둔 부모로서 마음이 편치 않다. 한쪽에서는 성폭력과의 전쟁 운운하면서 수사력을 강화한다고 하는데, 다른 한쪽에서는 마치 비웃기라도 하듯이 성폭행 사건이 더욱 활개를 치고 있으니 정책이 제대로 가고 있는지 걱정이 앞선다. 어제도 기가 막힌 성폭행 사건이 보도되었다. 야간에 길 가던 10대 여학생을 20대 성폭행범이 흉기로 위협하여 산속으로 끌고 가 성폭행 한 뒤 모텔로 끌고 가서 10시간 동안이나 감금하고 그 상태에서 또 다시 성폭행을 했다고 한다. 7일 재판부는 성폭행범 A씨(23세)에 대해 성폭력범죄의 처벌 등에 관한 특례법위반죄를 적용, 징역 13년을 선고하고 10년간 신상공개와 위치추적 전자장치 부착을 명령했다고 하지만 그것으로 부족하다. 그런 끔찍한 경험을 한 여학생은 거의 죽은 목숨이나 다름없다. 결코 제대로 살아갈 수가 없을 것이다.

성폭행은 살인이다. 성폭행은 한 인권을 여지없이 짓밟는 행위이다. 그래서 나는 감히 말하고 싶다. 성폭행범은 인권살인범이어서 사형에 처해야 한다고! 징역 13년은 너무 부족하다. 이 파렴치한 성폭행범은 이 여학생을 성폭행하고 감금하는 과정에서 눈을 가리고 나체 촬영까지 하는 잔인한 범행을 했다 한다. 왜 이렇게 끔찍한 성폭행을 저지르는 것일까? 성폭행 파렴치범들은 도대체 부모로부터 어떻게 교육받고 자랐기에 그런 잔인함을 여과 없이 드러낼 수 있는 것일까?

필자는 성폭행범 같은 사회적 범죄자를 만들어내는지 아니면 건전한 사회구성원을 만들어 내는지를 좌우하는 부모 역할의 중요성과 관련해서 부모교육의 중요성에 대해 생각해 보고자 한다.

필자는 모든 문제아 뒤에는 문제부모가 있다는 말에 전적으로 동의한다. 따라서 사회에 누를 끼치는 성폭행범도 결국에는 부모가 그런 범죄자로 만들었다는 이야기다. 어떤 어려운 상황에서건 부모가 건전한 가치관으로 아이를 돌보고 양육하면 그 아이는 훌륭하게 성장한다. 그러나 부모가 자녀를 방치하고 학대하며 키운다면 그 아이는 자라면서 부모와 주변환경에 대해 반감이나 분노를 가지게 되고, 결국은 이러한 분노를 죄 없는 일반인을 타깃으로 정한 뒤 무차별로 성폭행 또는 강도, 살인 등을 하게 되는 것이다. 이처럼 부모의 자녀에 대한 영향력은 엄청난 효과를 가지고 있으며, 부모역할이 제대로 되지 않았을 때 그 결과에 대해 물게 되는 사회적 비용 또한 만만치 않게 되는 것이다.

부모가 된다는 것은 우선 사회에 대해 도덕적 의무를 수행하는 것이다. 즉 사회구성원이 될 자녀를 생산해 내는 것이 시민의 의무를 수행하는 것이며, 무엇보다 그 자녀가 바람직한 사회구성원으로 성장할 수 있도록 돌보고 교육해야 한다. 자식만 낳았다고 부모의 도리를 다한 것이 절대 아니라는 의미이다. 부모교육의 궁극적인 목적은 부모로 하여금 자녀의 발달특성을 이해하고 자녀를 양육하는데 필요한 지식이나 기술, 태도 등을 습득하도록 도와주는 것이다.

이러한 부모교육의 목적 몇 가지를 살펴보면 다음과 같다. 첫째, 부모교육의 일차적 목적은 자녀의 성장과정이나 양육방법과 관련된 폭

넓고 전문적인 지식이나 정보를 제공해주고, 이를 상호간에 교환할 수 있도록 돕는 것이다. 둘째, 부모가 자신의 부모로서의 신념에 대해 명료하게 인식하게 하고, 문제가 있을 경우에는 이를 변화시키도록 도와주는 것이다. 셋째, 부모로 하여금 효율적인 부모역할을 수행할 수 있도록 특정한 기술을 습득하도록 도와주는 것이다. 넷째, 일상생활에서 부모–자녀 간의 상호작용에서 직면하게 되는 여러 가지 문제들에 대한 해결능력을 증진시켜 주는 것이다.

지금 사회적으로 연일 벌어지고 있는 각종 부도덕한 성폭행 관련 사건·사고들은 결국 그들이 자신들의 부모로부터 제대로 된 교육을 접하지 못했다는 의미이다. 하루빨리 부모교육의 중요성을 인식하는 것이 필요하다.

자녀
이해하기

부모가 자녀를 잘 이해한다는 것은 쉬운
일은 아니다. 특히 자녀가 커가면서 부모는 자녀를 알다가도 모르겠
다는 식으로 자녀를 잘 알지 못해 안타까워한다. 이는 자녀가 커가면
서 여러 가지 행동 특성들을 보이는데 대해 부모가 이들의 심리를 잘
이해하지 못하기 때문이다. 부모는 가족의 리더로서 자녀를 잘 이해
하고 올바른 방향으로 이끌어주어야 한다.

자녀가 부모에게 억지를 부리거나 반항을 할 때는 대개 다음과 같
은 네 가지 이유에 의해서이다. 즉 자녀는 부모에게 접촉의 욕구, 힘에
대한 욕구, 자신에 대한 보호욕구, 물러서기 욕구 등의 네 가지 목적
을 염두에 두고 행동한다. 따라서 부모는 자녀가 바람직하지 않은 어
떤 행동을 보일 때에 자녀의 궁극적인 목적이 무엇인지 살펴서 반응
해야 한다.

먼저 자녀가 부모와의 접촉을 목적으로 긍정적인 방법으로 행동할 수 없거나 부모의 관심을 끌 수 없다고 판단되면 부당한 관심끌기를 시도한다. 이때 부모가 느끼는 감정은 짜증이다. 만약 부모가 짜증을 내면 자녀는 잠시 그 부정적인 관심 끌기 행동을 멈추었다가 얼마간의 시간이 지나면 다시 그 행동을 반복하며 부모의 관심을 끌고 싶어 한다. 이때 부모는 자녀의 부모와 접촉이라는 목적을 이해하지 못하면, 잔소리로 자녀를 꾸중하게 되고, 자녀는 잠시 멈추었다가 다시 시작하는 행동을 반복하게 된다. 부모의 이런 태도는 자녀의 부정적인 접근 행동을 강화시키는 역할을 하게 되므로 부모는 꾸중 일변도로 나갈 것이 아니라 나−전달법을 통해 자녀행동을 긍정적으로 수정할 수 있다.

다음은 거역하기로서 자녀가 부모의 잔소리에 순응하지 않음으로써 자신이 부모를 이기는 힘이 있다고 생각한다. 이때 부모가 화를 내면서 자녀를 억누르게 되면, 자녀는 또다시 말을 듣지 않음으로써 부모를 이기겠다는 악순환을 거듭하게 된다. 그러므로 부모는 자녀와 힘겨루기를 할 것이 아니라 자녀가 스스로 결정을 내리도록 지도하는 방식을 취하여 자녀에게 스스로 결정하는 권리를 주면서 동시에 자신의 행동에 책임을 질 수 있도록 자신감을 길러 준다.

또 앙갚음과 관련해서는 부모가 어떤 상황에서 자녀를 비난하거나 심하게 꾸짖으면 자녀가 부모로부터 자기 자신을 보호하기 위해 안간힘을 쓰게 되고, 의기소침한 감정을 느끼면서 부모에게 대항하려 한다. 이때 부모가 힘이 있다는 이유 또는 권위적 태도로 계속 비난하면서 자녀에게 상처를 주면 그들도 부모에게 상처를 되돌려주고 싶어한다. 그러므로 힘을 가진 부모가 자녀에 대한 힘겨루기를 끝내고, 자녀를 사랑으로 수용하는 태도를 보여야 한다.

마지막으로 부당한 회피는 종종 부모 자신의 완벽주의 때문에 생길 수 있다. 즉 부모의 완벽주의에 대해 자녀들은 감당이 안 되면 회피, 즉 물러서기를 하게 된다. 자녀의 물러서기에 대해 부모는 좌절하고 화를 낼 수 있다. 이때 부모는 자녀가 도달할 수 있는 만큼의 조그만 과제를 주어서 그 과제의 성취여부를 떠나 과정 자체에 의미를 두고 자녀를 격려하고, 사랑으로 감싸야 한다.

이처럼 부모는 자녀가 어떤 행동을 하든지 위의 네 가지 중의 하나에 해당하는 목적을 가지고 행동을 하고 있음을 이해하고, 그것을 잘 파악해서 자녀의 행동을 건전한 방향으로 접근할 수 있게 도와야 한다. 이 장에서는 부모가 자녀를 잘 이해하기 위해서는 어떤 태도를 가져야 하는지와 관련하여 자녀이해의 기술에 대해 살펴보자.

성격유형과 자녀 이해

겨울답지 않은 겨울이 끝나가면서 다가올 봄이 이제 며칠 남지 않았음을 느낀다. 봄이 시작되는 3월이 되면 각 학교마다 새로운 신입생들이 학교 교정을 가득 채울 것이다. 바야흐로 학교마다 봄과 함께 신입생들을 맞이하게 된다. 부모들이 그 신입생들을 위해 얼마나 많은 노고를 가졌는지는 삼척동자도 다 아는 사실이다.

부모는 자녀의 성공적인 학교 진학에 가장 마음 뿌듯해한다. 그래서 부모들의 가장 큰 화두는 바로 자녀교육이며, 자녀교육에 관한 한 부모들은 많은 관심을 가지지만 가장 어려워하는 문제 중의 하나이기도 하다. 일부 부모들은 자녀들과의 관계가 원만하지만 대부분의 부모들은 자녀와의 관계에서 크든지 작든지 간에 여러 가지 심리적인 갈등을 겪으며 살고 있다. 따라서 오늘 주제는 부모가 자녀들을 잘 이해하여 갈등의 폭을 줄일 수 있는 방법을 소개하고자 한다. 부모-자녀관계에서 풀리지 않는 갈등관계의 실마리를 풀 수 있는 한 가지가 바로 부모와 자녀의 성격유형에 따른 역동적인 관계를 이해하는 것인데, 그것을 간단히 살펴보면 다음과 같다.

첫째, 외향적인 성격을 가진 부모와 내향적인 성격을 가진 자녀가 만났을 때 부모는 자녀에게 답답함을 느낀다. 부모의 성격처럼 시원시원하게 학교생활 등을 부모에게 말해주기를 원하지만 내향적인 아이는 부모에게 결코 먼저 이야기 하는 법이 없다. 이에 부모는 학교 담임에게 '우리 아이는 너무 내성적이라 문제예요.' 하면서 자녀의 성격이 다른 면을 그 자체로 인정하지 못하고 오히려 문제시한다. 반대로 내향적인 성격의 부모와 외향적인 성격의 자녀가 만난다면 이번에는 자녀의 부모에 대한 불만사항이 말을 안 한다는 것이다. 한 예로서 초등학교 6학년생 아들이 '부모님은 나를 고상하게 미워한다.'고 하소연한다. 부모님은 나를 꾸중은 절대 안 하는데 밥을 차려주는 손길이 차가워 힘들다는 것이다.

둘째, 감각형의 부모가 직관형의 자녀를 만났을 때, 부모는 구체적인 현실에 입각해서 실용적인 면을 중요시하므로 상상력이 풍부하고 아이디어가 뛰어난 자녀를 바라보는 시각이, 자녀가 차분하지 못하고 뜬구름 잡는 소리를 한다며 불만을 가지게 된다. 그래서 부모는 자녀와 갈등의 폭이 커질 수도 있다. 반대로 직관형의 부모가 감각형의 자녀와 만나게 되면 위와 같은 상황이 거꾸로 되어 비슷한 갈등을 하게 된다.

셋째, 사고형의 부모가 감정형의 자녀를 만나게 되면, 모든 일에 감정보다는 일처리가 명확하기를 원하는 부모가 일보다는 감정을 앞세우는 자녀에게 매사에 꾸중과 질책으로 자녀를 주눅 들게 해서 상처를 주는 경우가 많다. 또 감정형의 자녀는 부모로부터 인정받기를 원하는데, 사고형의 부모는 칭찬에 인색한 경향이 있어 자녀에게 정서적으로 상처를 줄 수도 있다. 반대로 부모가 감정형이고 자녀가 사고형이면 부모가 자녀를 과보호하게 되는 경향이 있다. 즉 자녀와 자신의 정서를 분리하는 것을 어려워하여 자녀를 감정적으로 붙잡아두기 때문에 갈등을 일으키기도 한다.

넷째, 판단형의 부모가 인식형의 자녀를 만나게 되면 부모는 일상생활을 잘 조직하고 계획하므로 시간관리, 가족규칙, 질서를 강조하고 자녀가 노는 것을 허용하지 못한다. 이에 비해 자녀는 개방적이고 규칙에 얽매이는 것을 싫어하기 때문에 부모의 사고방식에 반항하고 갈등하게 된다. 또한 인식형의 자녀는 행동이 느리고 정리정돈을 잘 못하는 경향이 있어 부모를 조급하게 만들기도 한다. 이런 유형은 부모-자녀 간 갈등이 가장 심각해지는 경우가 될 수 있는데, 인식형 성격을 가진 자녀가 규칙을 준수하는 부모 명령에 반응하는 시간은 부모가 기대하는 시간의 2배 이상을 소요하기 때문에 부모는 계속 재촉하고 화를 내면서 갈등하게 되는 경우가 많다. 반대로 부모가 인식형으로 규칙을 싫어하고 자유분방한데 자녀가 판단형으로 조직적인 계획 관리를 원하면 이 또한 갈등관계로 발전하기 쉽다.

결론적으로 이상에서 살펴본 몇 가지 예처럼 부모-자녀 간의 갈등이 서로의 선천적인 성격이 다른 것을 이해하지 못하는 상황에서 비롯되었다면, 서로를 이해하고 수용하려는 노력이 있을 때 부모-자녀 간 갈등관계가 훨씬 줄어들 수 있을 것이다. 나와 내 자녀는 과연 어떤 유형의 만남인지 한 번 짚어본다면 도움이 되지 않을까 기대해 본다.

아이를 행복하게 만드는 교육

최근 뉴스에서 특목고 학생모집 방법의 변경이나 대입내신과 관련된 고교 성적 산정 방법의 변화 등 학생이나 부모들이 민감하게 반응할 사안들이 계속해서 흘러나오고 있다. 부모들은 그 뉴스를 들으면서 관심의 초점이, 어떻게 하면 그 변화되는 정책에 맞추어 자신들의 자녀가 특목고나 좋은 대학에 들어갈 수 있을까 하는 것이다. 즉 지금 변화되고 있는 일련의 교육정책들이 아이들의 삶의 행복에 어떻게 기여를 할 수 있는가를 생각해 보는 것이 아니라, 변화하는 제도에 어떻게 적응해서 아이가 궁극적으로 좋은 대학에 들어갈 수 있게 할 것인가를 걱정하는 것이다.

미국에서 교수 연구년제를 마치고 귀국한지 몇 달 안 되는 나로서는 이런 뉴스를 접할 때마다 마음이 편치 않다. 아이를 행복하게 해주는 쪽으로 교육방향을 잡을 것인가, 아니면 남들처럼 변하는 입시제도에 맞추어 일찍부터 아이를 공부에만 매진시켜야 할 것인가를 고민하기 때문이다. 아마 많은 부모들이 나처럼 갈등 속에서 자녀교육을 하고 있지 않나 생각된다. 자녀를 기르는 부모들의 최종목표는 어떻게 하면 좋은 대학에 입학시킬 수 있을 것인가이지 어떻게 하면 아이의 삶을 행복하고 보람되게 살 수 있도록 할 것인가 하는 관점은 뒷전이라 해도 과언이 아닐 것이다.

삶을 행복하게 하는 교육의 한 예를 들어보면 미국 초등학생은 학업과 스포츠를 반반의 비율로 행하고 있어 매우 행복한 생활을 한다. 학업과 함께 자신에게 맞는 스포츠를 개발하여 일상생활에서 스포츠를 즐기고 있다. 그래서인지 학교생활에서 가끔은 학년별로 학생 대 교사의 스포츠 시합이 있는가 하면 방학만 되면 각종 스포츠 캠프가 활발하다. 이제 곧 방학 시즌이 되는데 우리 아이들은 방학이 시작되면 어떤 학원에서 어떤 과목을 선행하고 보충할 것인지가 방학생활 과제라고 하면 미국의 아이들은 방학 동안 어떤 스포츠 캠프에 참가해서 어떤 운동들을 즐길 것인가가 방학생활 과제가 되니 대조적이라 하겠다.

좋은 스포츠캠프는 일찍 예약이 끝나기 때문에 미국 부모들이 3, 4월 정도에 이미 스포츠캠프를 예약해 둔다. 부모들이 스포츠캠프 예약에 열성을 다하기 때문이다. 물론 학업 관련 캠프로서 일종의 영재교육 학습프로그램도 있지만 그 역시도 공부만 하는 것이 아니라 놀이, 체험으로서의 학습을 연계시키고 있어 아이들이 즐기면서 학습캠프를 다닌다.

또한 예체능 교육에 있어서도 학교마다 밴드부가 있어서 악기를 연주하고 싶은 학생들은 우리나라 합주부 같은 밴드부를 들게 되는데, 여기까지는 우리나라와 별로 다르지 않다. 하지만 미국 학교의 밴드부는 연습은 열심히 하되 학교별로 자체 연주회를 열어 학생들에게 연주 연습의 과중한 부담을 주지 않는 반면, 우리나라는 학교별 합주 대회로 인해 아이들에게 과중한 연습 부담을 주므로 아이들이 음악 연주 자체를 즐거워할 수가 없게 된다.

미국의 자유로운 분위기를 만끽한 우리 아이들은 지금 한국에 돌아와 힘든 적응기를 보내고 있다. 이제는 거의 적응이 잘 되어가는 상태이지만 가끔씩 미국에서 다니던 학교와 지금 다니는 학교의 분위기를 비교하면서 아쉬워하곤 한다. 특히 둘째인 내 딸은 농구를 아주 좋아하는데 한국 초등학교에는 왜 농구시설이 갖추어지지 않았는지에 대해 강한 의문을 제기한다. 아들은 미국에서 초등학교 5학년 때 야구를 한 시즌 했기 때문에 그 행복한 기억을 가끔씩 떠올리면서 스포츠의 부재에 대한 아쉬움을 대신하고 있다.

학업에 충실하여 부모나 아이들의 단기목표인 명문 고교나 대학에 진학하는 것도 좋은 일이다. 하지만 더 좋은 것은 부모가 아이들을 도와서 아이가 현재의 삶에서 행복을 느끼면서 미래를 준비하는 사람으로 성장할 수 있도록 안내해 주는 것이 아닐까 한다. 결론적으로 교육정책을 입안하는 교육기관이나 교육장들이 학업성취와 함께 아이들이 일상 삶에서 행복을 함께 느낄 수 있는 정책을 입안하여서 추진해 주었으면 하는 바람이다.

❧ '과잉모성'과 부모교육

우리 사회에서 많이 회자되고 있는 '과잉모성'에 대한 이야기는 어제오늘의 일이 아니다. 하지만 최근에 그 양상이 너무나 심각해지고 있어 사회에 미치는 병폐를 생각해 볼 때 우리 모두가 걱정하지 않을 수 없다. 본래 우리나라는 모성이 아주 강한 나라이다. '여자는 약하지만 어머니는 강하다.'란 말이 있을 정도로 한국의 어머니들은 사회의 열악한 상황에도 불구하고 자식을 훌륭하게 키워 사회에 공헌한 바 있다. 그러나 이러한 모성이 오늘날은 왜곡되어 이른바 치맛바람이란 이름 아래 갖가지 사회 병폐를 조장하고 있어 문제이다.

'과잉모성'의 병폐는 여러 가지가 있지만 우선 첫째로, 내 아이만 생각하는 일부 엄마들의 경쟁심과 이기심 때문에 생겨나는 이른바 자녀인생을 대신 사는 엄마 문제이다. 서울에 사는 한 엄마는 중학교 2학년생 딸의 시험기간이면 새벽 1~2시까지 딸과 함께 공부한다. 엄마는 아이가 집으로 돌아오기 전에 미리 공부를 해서 중요한 부분에는 밑줄을 그어 놓고 예상문제까지 뽑아 둔다는 것이다. 게다가 아이의 학원 및 과외, 수행평가 스케줄을 관리하고 아이를 차로 이동시켜 주는 등 만능 비서 역할도 맡고 있으며, 아이의 친구관계까지 관리한다. 이러한 '과잉모성'은 긍정적으로 보일 수도 있으나, 열성을 부린 만큼 엄마는 기대를 하게 되고 만약 아이가 기대에 못 미치게 되면 아이를 들볶게 될 것은 기정사실이다. 따라서 아이들은 엄마의 지나친 열성 때문에 오히려 열등감과 좌절감을 느끼며 자라나게 되고, 독립적이지 못하다. 그 결과로 생겨난 부작용은 결국 사회가 감당해야 할 부채로 남게 된다.

두 번째는 학원에서는 체벌을 받아도 O.K.라는 사고방식으로 인한 부작용문제이다. 아이가 학교에서 맞고 오면 이유 여하를 막론하고 교사에게 항의하거나 고소까지 서슴지 않는 학부모들이 정작 정규과정도 아닌 학원에서 맞고 오면 오히려 학원 강사에게 고마워한다는 것이다. 이것이 말이 되는 소리인가! 물론 학교교육이 부족한 면도 많지만 그럼에도 불구하고 우리나라 공교육의 장으로서 사회를 이끌어가는 핵심 교육과정인데, 이를 불신하고 영리를 목적으로 사리사욕을 채우며 학생들을 유혹하는 학원에게 전적으로 신뢰를 보이는 부모의 태도를 통해 아이들은 과연 어떤 가치관을 정립할 것인가?

이와 관련하여 한국에서 20년 간 거주한 어느 미국인이 "미국에서는 자녀의 학교가 좋지 않다고 생각하면 다른 학부모들과 함께 학교를 개선시키려고 노력하는 데 비해 한국 엄마들은 전학부터 생각한다."고 하는 뼈아픈 소리를 했는데 우리 모두 새겨들어야 할 말이다.

'과잉모성'은 비단 수험생에게만 적용되는 것이 아니라 영아 때에도 적용된다. 요즘 아이들은 태어나는 순간부터 한글, 영어, 지능계발 등 각종 교육에 시달린다. 최근 전인교육으로 유명한 서울의 한 어린이집 아이들이 낮잠시간마저 부모에게 빼앗기고 말았는데, 사연인즉 엄마들이 낮잠시간 동안 또 다른 학원에 보낸다는 소식이다.

이런 모습들이 과연 건강한 사회의 모습일까? 이런 상황 아래서는 부모는 부모대로 아이들을 위해서 할 것, 못할 것 최선을 다하는데 자식들이 몰라준다고 불만을 하소연하고, 아이들은 아이들 나름대로 부모에게 스트레스를 많이 받아 살 수 없다고 아우성이다. 부모들은 자녀를 '명문대에 보내야 유능한 부모'라는 강박증에 시달리면서 자녀교육에 지나치게 매달리고 있고, 그것이 곧 가장 중요한 삶의 가치인양 착각하고 있다. 이래서는 학부모와 자녀가 모두 불행할 뿐이다.

부모는 자녀들의 다양성을 존중해 주어야 한다. 부모가 자식에게 물려주어야 하는 것은 재산이나 학력이 아니라 삶에 대한 긍정적인 가치관과 삶을 지혜롭게 살아가는 방법이다. 우리 사회는 부모들에게 올바른 부모역할을 제대로 가르쳐 주지 않았다. 그래서 '과잉모성'이 마치 좋은 부모노릇인 것처럼 잘못 생각하는 부모들도 많다. 그래서 '부모교육'이 필요하다.

부모교육의 궁극적 목적은 부모가 자녀를 이해하고 돕는데 필요한 지식과 기술 등을 익히게 할 뿐만 아니라, 부모 자신의 자아존중감을 증진시켜 부모와 자녀에게 변화를 주는 것이다. 즉 부모 자신이 당당하게 될 때 자식을 통한 무조건적인 대리만족은 더 이상 추구하지 않을 것이다.

❧수능 부정행위와 부모교육

온 국민의 시선을 모으는 수능시험이 드디어 며칠 전에 끝났다. 그런데 어이없게도 수능시험에 휴대전화를 동원한 대규모 부정행위가 이루어졌다는 사실이 드러나면서 그 여파가 일파만파로 번지는 가운데 모두에게 충격을 주고 있다.

도대체 수능시험이 어떤 시험인가? 고등학생들이 3년 동안 갈고 닦은 실력을 발휘해서 대학진학을 위한 기준을 최종적으로 평가하는 시험이 아닌가! 그런데 이렇게 중차대한 시험에 있어서 커닝이라니 기가 찰 노릇이다. 그런데 더 말도 안 되는 것은 이러한 부정행위가 그동안 조직적으로 시행되면서 3년 동안이나 대물림해왔다는 사실이다. 정말 어떻게 이런 일이 일어날 수 있을까?

사건의 진상이 드러나면서 우리를 더 놀라게 하는 것은 학생들이 이런 엄청난 부정행위를 하고도 전혀 죄의식이 없다는 사실이다. 수능시험의 부정행위에 가담한 학생들은 선수수험생, 도우미 후배들, 도우미를 관리하는 감독관, 용병 등으로 그 명칭도 다양하고 각자의 역할을 분담해서 부정행위에 조직적으로 참가해왔으며, 게다가 금전거래까지 이루어졌다니 갈수록 태산이다. 그러면서도 이들 수능시험 부정행위 학생들은 '선배들도 다 했다'며 마치 자랑처럼 스스럼없이 말하고 다녔다니 통탄할 일이다. 학생의 신분으로 이런 조직적인 부정행위에 가담한 것만 해도 엄벌을 받을 행위인데, 돈까지 거래하여 한 명당 50만 원씩을 받아 전체로 2천여 만 원 이상을 통장에 입금시켰다니 도저히 묵과할 수 없는 일이다. 또한 수사과정에서도 반성은커녕 마치 재수가 나빠서 자신들이 발각된 듯한 인상을 주고 있다. '알 사람은 이미 다 아는 수법'이라는 등, 한 학교에 적어도 10명씩은 가담되어 있을 거라는 식으로 오히려 수사관들을 비웃고 있는 듯하다.

이렇게 치밀하고 조직적으로 대물림되어 수능시험 부정행위가 이루어지고 있는데도 불구하고 우리 행정당국은 과연 뭘 하고 있었을까? 더구나 수능시험 훨씬 전부터 수능시험 부정행위에 대한 제보까지 있었으나 제대로 대처하지 못하고 속수무책으로 당하기만 한 교육부와 일선교육청에게 1차적인 책임이 있으며, 그 실책을 묻지 않을 수 없다.

그러나 수능 부정에 대해 더 근본적인 책임은 바로 수능 부정행위에 가담한 학생들의 부모에게 있다. 왜냐하면 부정행위를 한 학생들은 그 부모에 의해 가치관 교육을 제대로 받지 못했기 때문이라 생각하기 때문이다. 즉 성적이 제대로 나오지 않는다고 모든 학생이 다 부정행위를 하는 것은 아니지 않는가. 고등학생의 사고력은 피아제의 형식적 조작기에 해당하여 성인과 다름없는 추상적이고 논리적인 사고를 하는 시기이다. 그래서 모든 면에서 성인과 유사한 사고를 하지만, 얼마나 건전하게 또한 올바르게 사고하는가 하는 것은 바로 부모로부터 물려받는다. 물론 학교생활과 친구들의 영향을 받기도 하지만 가장 결정적이고 큰 영향력을 미치는 것은 바로 부모로부터 전수되는 유형·무형의 가치관이다.

수능시험 부정행위로 조사를 받는 3학년 어느 학생이 '이렇게 큰 죄가 될 줄 몰랐어요.'라고 용서를 비는 기사를 보았다. 이 학생은 전교 3등을 하는 학생이었는데 수리능력이 떨어져 고민하던 차에 수리영역 부분의 점수를 제공하겠다는 유혹을 받고 쉽게 넘어갔다는 것이다. 이 학생이 조사를 받는 3시간 동안 내내 그 곁에 있던 아버지와 어머니는 "다 부모가 죄인입니다."라며 목이 메어 말을 제대로 잇지 못했다고 한다. 그렇다. 자녀의 모든 허물은 바로 부모의 허물이다. 부모이기 때문에 자식의 허물을 책임을 지겠다는 의미라기보다는 자녀를 제대로 가르치지 못했기 때문에 마땅히 부모의 책임이라는 의미라보는 것이 더 적합하다 하겠다.

한 자녀가 사회적으로 제 몫을 다할 수 있는 정상적인 성인이 되도록 교육하는 것이 바로 부모의 역할이다. 그러한 과정 중에 부모의 가치관 교육은 가장 기본이 되며 필수적이라 할 수 있다. 무엇이 옳고 그른지에 대한 기본적인 판단력을 가장 먼저 가르쳐 주는 사람이 바로 부모이기 때문이다. 그래서 동서고금을 막론하고 부모는 자녀에게 절대적이며 영원한 스승이다. 이번 수능 부정행위도 부모의 올바른 자녀교육이 선행되었다면 일어나지 않았을 것이라고 생각하면 지나친 비약일까? 부모의 자녀에 대한 가치관 교육이 절실히 요청되는 시대이다.

폭탄주와 예비대학생

엊그제 한 젊은이가 폭탄주에 의해 목숨을 잃었다. 인생의 부푼 꿈을 안고 미래를 향해 힘차게 비상하기 직전의 예비대학생이 잘못된 음주문화에 의해 또 희생당한 것이다. 최근 해마다 신학기가 되면 신입생 환영회가 실시되면서 과음으로 인해 젊은이들의 목숨을 빼앗아간 사건들이 연례행사처럼 일어나 사회문제가 되고 있는데, 올해는 유독 새 학기도 시작하기 전에 벌써 이런 불상사가 일어난 것이다.

사건의 진상을 보면 지난 12일 자정 무렵 전남 강진의 모 대학 기숙사에서 이 대학 사회체육계열 예비합격자 유 모 군(광주 M고 3학년, 18세)이 술에 취해 의식을 잃어 병원으로 옮겼으나 숨진 사건이 발생했다. 유 군은 대학 측이 실시한 2박 3일의 겨울합숙훈련을 마치고 저녁에 학교 앞 호프집에서 같은 과 선배, 예비합격자들과 술을 마시다 구토증세를 보였는데, 평소 술이 약한 유 군은 폭탄주 1잔과 소주 10여 잔을 마신 것으로 밝혀졌다. 25명이 모여 맥주 3000cc와 소주 63병을 마셨단다. 한 사람당 평균 맥주 120cc와 소주 2.5병 이상을 마셨다는 이야기이다. 소주는 독한 성분을 가지고 있는데 그 정도로 마시고 정신이 온전할 리가 있겠는가.

음주에 대한 건전한 가치관 정립이 요구된다. 과음상태의 소주는 더 이상 음료가 아니라 독주이며, 이러한 독주로부터 청소년을 보호해야 한다. 고3 학생에게 감당 못할 독주를 먹이면 어쩌란 말인가! 우리 모두 음주의 장단점을 잘 알고 있다. 술은 적당히 마시면 분위기를 화목하게 하여 서로 친근감을 갖게 하고 육체적인 피로도 풀어준다. 그래서 많은 사람들이 친목도모를 위해 술을 마신다고 한다. 프랑스에서는 하루 1잔의 포도주 섭취가 인체에 장수효과를 준다고 선호하기도 한다. 반면에 음주 습관을 잘 관리하지 못하면 자기 몸을 망가뜨리는 것은 물론, 취중실수로 패가망신하는 경우도 있다. 심하면 사망에 이르게 되는데, 문제는 이런 무분별한 음주의 희생 대상이 바로 미래의 주역인 청소년들이란 점이다.

청소년들은 누구인가? 바로 다음 세대를 짊어질 우리 사회의 일꾼들이다! 이러한 소중한 사회의 자원인 청소년들이 음주에 대해 올바른 인식을 가지지 못하고 몸을 망가뜨린다면, 그리고 그런 청소년 집단이 많이 모인 나라가 된다면 우리의 미래가 어두울 것은 당연한 이치이다. 청소년은 자신만으로 끝나는 것이 아니라 미래의 사회구성원으로 연결되며, 이것이 우리가 청소년 문제를 우려하지 않으면 안 되는 근본 배경이다. 청소년의 음주문제와 관련하여 기성세대의 관심을 끄는 보도가 있다.

최근 중앙지의 신문 보도에 따르면 우리나라 남자 고교생의 간(肝)질환 비율이 늘어나 문제가 되고 있다 한다. 즉 간 기능에 이상이 있는 남자 고등학생이 늘고 있는 것으로 나타났는데, 이는 주로 음주·흡연·스트레스 등이 주요 원인이라는 분석이다. 대전시 교육청이 지난 한 해 동안 대전지역 51개 고교 남녀 학생 2만여 명을 대상으로 건강검진을 실시한 결과 744명이 건강에 이상이 있었고, 이중 간 기능에 이상이 있는 학생이 332명(44.6%)으로 가장 많았다고 발표했다. 대전교육청 학교 보건계 관계자는 음주·흡연문화가 고교 저학년은 물론이고 중학생까지 확산되는 추세여서 간 기능에 이상이 있는 학생들이 늘고 있는 것으로 분석된다고 했다. 만약 이런 추세로 계속 청소년의 음주문제가 확산된다면 우리 사회의 미래는 어떻게 될 것인가!

결론적으로 말하면 기성세대가 청소년을 보호해야 한다. 그러면 어떻게 청소년을 보호할 것인가? 우선은 부모가 청소년을 잘 길러주어야 한다. 한 개인의 성장에 있어 가장 큰 영향력을 미치는 사람은 부모이다. 어릴 때부터 모든 가치관을 심어주는 사람이 바로 부모이기 때문이다. 부모가 자녀에게 중학교나 고등학교 시절부터 음주를 비롯하여 흡연 및 각종 약물 중독 등에 대한 대화를 나누어야 한다. 사실 어린 청소년들은 부모로부터 음주의 폐해를 배우기 전에 또래집단에 의해 유혹 당하기 쉽기 때문이다.

다음으로는 학교교육에서의 관심 및 책임이다. 관련교과 시간을 통해 청소년에게 유해한 음주 및 각종 약물중독에 대한 심각한 폐해를 배워야만 한다. 마지막으로 지역사회에서 청소년 보호대책이 요구된다.

성교육과 인권존중

며칠 전 어느 지방신문에 우리를 경악하게 할 만한 기사가 실렸다. 기사 제목은 '죽음 부른 중 3 풋사랑'으로 내용인즉 채팅으로 만난 중 3인 10대 남학생이 성관계를 가진 중 3 여자친구가 자신의 임신 사실을 가족들에게 알리겠다는 말에 격한 나머지 만삭이 된 여자친구를 살해해서 검찰에 검거되었다는 기사였다. 이는 날로 심각해져 가는 10대들의 성문제를 단적으로 보여 주는 기사로서 우리에게 몇 가지 시사점을 준다.

첫째는 10대들의 분별없는 성행위이다. 학교 성교육이 필요하다고 강조하며 각종 교육시책이 내려진 것이 벌써 몇 년 전이지만 아직도

10대 임신과 성에 대한 무지로 인한 각종 부작용은 끊임없이 나타나고 있다. 얼마 전에도 여고생이 자기 집 화장실에서 아기를 출산한 후 바로 2층 창밖으로 집어던졌다가 지나가던 행인이 신고하여 많은 사람들을 놀라게 한 사건 등이 그 대표적 예가 될 것이다. 10대들의 이러한 무분별한 성행위는 학교의 성교육이 제대로 효과를 보여 주지 못하는 일면으로 볼 수 있다.

둘째는 우리 사회의 생명에 대한 경시풍조이다. 아무리 격분했다 할지라도 만삭이 된 여자친구를 주방의 흉기로 찔러 죽였다는 것은 그 어떤 것으로도 변명할 수 없는 사안이다. 이는 오늘날의 사회가 얼마나 생명을 중시하지 않고 있는가를 단적으로 보여 주기도 하는데, 부분적으로는 기성세대의 책임을 통감하지 않을 수 없다. 왜냐하면 자라나는 청소년들은 결국 기성세대들을 모델로 삼아 행동하기 때문이다.

셋째는 부모들의 직무유기이다. 물론 일부 부모들이기는 하지만 어떻게 여고생 딸이 자기 집 화장실에서 아이를 낳고 있는데 안방에서 텔레비전을 보면서 모를 수가 있으며, 또한 여중생이 만삭이 되도록 부모가 딸의 신체적 변화를 전혀 알지 못하고 있을 수 있을까! 남학생 쪽 부모 역시 마찬가지다. 자기 아들이 다른 여학생에게 임신이라는 엄청난 사건을 일으켰음에도 불구하고 전혀 모르고 있다는 것은 말이 안 된다. 이는 부모로서 부모역할을 제대로 못한 명백한 직무유기이다. 물론 부모도 부모 나름대로 피치 못할 사정이 있을 것이다. 그러나 그럼에도 불구하고 이 일련의 사건에서 부모의 직무유기라는 치명적 잘못이 간과되어서는 안 되겠다.

그러면 이러한 사건들이 더 이상 반복적으로 재연되지 않을 대처방안은 무엇일까? 먼저 올바른 성교육에로의 인식전환이다. 지금도 성교육하면 구태의연한 재래식 성교육이 재연되고 있다. 몇 달 전 어느 5세 어린이가 유치원에서 성교육을 받고 와서 하는 말이 "우리 몸에는 아기씨가 있잖아요. 그리고 생식기가 어떻고……" 등의 이야기를 하는 것을 들었다. 유치원의 성교육에서 과연 그런 수준이 필요할까 하는 의문이 들었다. 유치원에서는 아이들 수준에서 이해할 수 있는 서로에 대한 인권존중의식을 심어주는 것이 더 필요하지 않을까 하는 생각이 들어 정말 아쉬웠다. 모든 성교육이 다 그런 것은 아니겠지만, 성교육에서 임신이 되는 과정이나 생식기관들의 이름 등을 우선적으로 가르치는 것이 중요한 것은 아니라고 본다.

성교육에서 일차적으로 이루어져야 하는 것은 서로에 대한 인권존중의식이다. 남자든지 여자든지 간에 서로 존중하는 인권교육이 우선될 때 연일 매스컴을 장식하는 각종 강제적인 성폭력이나 성희롱 등이 자취를 감출 것이므로, 성교육의 첫 단계는 유치원시기부터 먼저 상대방을 소중하게 생각하고 존중하는 의식 및 방법부터 가르쳐야 한다고 생각한다. 그러면서 성교육 자료를 구체적으로 보완한다면 성교육 효과가 확실하게 나타나지 않을까. 다음으로는 부모의 자녀에 대한 관심이다. 내 아이가 어디서 어떻게 지내고 있는가에 대한 관심이 있어야 하며 특히 남자아이 부모의 인식전환이 필요하다. 너는 남자니까 늦어도 되고 어떻든지 상관없다는 태도는 자칫 남자아이들에게 책임회피를 심어줄 수도 있다. 부모가 남자아이에게 어떤 상황에서든 자신의 행동에 책임을 지도록 교육한다면 오늘날의 성문제는 훨씬 더 감소될 수 있을 것이다.

미래사회는 더불어 살아가는 공동체의 사회이다. 남성과 여성이 서로를 존중하는, 그래서 성문제가 없는 그런 멋진 신세계가 되었으면 한다.

[일곱번째]

부모역할
이해하기

부모의 역할은 자녀가 성공적으로 사회를 살아갈 수 있도록 자녀를 사회화하는 것이다. 부모-자녀관계가 명령과 복종의 수직관계를 이루었던 전통사회와 달리 현대사회는 부모가 자녀의 인격을 존중하는 수평관계로 변했기 때문에 부모의 자녀교육 방법도 달라져야만 한다. 오늘날의 사회에서 자녀들이 생존하는데 필요한 기본 자질은 용기, 책임, 협동심, 자존감 등이므로 부모는 자녀들이 이러한 자질을 가질 수 있도록 도와야 할 것이다.

부모는 자녀가 긍정적 사고로 성공회로를 돌면서 살아가도록 할 수도 있고, 자녀가 부정적 사고로 실패회로를 돌면서 살아가도록 할 수도 있다. 즉 부모가 자녀에게 어떤 부모역할을 하느냐에 따라 자녀가 부모로부터 격려를 받아서 성취감과 행복한 삶을 누릴 수 있는 반면, 반대로 부모로부터 비난을 받아 기가 꺾여서 좌절감과 의기소침한 삶을 살아갈 수도 있다는 의미이다. 이 장에서는 부모의 부모역할 이해와 관련된 기술에 대해 살펴보자.

현대의 적극적 부모역할

밤사이에 온 세상이 하얗게 은세계로 변한 것을 보고, 아침에 눈을 뜬 아이들이 팔짝팔짝 뛰며 소리를 지르고 너무 즐거워한다. 더구나 눈 때문에 학원차가 운행을 할 수 없어 하루를 쉰다는 연락이 오자 초등생 아이들은 더 즐거워한다. 맞벌이부부의 심정도 모른 채 말이다. 방학 중이라 모든 부모들이 아이들과 함께하며 즐거운 시간을 보내는 가정이 있는가 하면, 많은 시간을 아이들과 함께 지내다 보니 화를 내고 아이들과 부딪히며 스트레스를 겪는 시간을 보내는 가정도 많을 것이다. 마음으로는 정말 아이들에게 잘해 주어야지 하면서도 막상 자녀들을 대하면 제대로 안 되는 경우가 허다하다.

오늘날 사회에서 정말 바람직한 부모역할은 어떻게 해야 하는가는 모든 부모들이 관심을 가지는 중요 이슈이다. 여기에 관해 몇 가지 생각을 나누어 보고자 한다. 우선 현대사회에서 부모역할 훈련이 필요한 이유는 첫째, 엄청난 사회적 변화로 새로운 자녀교육의 기술이 절실히 요구되기 때문이며, 둘째, 부모들이 보다 더 효과적인 자녀양육 방식을 원하고 있고, 셋째, 대가족의 전통적인 부모역할이 빛을 잃어가고 있으며, 넷째는 사회적 위험요소(흡연, 음주, 약물복용 등)로부터 자녀를 보호하기 위해서라고 할 수 있다.

민주사회인 현대사회에 잘 적응하여 살아가기 위해서는 다음과 같은 네 가지 자질이 필요하다. 그 네 가지는 협동심, 용기, 책임감, 자아존중감으로 부모는 자녀에게 이 자질들을 잘 길러 주어야 한다. 이와 함께 부모가 자녀교육에서 가져야 할 기본 철학은 가족 내에서 지도자적 역할을 하는 사람은 바로 부모라는 사실을 인지하는 것이다. 많은 경우 민주적인 부모란 이름하에 마치 자녀의 요구대로 무조건 따라주는 것이 좋은 부모라고 착각하고 있다. 그러나 가족 내에서의 지도자는 어디까지나 부모들이다. 부모들은 평등과 차이의 개념을 정확히 인지할 필요가 있다.

가족 내에서 부모와 자녀는 인격 면에서는 평등하지만 큰 차이점을 가지는데 이는 서로 역할이 다르다는 것이다. 즉 부모는 리더 역할을 하고 자녀는 학습자의 역할을 담당하게 된다. 평등한 사회 안에서도 권위는 여전히 존재하며 몇몇 지도자들이 사회적인 제도에 대한 결정 권한과 책임을 가지고 있는 것처럼 부모-자녀 사이에도 이 원칙이 적용되어 부모는 가족 내에서 권위를 지니며 자녀교육을 리드해 나가야 한다.

부모의 권위와 관련한 부모양육 형태를 세 가지 형태로 나누어 볼 수 있는데, 우리는 과연 어디에 속하는지 한 번 점검해 보고 부모역할을 제대로 수행해야 할 것이다. 첫째는 전제형 또는 독재형 부모로, 자녀에게 자유는 주지 않고 한계만 주는 양육방법이다. 전제형 부모는 독재자처럼 자녀를 지배하려 하며 일을 잘하면 보상, 일을 못하면 처벌하는 방식이므로 오늘날의 평등사회에는 별 효력이 없을 뿐만 아니라 자녀를 의기소침하고 열등의식에 빠지게 만든다.

둘째는 자유방임형 부모로서 심부름꾼 부모라고도 불리는데, 이는 자녀에게 제한을 주지 않고 자유만 주어 자유분방한 만용의 모습으로 키운다. 자유방임 양육형태로 자란 자녀들은 왕자병·공주병에 걸려 있으며, 오늘날 많은 젊은 부모들이 이 유형에 속해 있으면서도 그 잘못을 잘 인지하지 못하고 있다.

셋째는 민주형 부모로 적극적인 부모로도 불린다. 이 유형은 자녀의 자유가 이상적으로 추구되면서 타인의 권리와 개개인의 책임도 추구하는 양육방법이다. '팽창하는 한계 안에서의 자유'라고도 표현하는데, 어떤 선까지 한계를 명확하게 정해 주고 그 안에서는 마음대로 자유롭게 행동하게 하는 것이다. 이 양육방법은 부모가 자녀 훈육 시 존엄성을 갖고 대하며 자녀는 생각과 감정을 공손하게 표현할 수 있다. 현대의 적극적 부모역할을 하려면 이 세 번째 부모양육방법을 선택해야 한다.

부모의 올바른 양육태도가 그 자녀의 인생을 좌우하는 것은 물론이고, 사회의 건강성까지도 좌우하게 된다. 요즈음 사회문제가 되어 시민들을 불안하게 만들고 있는 일명 '발바리사건'들 역시 궁극적으로는 잘못된 부모교육으로 인성이 잘못된 자녀가 성인이 되면서 사회에 갖은 해악을 끼치고 있는 것이다. '문제 아이 뒤에는 반드시 문제 부모'가 있으며 계속해서 악순환되고 있음을 잊지 말자.

파파쿼터제

최근 아버지의 아이 돌봄 권리 보장 및 육아휴직 활성화를 위해 아버지 육아휴직 할당제(파파쿼터제)에 대한 관심이 증대되고 있고, 또

여성가족부에서 이에 대한 설문조사도 진행 중인 중요사안이어서 파파쿼터제에 대해 함께 생각해 보고자 한다.

아버지 육아휴직 할당제라 불리는 '파파쿼터제'는 한 마디로 말하면 '아버지 휴가제'라고 할 수 있다. 아버지의 육아휴직 할당제가 논의의 초점으로 부상하게 된 이면에는 가족의 변화가 함께하고 있다. 즉 현대사회에 접어들면서 가족이 다양한 형태로 빠르게 변화하고 있는데, 가족 변화 경향의 주요 테마 중에서 저출산·고령화 문제와 함께 아버지들의 일과 가정생활의 양립문제가 중요 사회 이슈로 대두하게 된 것이다.

근래에 가족 내에서의 남성의 삶을 다루는 연구에서 남성은 생계담당자 역할뿐만 아니라, 육아 참여 및 돌봄의 역할도 중요하다는 연구결과가 나오고 있다. 아버지 역할에 관련된 연구에 의하면 남성의 생계담당자 역할 및 가족 내에서의 돌봄의 역할은 그들을 둘러싼 사회문화적 변화에 따라 민감하게 반응한다. 즉 아버지 역할은 '새로운 아버지상'을 요구하는 다양한 사회·문화적인 기대에 따라 바뀐다는 것이다. 우리나라의 경우 '좋은 아버지'의 기준이 남성들의 성공적인 생계담당 역할에 있었고 특히 IMF체제를 거치면서 이러한 경제적 부양역할이 더욱 강조되었다. 게다가 서구화된 가족개념이 급속도로 유입되면서 육아에 적극 참여하는 양육적인 남성이 이상적인 아버지 상으로 부상되고, 또한 인터넷을 중심으로 생기기 시작한 '좋은 아버지들의 모임' 등이 나타나면서 우리 사회의 새로운 아버지 상에 대한 요구가 나타나게 된 현상이라 하겠다. 실제로 우리나라의 젊은 세대들은 이상적인 아버지의 모델로서 '대화하는 아버지', '자녀양육에 참여하는 아버지' 등을 언급하고 있다.

그러나 아버지에 대한 이상적인 역할 기대와는 달리 실제로는 많은 아버지들이 일과 가족 사이에서 갈등하고 있으며, 자신이 수행하고 있는 가족 내의 역할 수행에 불만족하고 있다. 즉 우리나라 아버지들은 유교적 전통으로부터 요구되는 '위엄 있는 아버지', 불안정한 경제 상황 하에서 강조되는 '성공적인 생계담당자', 그리고 서구화로 인해 강조되는 '양육적인 아버지'라는 세 가지 서로 다른 기대에 직면하여 갈등하고 있다. 아이러니하게도 대부분의 남성들은 양육적인 아버지에 대한 기대를 하면서도 실생활에서는 '남성은 가정 밖에서, 여성은 가정 내에서 일하는 존재'로 인식하고 있고, 아버지들이 육아에 참여하는 시간 역시 개인에 따라 정도의 차이는 있지만 매우 제한적이다.

현재 우리나라에서 부분적으로 시행되고 있는 남성의 육아휴직 등은 실제로 잘 활용되지 못하고 있는 실정이다. 육아는 부모 공동의 책임이라는 개념이 사회적으로 확산되고 있지만 실제로 남성들의 육아휴직 이용은 거의 찾아볼 수 없다. 그 단적인 예로서 강원도의 지난해 육아휴직 남성 이용자는 단 1명뿐인 것으로 나타났으며, 전국적으로도 전체 육아휴직자 6,816명 중 남성은 1.5%(104명)에 불과했다. 남자들은 겉으로는 공동육아를 말하지만 사적인 자리에 가면 '육아는 엄마 몫'이라는 인식을 가지고 있으며, 육아휴직을 사용할 경우 회사 등 주위에서 곱지 않은 시선으로 바라보기 때문에 눈치만 보고 있다.

이런 상황에서 여성가족부가 최근 '출산휴가 부모할당제' 도입을 추진하게 된 것은 매우 고무적이라 생각된다. 외국에서는 '파파쿼터제(Papa Quota)' 등의 공동육아 개념이 이미 정착되어 부부가 함께 육아휴직을 사용하여 출산에 대해 걱정하지 않고 있다. 스웨덴의 경우 지난 1975년부터 '부모휴가법'을 제정하여 남녀 구분 없이 평등하게 권리를 행사할 수 있도록 하고 있으니 이제 논의를 시작하는 우리로서는 그저 부러울 뿐이다. 물론 이런 제도를 만들어 정착시키기 위해서는 관련 법률 개정 등 여러 가지 어려운 사안이 뒤따를 것이고 많은 논의를 거쳐야 할 것이다.

그러나 우리나라도 여성의 사회진출이 급속하게 증가하여 맞벌이 부부가 보편화되고 있는 이상 공동육아에 대한 개념을 미루어서는 안 될 것이라 본다. 또한 육아는 여성의 몫이라는 사회적 인식이 만연되어 있는데, 이제는 이런 편파적 인식도 바뀌어야 할 것이며, 이를 위해서는 가족, 정부, 회사의 공동 노력이 필요하다 하겠다.

인터넷과 부모의 역할

현대사회에서 인터넷은 생활필수품이다. 남녀노소를 막론하고 자신의 필요에 따라 인터넷을 이용하는 것은 거의 공기 중의 산소를 마시는 것과 같이 자연스러운 일이 되고 있다. 그만큼 우리생활 모든 부분에서 요긴하게 활용되기 때문이다. 우리가 원하는 자료를 즉석에서 구해 볼 수 있는 인터넷의 매력은 어쩌면 마술 그자체인지도 모른다. 그러나 이렇듯 모든 부분에서 우리에게 편리함을 제공하는 인터넷의 장점은 동시에 우리에게 더 이상 어쩌지 못하는 폐해를 주기도 한다. 인터넷과 관련된 여러 가지 폐해가 있지만 그 중에서 최근에 충격을 준 극단적인 한 예를 살펴보면서 각 가정에서 인터넷 이용을 어떻게 관리해야 할 것인지에 대해 생각해 보자.

며칠 전 우리를 경악케 한 사건이 보도되었는데, 인터넷 유료 콘텐

츠 이용료가 많이 나와 어머니께 꾸중을 들은 초등학생이 스스로 목숨을 끊은 사건이다. 내용인즉 지난 24일 수원시 모 초등학교 5학년 K양이 자신의 방에서 옷걸이에 목을 맨 채 신음 중인 것을 언니가 발견하여 병원에 옮겼으나 그 다음날 숨졌다는 것으로, 자살 이유가 인터넷 가상 캐릭터인 '아바타' 아이템을 구하는데 170만 원을 써서 어머니에게 자주 혼난 것이 계기가 되었다는 것이다.

이 사건이 뉴스로 보도되면서 모든 부모들이 놀라움으로 할 말을 잊었다. 어떤 부모들은 '세상이 어떻게 되려고 초등학생이 자살을 해?' 하기도 하고, 또 어떤 부모들은 인터넷의 폐해에 절망하기도 했다. 어쨌든 우리에게 충격을 준 이 사건을 통해 몇 가지 시사점을 보면, 먼저 초등학생의 자살을 통해 드러난 '가족 간 유대관계의 몰락'이다. 어떻게 초등학생 자식이 자살을 시도할 정도로 본인으로서는 힘겨운 상황인데도 가족들은 몰랐을까, 가족들이 그 아이에게 조금만 관심을 가지고 살펴보았어도 과연 자살을 했을까 하는 생각이 든다.

다음으로는 이 아이가 컴퓨터 중독에 빠지기까지 내버려둔 '부모의 무관심'이다. K양은 평소 친구들과 놀기보다는 혼자 컴퓨터로 시간을 보내는 것을 좋아했다고 한다. 그러면 부모가 이런 자녀의 행동이나 태도를 지켜보면서 건전한 사회성을 기를 수 있도록 당연히 지도해 주어야 하지 않았을까? 마지막으로 자녀의 무절제한 경제적 낭비 태도에 대한 부모의 적절하지 못한 대응문제이다. 어떻게 초등학생이 6개월 동안 170만 원이란 거금을 '아바타' 아이템 구입비로 낭비하도록 두었단 말인가! 한 달에 평균 28만 원 이상을 썼다는 이야기로 이만한 돈이라면 대학생도 한 달 용돈으로 함부로 쓸 수 없는 액수인데 초등학생이 그렇게 6개월을 썼다니 할 말이 없다. 부모의 꾸중만으로 이것이 고쳐질 일이겠는가.

물론 이 사건의 당사자인 부모 쪽에서도 할 말이 많으리라 생각한다. 무엇보다 현재 자녀를 잃고 비탄에 빠진 부모에게 위로는커녕 책임을 묻는다는 것은 어쩌면 도리가 아닌지도 모르겠다. 또한 어떻게 보면 초등학생에게 170만 원이란 거금을 쓰게 만든 인터넷 쇼핑회사에도 책임을 묻지 않을 수 없다. 그러나 이 모든 점을 감안하고서라도 궁극적으로 이 모든 잘못은 결국 부모에게 있다고 하지 않을 수 없다. 왜냐하면 자녀에게 잘못된 경제관념 및 낭비태도에 대한 지도감독을 소홀히 한 것과 잘못된 가치관을 심어 주었기 때문이다.

모든 부모는 자식이 가장 사랑스럽다. 옛말에 '떡은 남의 떡이 더 커 보여도, 자식은 내 자식이 제일 예뻐 보인다.'라는 말이 있다. 자식을 귀하게 생각하는 것과 제대로 가르치는 것은 엄연히 구별해야 하는데 사실 오늘날 많은 부모들이 이를 혼동하여 자식교육을 그르치기도 한다. 무조건 자식을 예뻐하기만 하면 부모역할을 잘한다고 생각하지만, 사실은 자녀에게 필요한 것은 제대로 된 훈육이다. 인터넷 문제만 해도 그렇다. 요즈음 인터넷 이용으로 인한 문제 때문에 부모-자녀 간에 갈등이 있는 집이 많은 것으로 알고 있다. 부모가 자녀에게 무조건 인터넷 사용을 금지하거나 지나치게 허용하는 것은 둘 다 문제이다.

가족 간에 따뜻한 유대가 먼저 형성되어 있는 집은 자녀의 인터넷 사용도 적절하게 관리되고 있다. 자녀의 인터넷 문제는 부모의 가정교육 지침과 불가분의 관계임을 잊지 말자!

부모됨에 대하여

월드컵 축구 열기로 온 나라가 떠들썩했을 때 할아버지·할머니, 아버지·어머니, 손자·손녀 할 것 없이 온 가족이 함께 모여 한마음으로 열심히 축구를 응원했다. 누가 보아도 정겨운 모습이다. 이런 모습이 한국 가족의 대표적인 모습이라 할 수 있다. 그런데 며칠 전 우리 사회를 충격으로 강타한 존속살해사건이 일어났다. 그것도 사회에서 지도층 위치에 있는 엘리트 집단 가족에서 발생하여 더 큰 논란거리가 되고 있으며, 부모됨에 대해 다시 한 번 생각해 보게 한다.

경기도 분당에서 발생한 대학생에 의한 아버지와 할머니 살해·방화 사건은 인간성 상실이라는 극도의 가족병리현상을 드러내고 있다. 명문대를 나온 대학교수 아버지의 기대와 엘리트 의식에 대해 반감을 품은 대학생 아들이 아버지와 할머니를 살해하고 범행 은폐를 위해 시체와 집에 휘발유를 끼얹어 불을 지른 뒤 친구 집으로 피신해 자신의 알리바이까지 조작한 엄청난 패륜사건이다.

패륜 범죄는 그동안 정신이상이나 순간적인 착란에 의해 저질러지는 경우가 많았으나 이제는 정상적인 가정에서 교육을 받은 사람들에 의해서 저질러지고 있어 더욱 문제가 되고 있다. 정신과 전문의들은 패륜범죄 대부분의 경우 "극단적으로 권위적인 부모 아래에서는 청소년들이 위축되어 있다가 충동적인 반응을 보일 수 있다."면서 "서로 동등한 인격체로 대우하는 부모와 자식 간의 새로운 관계 정립이 필요하다."고 한다.

위 사건의 경우도 멀쩡한 엘리트 가족 내에서 발생한 어처구니없는 사건이다. 그러나 실상 그 내막을 들여다보면 이미 문제의 소지가 있는 가족의 분위기가 감지된다. 문제 아들은 한국에서 공부를 못해 미국 유학을 갔으나 외국생활에도 적응을 못해 방황하다가 다시 국내의 모 대학에 편입한 것으로 되어 있어 정상적인 생활궤도를 밟아 나가지 못했음을 알 수 있다. 또한 그 어머니는 미국에 유학 중인 또 다른 자녀들의 뒷바라지를 위해 아예 미국에 살고 있어 가족이 조각난 채 살고 있었다. 즉 가족 일부인 아버지·할머니·아들은 한국에서, 나머지 가족인 어머니·아들·딸은 미국에서 살면서 이미 정상적인 가족의 화목한 모습은 찾기 어려웠다. 이 아들에 대해 한 심리학자는 "유학생활에 적응하지 못한 점으로 미루어 볼 때 충동억제 능력에 문제가 있었던 것 같으며, 완충 역할을 할 수 있는 어머니가 함께 생활했다면 극단적인 경우로 치닫지 않았을 수도 있었을 것"이라고 말했다. 이를 뒷받침이라도 하듯이 그 범행자의 어머니가 귀국하여 12일 아들을 면회한 뒤, 아들의 끔찍한 범행이 지금도 믿어지지 않는다고 했다. 이처럼 부모는 자녀를 속속들이 잘 알지 못한다. 더구나 자녀가 성장하면 그 마음속을 더 잘 이해하지 못하는 경우가 많다. 아주 잘 아는 듯한 가족 사이에도 사실은 넘을 수 없는 장벽이 있는 경우를 종종 볼 수가 있다.

경찰청 통계에 따르면 존속살해·존속폭행 등의 패륜범죄는 해마다 늘어나, 1997년 796건, 1998년 1천 160건, 1999년 1천 397건, 2000년 1천 574건으로 최근에 이르러 더욱 증가 추세에 있다. 다시 말해서 있을 수 없는 또는 있어서는 안 되는 존속살해·존속폭행 사건이 해마다 급증하고 있는 것은 현대사회에 있어서 심각한 가족문제 대두의 한 측면이기도 하다. 가족문제의 핵이 되는 가족관계는 아주 밀착된 인간관계로서, 특히 부모-자녀관계는 평생을 두고 연결되어 있는 강하고도 질긴 관계이다. 이런 숙명적인 운명공동체라는 특성 때문에 그 무엇보다 밀착된 관계로 엮어지지만 만약 이 관계에 갈등이 생길 경우 말로 다할 수 없는 고통스런 관계가 된다.

부모됨이란 자녀를 인격체로 길러 사회구성원으로서 올곧게 설 수 있는 기반을 만들어 주는 데 있다. 부모가 자녀를 제대로 이끌지 못할 경우, 특히 자녀를 인격적으로 모독하거나 자아존중감을 길러 주지 못했을 경우, 파괴된 자녀의 인격이 어떤 형태로 사회에 충격파를 던질지 모른다. 무조건 자녀를 낳고 부모가 되었다고 해서 다 부모는 아니다. 진정한 사랑으로 자녀가 사랑 받고 있음을 느껴야 한다. 부모교육이 필요한 이유도 여기에 있다.

부모의 존재 이유

며칠 전 유치원생인 막내딸이 저녁 식사시간에 의미심장한 말을 했다. "엄마! 엄마는 우리가 무엇을 필요로 할 때 도움을 주는 사람이지요?", "그럼. 엄마, 아빠는 너희에게 필요로 하는 도움을 주는 사람이지." 라고 대답하면서, 간결하지만 핵심을 찌르는 표현 같아 내심 뜨끔해하며 부모로서의 자세를 반성해 본 적이 있다.

부모란 어떤 존재인가? 자녀 입장에서 부모는 모든 행동의 지표가 되고 특히 자녀의 연령이 어릴수록 그 영향력은 막강하다. 부모가 자녀를 어떻게 양육하느냐에 따라서 그 사회가 발전하느냐 아니면 퇴보하느냐 등의 갈림길에 서게 되는데, 이는 가정이 자녀사회화의 기본적 틀을 형성하는 장소이기 때문이다. 오늘날의 민주사회라는 특성에 맞게 부모가 자녀를 얼마나 잘 키우느냐 하는 것은 시민으로서의 의무와도 관련이 있지만, 무엇보다 자녀들에게 이 다음 자신의 세대에서 올바른 사회구성원으로서 살아갈 수 있도록 삶의 토대를 닦아 주는 일이다. 만약 그렇지 못할 경우 자녀들은 사회에 잘 적응하지 못하고 도태되어 갈 수밖에 없는데, 그럼에도 불구하고 오늘날 이런 막중한 부모 책임에 대한 자각이 잘 안 되고 있는 현실들이 빈번하게 나타나 대책 마련이 요구된다.

부모가 자녀를 잘못 지도한 첫 번째 예로, 얼마 전 초등생의 자살로 나타난 잘못된 사교육 현상을 들 수 있다. 한 초등생이 과외에 시달려 스스로 목숨을 끊었다. 초등생이 얼마나 힘이 들었으면 자살까지 감행하면서 공부 스트레스로부터 탈출하고 싶었을까? 물론 부모로서도 할 말이 많을 것이다. 그러나 그 모든 것은 죽음 앞에서는 달리 변명의 여지가 없다. 이 사건을 계기로 서울 초등학생의 학원실태를 조사한 결과가 발표되어 또 다른 충격을 주었다. 초등학생 4학년 정도면 학원 5개 수업은 기본이고 방학이 되면 7~8개로 늘어난다는 것이다. 집안형편이 어려워져서 학원수업을 한 개만 중단해도 아이들의 얼굴에선 웃음꽃이 피고 부모 얼굴에는 반대로 근심이 드리워진다니 정말 아이러니한 이야기가 아닌가!

두 번째로 나타난 부모의 잘못된 양육태도는 체험학습을 과외로 충당하는 것이다. 가족과 함께 다양한 체험활동을 하여 인성과 창의력을 키우기 위해 1997년에 도입한 체험학습이 그동안 과외열풍에 휩싸여 이상하게 변질되었다. 서울지역 초등학생 4학년은 체험학습 전문업체의 인솔에 따라 영어학원 친구들과 함께 경기도 화성으로 공룡알 관찰여행을 다녀왔다 한다. 즉 가족과 함께 체험을 나누면서 가치습득이 되어야 할 인성 함양 부분이 단순히 돈에 의한 형식적인 체험학습으로 전락한 것이다. 이는 체험이라는 형식적인 결과는 습득했을지 몰라도 가족과 함께 체험함으로써 부모로부터 얻게 되는 가치교육이나 태도 등의 인성 함양이라는 가장 소중한 부분이 유실된 것이다. 이를 통해 볼 때 아무리 교육적으로 유익한 프로그램 시행을 설정해 놓았다 하더라도 부모가 그것을 잘못 이용하면 아무런 효과를 낼 수 없으므로 무엇보다 부모들의 올바른 가치인식이 필요하다.

세 번째 예로서 부모의 잘못된 자녀지도는 조기교육에 대한 터무니없는 과열 극성이다. 한국교육개발원이 최근 서울의 초등학교 5, 6학년생 1,300여 명을 대상으로 조사한 결과, 85%가 한 개 이상의 학원 수업을 받고 있고, 한 개 학년을 미리 배우는 학생이 38%를 차지하고 있었으며, 학원마다 선행학습 경쟁이 붙어 초등학교 5, 6학년에게 중학교 3년 과정을 미리 가르치는 현상까지 나타나고 있다. 심지어 외국어고·과학고 같은 특목고 입시를 위한 준비연령이 초등 3학년으로까지 낮아졌다는 보고가 있어 학부모들의 과도한 사교육열이 점입가경임을 보여 준다.

이 모든 것이 자식의 성공을 바라는 부모 사랑의 한 표현임을 안다. 그러나 이런 형태의 교육은 자녀를 키워주기는커녕 오히려 자녀의 자존감을 손상시키고 열등감을 조장하여 사회에 대해 불신감을 갖게 할 수 있다. 물론 우리 사회에는 묵묵하게 자신의 가치관대로 자녀교육을 바람직하게 해나가는 훌륭한 부모들이 많이 존재한다. 그러나 사회에 풍파를 일으키는 일부 이기적이고 잘못된 부모역할을 하고 있는 부모에게 이제는 자녀의 올바른 인성 함양에 도움을 주는 제대로 된 부모노릇을 할 것을 다시 한 번 요청하고 싶다.

🌱 부모환경의 중요성

　요즈음 우리 사회는 몹시 불안정하다. 장기적인 경기침체도 그렇거니와 연일 들려오는 끔찍한 살인사건과 희대의 살인범 검거, 치안을 유지해주는 경찰관까지 살해되었다는 소식, 그리고 가정주부들의 탈선적인 취업 증가, 노숙자 및 실직자의 증가 등등 어느 것 하나 기분 좋은 소식 없이 우울한 소식 일색이다. 어느 여론조사에서는 '희망 없이 산다'는 반응이 69%나 나타났다고도 한다. 여기에다 유례없는 무더위까지 겹쳐 일상을 살아가는 우리를 더욱 힘겹게 하고 있다.

　그러나 그럼에도 불구하고 우리는 또 하나의 희망을 가지고 삶을 열심히 꾸려 나가지 않으면 안 된다. 그것은 바로 우리의 삶의 터전인 가정이 있기 때문이다. 날로 피폐해지는 사회환경 속에서 가족원들을 건전한 사회구성원으로 길러주는 가정은 그 어느 때보다 중요한 역할을 하고 있다. 가정이 무너지면 사회공동체가 무너지고 그 결과 국가 존립 자체도 위기에 빠지게 된다. 우리 모두는 그물망처럼 촘촘히 짜여있는 사회공동체이기 때문에 어느 한 곳에 큰 구멍이 뚫리면 결국에는 전체가 무너지고 만다. 이런 맥락에서 볼 때 가정을 지키기 위해서 여러 가지 프로그램들이 활성화되는 것은 매우 바람직한 일이라 생각된다.

　최근에 나의 주목을 끈 것은 인천의 특성화 대안학교인 한 고등학교에서 학부모를 대상으로 여름방학 동안 학교 기숙사에서 부부관계 개선 프로그램을 실시한 일이다. 그동안 부부관계 강화를 위한 여러 프로그램이 사회단체나 봉사기관, 기업체 등에서 다양하게 실시되어 가족을 튼튼하게 결속시키는 데 도움을 주고 있었지만 이번처럼 학교 차원에서 학부모를 대상으로 이런 프로그램이 실시된 것은 처음이라 매우 놀랐다. 이 학교 교장은 "청소년 문제가 부모문제로부터 출발하고, 자녀들의 부적응 문제도 일차적인 책임은 부부의 관계단절에서 비롯된다."면서 이 프로그램 실시의 배경을 설명했으며, 특히 "학교 현장에서 학생들을 교육하며 일차적 원인제거라는 부분에서 부부가 서로 협력하며 아름다운 관계로 발전할 때 아이들도 자연스럽게 부적응 문제에서 탈출해 행복한 미래지향적 인간으로 발돋움할 수 있다는 것을 경험했다."면서 부부관계의 중요성을 거듭 강조했다. 교장선생님의 생각과 가치관을 보면서 가족을 전공하고 있는 사람으로서 정말 고마움을 느꼈다. 이런 교장이 많아진다면 그야말로 학교와 가정이 연계가 되면서 청소년 탈선이 많이 감소될 것으로 생각되기 때문이다.

일전에 우리를 경악시켰던 희대의 살인범 역시 성장기 때의 가정환경이 불우해 사회에 대한 증오와 어머니에 대한 보복심으로 죄 없는 시민과 여자들을 적대시해 무차별적으로 21명이나 죽였다. 그런데 그러한 행동의 원천적인 원인 제공은 바로 그 부모와 가정환경이라고 할 수 있으며, 이 사건을 보면 청소년들의 올바른 성장을 위해서 부모의 건전한 가치관과 따뜻한 가정환경이 얼마나 중요한지 엿볼 수 있다.

반면에 정반대의 예로 사업에 실패해서 노숙자 신세로 전락해 있다가도 떨어져 있는 가족을 생각하고 열심히 살아 재기에 성공한 경우도 있다. 얼마 전 노숙자 신세에서 아이디어 하나로 미국과 유럽 시장을 뚫어 '인생역전'에 성공한 한 기업가가 있었다. 그는 외환위기 때 첫 사업이 부도가 나서 부채를 정리하고 무일푼이 되자, 아내와 자식을 잠시 시골 처가에 내려가 있게 하고 자신은 서울역에서 노숙자 생활을 하면서도 막노동으로 한 달에 150만 원씩을 가족들에게 보내며 재기의 희망을 잃지 않았다고 한다. 결국 '두 바퀴 스케이트 보드'라는 히트상품을 내어 지금은 미국과 유럽 등지에서 로열티만 120억 원을 받을 정도라고 하니 대단한 일이다. 그가 이렇게 재기에 성공하기까지 그를 지탱시킨 것은 바로 가족 사랑의 보이지 않는 힘이었다. 이상의 예처럼 가정은 한 개인을 파멸시킬 수도 있고 성공시킬 수도 있는 무한한 잠재력을 가지고 있으니 가정의 소중함을 간과해서는 안 될 것이다.

앞으로도 우리는 계속해서 변화무쌍한 사건의 연속선상에서 살아갈 것이다. 이런 삶의 소용돌이 속에서도 가정이 굳건하게 우리를 지탱시켜 주는 한 우리는 온갖 어려움을 극복하며 밝게 살아갈 수 있다. 사회의 기초 단위이며 가족의 공동체 장인 가정을 우리 모두 소중하게 생각해야겠다.

효율적인
자녀지도의 기술

부모는 완벽한 부모와 좋은 부모가 있다. 당신은 어디에 속하는가? 완벽한 부모인가, 좋은 부모인가? 완벽한 부모의 특징은 자녀를 간섭하고 감독하며 과잉 보호적이다. 부모는 자신의 기준을 설정하고 그 기준에 맞는 아이로 키우기 위해 끊임없이 잔소리와 충고를 늘어놓고 통제한다. 타인에게 보이는 자신과 자녀에 대해 완벽한 부모로 인정받고 싶어 한다. 또 자녀를 위해서 모든 일을 해 주어야 한다고 생각하고, 그렇게 하지 못했을 때 죄의식을 느껴 과잉보호를 하게 된다. 따라서 자녀에게 지나치게 몰두하게 된다. 이러한 부모의 행동은 자녀의 독립심을 키워 주지 못하고, 자녀를 무기력한 아이로 만들어 버린다.

책임 있는 부모의 특징은 부모의 책임과 자녀의 책임을 구분할 줄 알며, 자녀의 인격을 존중하면서 자녀의 독립성을 최대한 인정해 준다. 따라서 자녀에게 선택의 기회를 주며 상호존중을 바탕으로 자녀를 격려한다. 무엇보다 자녀가 선택한 것에 대해 스스로 책임질 수 있는 기회를 제공한다. 이러한 방식으로 양육된 자녀는 자신을 사랑하며 존중할 줄 알고, 자신이 선택한 일에 대해 책임감을 발달시킬 수 있다. 나아가 타인을 존중할 줄 알고, 원만하고 바람직한 사회적 관계를 발전시킬 수 있는 사람이 된다.

자녀는 완벽한 부모보다는 좋은 부모를 원한다. 부모가 행복하게 살기 위해서는 자녀에게 좋은 부모역할을 해야 한다. 부모가 자녀를 효율적으로 지도하는 방법에 있어서 고려할 점은 다음과 같다.

첫째, 부모가 자녀를 지도하는 목적은 자녀를 가르치는 것이지, 자녀에게 상처를 주는 것이 아니다. '훈육(discipline)'이라는 말은 라틴어에서 유래된 것으로 '교수법'을 의미한다. 즉 우리가 자녀를 지도할 때는 체벌이나 상처 없이 자존심을 상하지 않게 교육하는 것이다.

둘째, 우리가 자녀의 부정적 행동을 지도할 때에는 자녀가 개선의 여지를 보일 때를 이용하여 격려하는 기회로 삼는다.

셋째, 자녀를 지도할 때 되도록 부모로서 강력한 주장을 하는 발언을 줄이도록 한다. 부모는 이미 자녀에게 어른으로서 충분한 힘을 발휘하기 때문이다.

넷째, 자녀를 훈육할 때, 사랑하는 마음으로 지도한다. 부모가 자기를 사랑하기 때문에 훈육한다는 것을 자녀가 알게 되면 부모의 지도를 받아들이기 쉽다.

이 장에서는 효율적인 자녀지도와 관련된 기술에 대해 살펴보자.

행복바이러스 자녀지도

요즈음 우리 사회는 극과 극으로 치닫는 사회양상들이 많이 일어나고 있어서 사회전체가 도그마처럼 부글부글 끓고 있는 것 같다. 그중에서 교육과 관련된 측면을 보면, 고 3 수험생들은 수능 후 대입을 앞두고 부모-자녀 간에 여러 가지 신경전으로 가족 전체 분위기가 뒤숭숭하고, 중 3 학생들과 학부모들은 고입 진학을 앞두고 특목고, 자사고, 일반고 진학과 관련해서 의견 차이로 갈등하거나 컴퓨터 추첨의 향방에 대해 학교지원 결정을 어떻게 해야 할지 전전긍긍하며 속을 끓이고 있다. 대한민국 부모의 열띤 교육열은 세계적으로 정평이나 있지만 정작 한국 부모들은 세계적인 교육열로 행복해하기보다는 자녀교육의 방향 잡기에 안간힘을 다하며 버거워하고 있다.

부모가 행복해지고, 자녀도 행복하게 해주는 행복바이러스 부모교육은 없을까? 행복바이러스 부모교육이 있다면 우리 사회가, 또한 우리 가족이 좀 더 행복하게 살아갈 수 있지 않을까 하는 생각이 든다.

얼마 전 고 3 수험생이 어머니와의 성적 갈등으로 친모를 살해한 후 8개월이나 시신을 집 안방에 유기한 엽기적인 사건이 일어나 세상을 놀라게 하더니, 그 사건의 충격이 채 가시기도 전에 이번에는 친모가 중학생 아들이 말을 듣지 않고 사고를 친다고 하여 아이를 야구방망이로 수백 대를 때려 사망하게 한 끔찍한 사건이 일어났다. 도대체 어떻게 이런 일이 일어날 수 있을까! 자녀가 부모를 죽이고 또 부모가 자녀를 죽이는, 그야말로 끔찍한 악순환이 나타나고 있다. 이 두 사건모두 부모가 자녀를 제대로 키우지 못한, 말하자면 제대로 된 부모교육의 방법을 알지 못해서 일어난 사건이라 해도 과언이 아니다.

부모가 자녀를 잘 교육할 수 있다면 이른바 부모가 행복바이러스 부모교육을 자녀에게 전할 수 있다면 결단코 이런 일은 일어나지 않을 것이라고 본다. 그래서 행복바이러스 부모교육을 실천할 수 있는 방법에 대해 생각해 보고자 한다. 부모가 자녀에게 행복바이러스가 되기 위해서는 우선 자녀에게 비난보다는 칭찬과 격려를 많이 해 주어야 한다. 부모가 자녀를 지속적으로 격려해 주면 자녀가 삶에서 성공회로를 돌 수 있고, 반대로 비난을 계속하면 삶에서 실패회로를 돌게 된다. 그러면 10대 자녀를 격려하는 구체적인 방법은 무엇일까?

자녀를 격려하는 방법에는 첫째, 자신감 심어 주기, 둘째, 자녀의 강점 다져 주기, 셋째, 자녀의 가치 인정하기, 넷째, 독립심 자극하기 등을 들 수 있다.

첫 번째, 자신감을 심어 주는 방법으로는 자녀에게 책임감을 부여하는 방법이 있다. 이는 부모가 자녀에게 '나는 네가 이것을 할 수 있다는 것을 안다.'라는 메시지를 주는 것으로 자녀에게 자신감을 준다. 단, 이때 주의할 점은 자녀의 능력 안에서 책임감을 부여해야 한다. 다음으로는 자녀의 견해나 충고를 구하는 것이다. 부모가 자녀의 견해를 묻는다는 것은 자녀의 능력을 믿어 주는 것이 되므로 자녀에게 자신감을 심어 주게 된다. 또한, 부모가 자녀에게 끼어들어 개입하고 싶은 충동을 물리쳐야 한다.

두 번째, 10대 자녀의 강점을 다져 주는 방법은 먼저 자녀의 장점을 인식하고 자녀의 잘한 점을 칭찬해 주는 것이다. 그리고 다음 단계로 나아가도록 격려해야 한다. 10대 자녀는 어떤 과업을 아주 잘해냈다는 성취감을 통해서 자아존중감을 획득한다. 또한 부모는 자녀교육에서 완전을 목표로 하지 말고 진보 자체를 목표로 한다. 대부분의 부모가 격려의 과정에서 범하는 실수는 자녀가 최종적으로 도달해야 할 목표에 가기 전까지는 아무런 격려나 칭찬을 하지 않는다. 그러나 자녀교육의 성공의 열쇠는 목표에로의 도달과정을 작은 단계로 쪼개어 각 과정을 통해서 끊임없이 격려를 보내는 것이다.

세 번째, 10대 자녀의 가치를 인정해 주어야 하는데, 이는 대부분의 사람들이 그들의 삶 속에서 의미 있는 사람들에게 인정받는 것을 중요하게 여기기 때문이다. 또한 부모는 인간의 가치와 성취의 개념을 구별해야 하고, 인간의 가치와 그릇된 행동 또한 별개의 것임을 인지해야 한다. 그리고 자녀의 독자성에 대해 감사한다.

네 번째, 자녀의 독립심을 자극해야 한다. 독립심이란 자기 스스로 설 수 있는 능력인데, 부모가 자녀의 응석을 받아 주지 말고, 자녀가 여러 사람들과 어울려 함께 노력하여 얻는 기쁨을 경험하게 해야 한다.

모쪼록 이런 격려방법을 활용해서 행복바이러스 부모교육을 전파해 가족이 함께 행복해지기를 바란다.

자녀교육과 '부모코칭'

봄이 오는 2월이다. 대부분의 학교들이 개학을 하여 학기 마무리를 하면서 다가올 새 학년 새 학기를 준비하고 있다. 학교를 들어가는 신입생들이나 학년을 올라가는 학생들을 보는 부모 마음은 기쁘면서도 걱정이다. 요즈음 우리 사회의 화두인 학교폭력문제가 걸리기 때문이다. 혹시라도 '우리 아이가 그 폭력의 희생자가 되지는 않을까?' 하고 노심초사하기도 한다.

때마침 정부가 전 국민적인 관심사가 된 학교폭력문제에 대해 종합대책을 내 놓았다. 그동안 학교폭력이 일어나면 가해학생은 봉사 정도의 징계를 받고 피해학생은 보복을 피해 전학을 가는 악순환이 되풀이되어 왔는데, 새 학기부터는 가해학생에 대한 강제전학이 도입되고, 피해학생에 대한 '전학권고'가 폐지되며, 피해자가 희망하면 상급학교 진학 시 가해학생과 같은 학교에 가는 것이 사전에 차단된다. 정부가 발표한 학교폭력 종합대책의 핵심은 '폭력필벌'로서 가해학생에 대한 엄정처벌과 피해학생 보호, 교육환경 개선의 세 가지이며, 또한 교사와 학교 권한을 강화하고, 학부모와 사회책임도 커졌다.

이와 관련하여 우리는 부모로서 자녀교육에 좀 더 관심을 가져야 한다. 학교폭력 문제는 학부모와 결코 무관할 수 없으며, 문제학생 뒤에는 반드시 문제부모가 있기 마련이다. 자녀를 잘 키우려는 것은 모든 부모의 소망이다. 우리 아이의 학교생활이 어떠한지, 또 학교 적응에 어떤 어려움을 가지고 있는지 등의 상황을 잘 알고 자녀의 학교생활을 도와주는 것이 학부모의 첫 번째 의무이자 책임이다. 이러한 자녀교육에 도움을 줄 수 있는 기술 중의 하나가 바로 부모코칭이다. 부모가 자녀를 교육함에 있어 코칭을 하게 되면 자녀에게 정말 여러 가지로 도움을 줄 수 있게 된다.

'부모코칭'은 일반적인 '코칭방법'을 부모가 자녀교육에 적용하는 것인데 자녀와의 관계개선이나 의사소통에 탁월한 효과가 있다. '코칭'이란 '코치'가 고객을 상대방으로 대화를 통해 고객이 스스로 능력을 발휘할 수 있도록 고객의 잠재력을 끌어내어 자기발전을 성취하도록 조언해 주는 것을 의미한다. 코칭은 본래 운동선수들의 자기전략 개발이나 회사의 경영전략에서 생산성을 높이기 위해 주로 사용되었으나 오늘날에는 모든 부문에서 코칭이 사용되고 있다.

'코칭'에는 대표적인 세 가지 기본철학이 있는데, 첫째는 모든 사람에게는 무한한 강점이 있으며, 둘째는 고객에게 필요한 해답은 모두 그 고객 내부에 있다는 것이고, 셋째는 해답을 찾기 위해서는 대화할 파트너가 필요하다는 것이다. 요컨대 '코칭'은 어떤 상황을 돌파하는 주체는 자기 자신이지만, 객관적으로 문제를 보고, 원인을 찾고 해결책을 모색하는 데는 코치의 도움이 필요한 것이다.

그러면 실례를 통해 '부모코칭'을 살펴보기로 하자. 부모로서 자녀가 공부를 잘하고 싶다는 욕구에 대해 '코칭'을 한다고 가정하면, 부모는 먼저 자녀에게 공부를 잘한다는 것이 무슨 의미인지를 묻고, 자녀가 자신의 생각을 이야기하게 한다. 그리고 자녀에게 지금 성적 정도가 어느 수준인지, 그리고 얼마나 올리고 싶은지를 질문하고, 자녀로부터 그 질문에 대한 답을 듣는다. 다음으로 자녀에게 예전에 공부를 잘해서 즐거웠던 기억을 떠올려서 이야기하게 하고, 격려해 주면서 자존감을 높여 준다. 또한 자녀에게 목표 실천에 대한 구체적인 방법을 물어보고 자녀가 대답하도록 하는데, 이때 자녀의 목표 실행

방법이 맞다, 틀리다가 아닌 실행방법의 구체성과 실현가능성에 초점을 맞추고 계속 질문하며 자녀의 이야기를 듣는다. 즉 계속되는 질문과 대답을 통해 자녀는 자신의 계획이 실현 가능성이 있는지 아닌지를 스스로 깨닫게 된다. 아울러 대화를 진행하면서 계획실행에 도움이 되는 지원은 어떤 것이 필요한지를 묻고, 마지막으로 이 '코칭'을 통해 어떤 점이 유익했는지를 이야기하도록 한다. 즉 처음부터 끝까지 자녀에게 계속 질문하고, 대답하는 자녀의 이야기에 귀 기울여 듣는 것이다.

지금까지 살펴본 바와 같이 부모코칭의 핵심은 자녀에게 하는 긍정적인 질문이며, 자녀 스스로 많은 이야기를 하도록 하는 것이다. 즉 자녀가 이야기하는 과정에서 스스로 답을 추구해 나갈 수 있도록 만든다. 사춘기 자녀들, 또는 진로결정을 앞두고 힘들어하는 자녀들에게 '부모코칭'으로 대화를 하면 작지만 큰 효과를 얻을 수 있을 것이다. 부모들의 자녀에 대한 코칭이 활성화되어 가족 모두가 행복하게 살아가기를 기대해 본다.

성공적인 자녀교육을 위하여

성공적인 자녀교육은 현대사회의 화두 중의 하나다. 특히 수능을 치르고 현재 대입선택을 앞둔 학생과 학부모들은 자녀의 성공적인 인생을 위해 그야말로 초비상에 걸린 상태이다. 이러한 때, 최근 한국 시각장애인 최초로 미국에서 박사학위를 받고 백악관 국가장애위원회 정책차관보를 지낸 강영우 박사가 '글로벌 리더'를 주제로 한 초청

강연에서 '부모의 자녀교육이 미 명문대 입학보다 중요하다'는 이야기를 한 것은 매우 의미심장한 일이다.

교육학 전공자이기도 한 강 박사는 미국의 버락 오바마 대통령도 부러워하는 한국의 높은 교육열은 확실히 강점이기도 하지만 '결정적인 약점' 또한 있다고 지적했다. 그는 그 약점의 실례로서 1990년대 중반 하버드대에 입학한 한국 학생 비율은 전체 학생 1,600명 중에 6%나 되었지만, 같은 해 낙제한 학생 중에서 한국 학생 비율은 10명 중 9명이 될 정도로 가장 높았다고 하면서 이런 것은 한국의 학부모들에게 잘 알려져 있지 않다고 했다. 하버드대학교 측이 왜 이런 결과가 나왔는가를 조사한 결과, 그 원인으로 "한국 학생들에게는 '장기적 목표(longterm goal)'가 없기 때문"이라는 결론을 내렸다며 강 박사는 '학생과 학부모 모두 대학에 들어가는 것 자체를 목표로 하다 보니 대학에 입학하고 나면 정작 목표가 사라져 버린 것'이라고 말했다.

사실 우리의 진학 현실과 대조해 보면 틀린 말은 아니다. 대부분의 중학교 학부모는 특목고 진학을 위해 너도나도 아이들을 혹사시키고 있다. 공부 외에는 아무것도 하지 못하게 하는 것이다. 오죽하면 중학생 자녀가 있는 가족은 여행을 꿈도 꿀 수 없다는 이야기까지 회자되고 있을까! 또한 중학생 아이를 특목고에 진학시키려면 초등학교 3학년부터 준비해야 갈 수 있다는 이야기가 암암리에 퍼져 있다. 중학생이 되어 특목고를 생각하면 이미 늦다는 것이다. 그래서 중학생이 되어 특목고를 준비하려면 초등학교 때부터 준비한 학생에 비해 몇 배의 시간과 노력을 투자해야 하는 실정이다. 이런 과정에서 부모의 자녀교육은 오직 공부 잘하기 하나에만 초점이 맞추어져 있다.

대부분의 고등학생들 역시 좋은 대학에 진학하기 위해 모든 것을 접어둔 채 공부만 하며, 학부모들은 전천후로 뒷바라지를 하고 고 3이 되면 숨죽이며 자녀의 눈치를 보는 것이 오늘의 현실이다. 즉 부모가 심부름꾼이 되어 고 3 학생에게 모든 것을 제공하고 있다. 이래서야 어떻게 자녀가 좋은 인성을 가진 미래의 사회인이 될 수 있도록 키울 수 있겠는가!

중·고등학생들이 좋은 대학을 진학하기 위해 열심히 공부하는 것은 바람직한 일이다. 다만 끔찍할 정도로 편파적으로 공부만 한다는 것이 문제이다. 물론 중·고등학생들 중에는 봉사활동도 하고 스포츠도 하면서 다양한 사회활동과 함께 공부를 병행하는 학생들도 있다. 그러나 그런 학생들은 극소수이고 대부분의 중·고등학생들이 위에서 언급한 것처럼 공부에만 매달려 모든 것을 포기하고 있다. 이 모든 환경을 좌우하는 것은 바로 그 학생의 부모이다. 부모들은 아마도 사회분위기를 탓할 것이다. 사회분위기 때문에 어쩔 수 없다고, 자신들도 마지못해 이끌려 간다고. 문제는 이렇게 공부에만 매달려 좋은 대학을 진학한다 해도 학생들의 행복점수는 그야말로 낙제점이다. 또한 공부 외에는 아무것도 경험해 본 것이 없으니 인생을 자기주도적으로 개척해 나가기도 어렵다.

결론적으로 우리 자녀들 각각의 타고난 장점을 살려 그에 알맞은 교육을 시키고, 미래사회에 바람직한 구성원으로 기르는 일은 전적으로 부모 책임이다. 따라서 부모는 자녀에게 어떤 인생을 줄 것인지, 그리고 자녀가 어떤 사람으로 성장할 것인지에 대해 자녀와의 대화를 통해 진지하게 목표를 세워야 한다. 성장과정에서 모든 기쁨을 말살하고 초등학교부터 대학까지의 기간을 공부라는 하나의 목표에 억눌려 지내게 한다면 그 아이의 인생성공은 보장할 수 없다. 어제 뉴스에 대학 1학년생이 자신의 집 인근에 살고 있는 조부모 두 사람을 함께 살해한 끔찍한 사건이 발생했다. 이유가 어떠하든지 간에 이런 대학생이 있다는 것은 무언가 부모교육이 잘못되었다는 것이다.

학교교육의 각성도 중요하지만 부모가 자녀를 어떻게 지도하고 있는가를 살펴보는 것이 성공적인 자녀교육을 위해 결정적으로 중요하다. 부모들이 이 점에 대해 다시 한 번 심사숙고하기를 바란다.

☘️ 올바른 자녀교육관이 필요하다

동서고금을 막론하고 부모의 자녀교육에 대한 관심과 애착은 매우 크지만 그 중에서도 우리나라는 부모의 자녀교육 열정이 대단한 나라로 알려져 있다. 특히 요즈음엔 영재교육, 조기교육의 열풍에 힘입어 너도나도 경쟁하듯이 치닫고 있는 추세이다. 그러나 한 번 생각해 보자. 부모로서 아이에게 많은 교육을 일찍부터 시키는 것도 중요하지만 보다 더 중요한 것은 우리 자녀를 어떤 아이로 키울 것인가에 대한 올바른 자녀교육관이 서 있어야 하지 않을까? 왜냐하면 많은 사람들이 지적하고 있는 점이 "요즘 어린아이들의 행동은 제멋대로이고 이기적이며, 젊은 부모들이 그렇게 키워 아이들을 망쳐 놓았다."는 비판들이다.

이러한 비판의 목소리가 전혀 근거 없지는 않은 것 같다. 그 구체적인 예들을 보면 첫째로, 식당에서의 아이들의 에티켓이다. 아이들이 제멋대로 소리를 지르며 돌아다녀도 훈계는커녕 빙그레 웃으며 바라보고 있다. 물론 부모 입장에서는 조그만 아이가 어느새 자라나 그렇게 움직이는 것이 대견할 수도 있다. 그러나 그런 행동을 바로잡아 주지 않는다면 그 자녀는 식당에서의 난잡한 행동이 정상적이라고 생각하여 타인에 대한 배려는 전혀 할 줄 모르는 자녀로 성장할 것이 뻔하다. 둘째로 공공시설물인 전화기를 잡아 늘어뜨리며 장난을 치거나 공공장소인 화단의 나무를 잡아당기고 꽃잎을 뜯는 등의 행동들을 보고도 마냥 대견해 하며 웃고 있는 부모들이 있다. 이들은 자녀를 공공 물건을 파손시켜도 아무런 죄책감을 느끼지 않는 아이로 기르고 있다. 다시 말해서 부모 스스로가 공중도덕에 대한 파괴를 조장하고 있다고 해도 과언이 아니다.

이처럼 부모가 자녀에게 공동체의 예절을 지키는 면에 대해서는 철저히 배제된 교육을 하는 한편, 조기교육과 영재교육에 대해서는 터무니없을 정도의 극성을 표명하기도 한다. 일전에 TV 방송을 통해 보도된 바와 같이 자녀들을 유명한 유아원에 보내기 위해 밤새워 줄서는 것은 기본이고, 더러는 1년 전부터 순서를 기다리는 부모도 있으며, 또한 생후 5~6개월의 영아를 일주일에 1번씩 교육받게 하고 월 80만 원의 과다한 교육비를 지출하는 부모들도 적지 않다는 것을 듣고 있다. 물론 자녀를 일찍부터 교육시켜 훌륭한 인재로 만들겠다는 부모의 열정이 수긍되지 않는 바는 아니다. 그러나 성공적인 사회화에 적합한 자녀교육관이 먼저 선행되어야 되지 않을까? 즉 남의 아이는 어떻게 되든지 말든지 간에 내 아이만 성공하면 된다는 이기적인 사고가 아니라, 모든 아이가 함께 어울려 잘 사는 사회, 그런 사회에 알맞은 인성의 자녀를 교육해야겠다는 생각을 가져야 하겠다.

이제 곧 어린이날이 다가온다. 어린이는 미래사회를 책임질 소중한 사회구성원이므로 그 인격을 존중해 주고 사랑해 주자는 취지에서 선정된 어린이날이, 무조건 자녀에게 선물을 사주는 날, 또는 자녀의 요구를 마음껏 들어주는 날 등으로 변하여 부모에게 부담스런 날이 되고 있다. 문제는 부모들 스스로가 어린이날을 그렇게 만들었다는 것이다. 어린이날에 어린이의 인권을 존중하고 인성이 좋은 자녀로 거듭날 수 있도록 부모로서 어떻게 도와주어야 할 것인가 등에 관한 고민이나 의식은 그 어디에서도 찾아볼 수 없다. 다만 어디로 가서 어떻게 무엇을 먹을 것인가 하는 고민 아닌 고민만이 존재하고 있다.

이래서는 안 되겠다! 우리 자녀들이 앞으로 살아가는 시대는 어떤 시대가 될 것인가, 그래서 어떤 자질을 갖추게 해야 할 것인가 하는 것이 우리 부모들이 자녀교육을 생각하는 관점이 되어야 할 것이다. 예를 들면 민주사회 시민의 자질을 촉구하는 미래사회를 살아가는데 잘 적응될 수 있도록 하기 위해서, 부모는 자녀를 인격적으로 대하며 자유를 주되 한계 안에서의 자유를 주어 스스로 책임감과 함께 자아존중감을 키워 나갈 수 있도록 해야 할 것이다. 또한 어떤 주어진 일에 대하여 도전으로서의 용기와 함께 협동심을 발휘하여, 민주사회 내에서의 공동체 의식을 올바로 길러나갈 수 있도록 교육되어야 할 것이다.

결론적으로 부모의 자녀교육관이 바로 설 수 있을 때, 오늘날 우리 사회에서 많은 문제가 되고 있는 아동 및 청소년 문제도 저절로 해결될 수 있으리라 본다.

학교폭력과 자녀지도

　최근 뉴스에서 학교폭력에 시달리던 한 중학생이 가출한 사건이 보도되었다. 5개월 동안 학교에서 폭력으로 시달리던 학생이 가출하자 뒤늦게 일기장을 통해 가출 배경을 발견한 부모가 가해학생을 고소하면서 세간에 드러났다. 가출한 학생의 부모는 며칠째 학생이 집으로 돌아오지 않자 자녀의 안위가 걱정되어 울면서 찾아주기를 호소하고 있지만 아직 소식이 없다는 안타까운 뉴스였다.

　그동안 여러 차례 학교폭력문제로 학교와 지역사회에서 함께 걱정해왔고, 학교폭력방지를 위한 여러 가지 대책도 세워 시행해오고 있지만 눈이 미치지 않는 곳에서 여전히 학교폭력은 존재하고 있다. 학교폭력에서 가해자학생의 문제행동은 학교에서도 물론 책임져야 할 부분이 있지만 더 근본적인 책임은 가해자학생의 부모에게 있다. 왜냐하면 모든 문제학생의 뒤에는 반드시 문제부모가 있기 때문이다. 따라서 학교폭력의 근본 문제해결을 위해서는 문제부모를 최대한 많이 교육하여 제대로 된 부모역할을 하도록 하는 것이 우선시되어야 하며, 아울러 차세대의 주인공이 될 학생들이 더 이상 문제부모로 자라나지 않도록 바람직한 부모교육을 제대로 하는 일이다.

　이를 위한 구체적인 방안을 살펴보면 먼저 부모교육과 관련하여 요즈음 각 시도별로 신설되어 활동하고 있는 건강지원센터를 이용하는 것이다. 건강지원센터는 가정의 건강성 증진을 위해 2005년부터 전국적으로 활동하고 있는 기관이다. 이는 최근 가족을 둘러싼 사회 환경의 변화로 가족기능의 약화가 초래되어 높은 이혼율, 저 출산율과 고령화의 가속화, 가치관의 변화, 여성취업 증가에 따른 아동 및 노인부양부담 가중문제 등 과거와 같은 가족 및 사회 시스템으로는 한계적 상황이 드러나자 '가족문제'가 우리 사회의 중요한 화두로 등장하면서, 2003년 '건강가정기본법' 제정을 시발점으로 '건강한 가족'을 만들기 위한 사업으로 시작된 것이다.

건강가정지원센터는 건강가정기본법에서 명시하고 있는 가정의 건강성 증진을 강조하여 다양한 가정정책과 건강가정사업을 실현하는 구체적 실천의 장이자 전달체계이다. 주요 사업내용은 상담, 교육, 문화, 정보제공 및 네트워크, 가족지원서비스 분야로 구성되어 있으며, 각 영역에서는 가정의 건강성 증진과 가족기능의 강화, 가정생활의 지적 향상을 위한 다양한 사업들이 실시되고 있다. 이러한 건강가정지원센터는 현재 전국에 16개 센터가 설치되어 운영되고 있으며, 이들 기관은 여성가족부와 지자체 공동으로 재정을 지원받거나 지자체 단독으로 재정을 지원받고 있다. 주요사업내용으로는 부부교육, 부모-자녀교육, 다양한 가족을 위한 생활교육, 기타 생활교육 등으로 구성되어 운영되고 있는데, 지역민들로부터의 반응이 아주 좋은 것으로 나타났다. 따라서 건강가정지원센터의 활성화를 통해 부모교육을 비롯한 제반 가족생활교육이 이루어진다면 많은 부모들에게 실질적인 도움을 줄 수 있을 것이다.

다음으로 차세대의 주인공이 될 학생들을 위해서는 공교육의 장에서 바람직한 부모교육 등의 가족생활교육이 이루어져야 한다고 본다. 그러나 실제로 중·고등학교 현장에서는 입시를 위한 주지교과 위주의 수업이 이루어지기 때문에 이런 교육이 제대로 이루어질 수 있는 장이 거의 없다. 본래 가족생활교육은 가정교과의 수업에서 전반적으로 이루어지고 있었으나 교육과정 개정이 진행되면서 수업시수가 대폭 줄어들어 현재는 주당 1.5시간이란 지극히 짧은 수업시간을 가지고 가족생활내용을 제대로 수업하기란 거의 불가능하다. 따라서 아주 축약된 형태의 수업을 하거나 학교 사정에 따라 취급하지 않고 넘어가는 경우가 있다 보니 정작 학생들의 인성을 제대로 길러 주는 수업을 하지 못하고 있는 실정이다. 이런 취약점에도 불구하고 가족생활교육을 제대로 하고 있는 몇몇 학교의 경우 이 영역에 대한 학생들의 강의 참여 열기는 가히 폭발적이며 그 결과 또한 대단하다고 한다.

가족생활교육의 목적은 미래 가정의 주역인 남녀 학생들이 책임 있는 성인이 되도록 교육하는데 있으므로 공교육의 장에서 가족생활교육이 제대로 이루어질 수 있다면 학교폭력의 주체가 되는 문제학생도 그만큼 없어질 것이라 생각한다. '건강한 개인, 건강한 가정, 건강한 사회'로 거듭날 수 있도록 학교 교육과정에 변화가 있기를 기대한다.

절도와 가치관 교육

사람이 살아가는 모습이 참으로 다양하다. 어떤 사람은 돈이 많아서 장학재단을 세우는가 하면, 또 어떤 사람은 부유하지도 않는데 평생 고생해서 모은 돈을 학교에 장학금으로 기부하여 학업이 어려운 학생을 도와주는 사람도 있다. 또한 돈이 없는 사람들은 자신이 가지고 있는 장점을 살려 미용기술이나 이발기술 등으로 어렵고 힘든 가난한 이웃이나 노약자들을 위해 1주일에 한 번씩 봉사하는 사람들도 있다. 우리는 이런 기사들을 대하면서 나날이 피폐해 가는 세상이지만 그래도 이런 사람들이 있기에 세상은 살아갈 만하고 아름답다는 것을 느끼며 그들의 행동에 감동한다.

그런데 3월 30일자 중앙지의 사회면에 우리의 상상을 초월하는 기사가 실렸다. '심심해서 훔쳤다'는 제목 아래 수십 억대의 부동산을 가진 건설회사 사장 남편과 대학생 아들을 둔 부유층 부인이 상습절도 혐의로 구속영장이 신청된 사건이다. 50대인 그녀는 28일 오후 서울 L백화점에서 33만 원짜리 실크스카프를 훔치다가 경찰에 붙잡혔는데, 서민층에서는 감히 엄두도 못 낼 고가의 이름난 수입 명품으로 온몸을 치장하고 있었다 한다. 60평짜리 7억 원 대의 아파트에 살면서 승용차 2대를 굴리고 백화점 명품관을 돌며 의류를 구입하면서 그것도 모자라 그런 생활에 싫증이 날 때면 가끔은 절도행각도 하여 지난 한 해 1천만 원 어치가 넘는 외제 고가품만을 4차례나 훔쳤다는 것이다. 그녀가 말한 절도의 이유인즉 "세상 사는 재미가 없을 때 명품을 훔치면 위안이 되어 심심하면 백화점에 훔치러 나갔다."고 한다.

이 사건은 하루를 버둥거리며 열심히 살고 있는 소시민들에게 여러 가지 면에서 시사하는 바가 크지만, 두 가지 측면에서만 살펴보기로 하자. 우선은 돈이 인생의 행복을 가져다주는 것은 결코 아니라는 점이다. 아무리 돈이 많아도 본인이 행복을 느끼지 못하면 아무런 소용이 없다. 위의 사례에서처럼 돈이 넘쳐나는데도 불구하고 풍족함 때문에 오히려 방황하다가 절도에서 위안을 찾는다니 얼마나 모순된 일인가!

또 다른 하나는 가치관 정립 문제이다. 사람이 살아가는 인생의 목표에는 여러 가지가 있을 수 있다. 본인이 어떠한 가치에 의의를 두는가에 따라 그 사람의 삶의 행로와 삶의 양식은 전적으로 달라진다.

50대 중년의 공허감을 이런 식으로 밖에 극복하지 못한다면 그 사람의 가치관은 문제가 있다. 아울러 그 집의 가족구성원 또한 예외가 아닐 것이다.

이렇게 사람의 인생을 좌우하는 가치관 교육은 어릴 때의 가정 교육과 성장하는 동안 학교 교육을 통해서 이루어진다. 오늘날 학교 교육에서는 가치 정립이 필수적인 전인적 인성교육을 강조하고 있다. 그러나 실제로 교육현장을 살펴보면 진정한 의미에서의 전인적 인성교육은 거의 찾아볼 수 없다. 그저 성적 위주의 열띤 경쟁만이 존재할 뿐이다. 그 결과 학교 교육이 무너지고 있는데, 이 책임은 교육을 이끌어 가는 교육당국과 학교와 교사, 그리고 학부모 모두의 책임이다. 학생은 수동적으로 이끌려 가는 입장이므로 오히려 가장 경미한 책임의 위치에 있다.

요즈음의 사회적 핫이슈로 거론되고 있는 많은 교육문제들은 결국 학생들을 위하는 관점에서 바라보아야 한다. 교육정책이 갈팡질팡하는 나라에서 학생에게 얼마나 제대로 된 가치교육을 할 수 있을 것인가! 기성세대가 차세대에게 물려줄 단 하나의 유산은 가치관 교육이다. 그런데도 학교환경에서는 신뢰를 바탕으로 한 가치교육의 부재가 비일비재하다.

학부모들이 공교육을 못 믿어 학원 교육으로 치닫더니, 최근 사학의 모 중학교에서는 시험감독을 학부모들이 한다고 들었다. 버젓이 담임이 감독하고 있는데도 불구하고 '부정행위를 막기 위해서' 함께 감독한단다. 이게 가능한 이야기인가! 이쯤 되면 교권은 땅에 떨어질 대로 떨어졌다. 학부모가 담임을 이렇게 불신하면서 어떻게 학생을 학교에 보내고 있는지, 또한 그런 풍토에서 전인교육이 가당키나 한지,

나아가 이런 학교환경, 가정환경에서 자란 학생이 과연 제대로 된 가치관을 정립할 수 있을 것인지 의문이다. 아마도 미래사회에는 더 많은 가치혼란과 절도행각이 나타나지 않을까 우려된다.

가족 탐구의

기술

가족은 공기와 같다. 공기는 눈에 보이지 않기 때문에 그 소중함을 모르다가 막상 호흡이 곤란하게 되면 공기가 얼마나 소중한지 그 존재 가치를 절절히 알게 된다.

가족도 마찬가지다. 평소에는 항상 곁에 있기 때문에 가족의 소중함을 잘 모르다가 막상 어떤 상황으로 인해 가족을 잃게 되면 그때 가족의 소중함을 뼈저리게 느낀다.

3부에서는 실생활을 중심으로 가족 탐구에 나서보고자 한다.

건강한 가족 만들기

최근 건강가족이 사회적 화두이다. 건강한 가족이라 하면 신체적으로 건강한 가족만을 의미한다고 오해하기 쉬운데, 세계보건기구의 건강의 개념을 보면 포괄적이며 총체적 관점이다. 즉 '건강이란 단지 허약하지 않은 상태나 병에 걸리지 않은 상태뿐만 아니라 신체적, 정신적, 사회적으로 완전한 안녕상태'를 의미한다.

다시 말해서 건강이란 우리의 몸이 질병에 의해서 약해지고 고통을 느끼는 수준을 넘어서서 정신적으로 스트레스를 받고 있는지 아닌지, 우울증이 있는지 없는지, 사회적으로 사람들과 원활히 지내고 있는지 아닌지 등을 포괄하는 개념이라 하겠다.

따라서 건강한 가족이란 심신이 모두 건강한 가족을 의미한다. 특히 심리적으로 가족이 건강함을 강조하는 의미이다. 이 장에서는 건강한 가족을 만들기 위한 기술에 대해 살펴보자.

🌱건강한 가족 만들기

며칠 전 신문에 보도된 자료에 의하면 통계청 자료 분석 결과 우리나라 전체 혼인가족의 약 24%가 재혼가족인 것으로 드러나 깜짝 놀랐다. 이는 네 가족 중에 한 가족은 재혼가족이라는 이야기로서 이혼율 상승에 따른 여파가 재혼가족 증가로 연결되고 있음을 알 수 있기 때문이다. 한 연구에 의하면 이혼한 사람 대부분이 재혼을 하고 재혼한 사람의 50% 이상이 또다시 이혼한다는 결과가 나온 적이 있다. 이 연구가 시사하는 바는 인간은 혼자 살기보다는 함께 가족을 형성해서 살려고 하는 기본욕구가 강하며, 재혼가족이 재적응하는 데는 처음 가족 만들기 적응에 못지않게 어려움이 많다는 것을 의미한다 하겠다.

최근 들어 우리 사회의 이혼율이 급증하여 사회 전체의 문제가 되면서 가족의 건강성에 대한 관심이 쏟아지고 있으며, 이제 건강한 가족 만들기는 국가적인 과제로서 그 중요성을 더해가고 있다. 따라서 처음으로 가족을 형성한 부부나 재혼가족을 형성한 재혼부부들이나 현 위치에서 건강한 가족 만들기에 최선을 다해야 하겠으며 그러기 위해서는 다음의 몇 가지 조건을 염두에 두어야 할 것이다.

유명한 가족학자인 스틴넷과 드프레인 박사가 25년간 건강한 가족을 연구한 결과에 따르면, 건강한 가족의 특징은 첫째, 가족구성원들이 서로의 복지와 행복을 촉진하기 위해 헌신하며, 둘째, 서로 상대방의 진가를 인정하고 고마움을 표할 줄 아는 **감사와 애정**을 가지고, 셋째, 대화기술이 뛰어나고 대화하는 시간을 많이 가지는 긍정적 커뮤니케이션이 있으며, 넷째, 가족들이 함께 보내는 시간의 양과 질이 높고, 다섯째, 삶에 대한 비전을 가지고 영성적 성장을 하며, 여섯째, 스트레스나 위기를 성장의 기회로 삼는, 스트레스와 위기에 대한 대처능력을 가지고 있는 것으로 보고했다.

가족을 건강하고 올바르게 이끌기 위해서는 첫째로 꼽을 수 있는 것이 바로 '헌신'이라고 한다. 헌신(commitment)이란 사전적 의미로 '서약' 또는 '책무'를 말하는데, 스틴넷과 드프레인 박사는 헌신이 모든 가족을 받쳐주는 기본적 토대임을 강조하며 서로 헌신하는 가정에 사는 사람은 버림받을지도 모른다는 두려움을 느끼지 않고, 모든 가족구성원들이 신뢰와 안정감을 통해 어려운 일이나 실패 속에서도 이겨낼 수 있다고 했다.

이렇게 중요한 헌신에는 여섯 가지 특징이 있는데, 첫째는 부부간의 헌신으로서 성적 충실을 포함한 부부 헌신이다. 배우자가 외도를 하면 상대방의 자아존중감에 치명적인 손상을 준다. 외도는 자신의 배우자에게 '너는 별것 아니다. 얼마든지 다른 사람과 대치할 수 있고, 너는 나를 성적으로 만족시킬 줄 모르는 존재다'와 같은 치명적인 메시지를 전달하는 것이므로 더 상처가 깊다. 따라서 부부간의 정조는 지켜져야 하고, 외도는 있을 수 없는 사건임을 명심해야 한다.

둘째는 개인에 대한 헌신으로서 부부간에만 필요한 것이 아니고 가족의 일부를 이루는 한 사람 한 사람이 다 귀한 존재이므로 가족끼리는 100% 서로를 주는 것과 목표의 공유가 있어야 한다. 셋째는 중요한 일에 먼저 헌신하는 것으로서 튼튼한 가족은 가족이 먼저이며, 다른 것은 아무리 중요하게 보여도 가족에 대한 헌신을 희석시킬 수 없다는 것이다. 그래서 가족을 일보다 우선순위에 둔다는 것이다. 넷째는 정직을 통한 헌신으로서 가족구성원들이 정도의 차이는 있지만 서로 정직한 것을 중요하게 생각한다. 다섯째는 가문의 전통에 대한 충실로서 가문의 전통은 가족의 응집력에 크게 기여하며, 가족들에게 사랑의 결속을 인식하게 만든다. 여섯째, 긴 여정에의 헌신으로서 건강한 가족을 만들기 위해서는 장시간에 걸쳐 헌신이 필요하다는 것이다.

이상과 같이 건강한 가족을 만들기 위한 조건과 그 기본이 되는 헌신의 여섯 가지 특징을 살펴보았는데, 무엇보다 이것을 각자의 가정 상황에 맞추어 실천하는 것이 더 중요하다 하겠다. 구체적인 실천 방법으로서 정기적으로 가족회의를 하는 방법, 부부관계에 어떤 위험 신호는 없는지 부부가 서로 이따금씩 점검하는 방법, 가족이 함께 가족과 관련된 좋은 책을 읽거나 영화를 보고 이야기를 나누는 방법 등이 있다.

건강한 가족은 개인의 행복뿐만 아니라 건강한 사회, 나아가 건강한 국가를 만들므로 우리 모두 건강한 가족, 행복한 가족 만들기에 적극적으로 참여하자.

건강한 가족과 스트레스 대처방법

파키스탄 대지진으로 사망자가 4만여 명에 달한다는 놀라운 통계에 이어 추가 지진까지 발생하고 있어 그저 아연할 뿐이다. 얼마 전 미국에서는 거대한 태풍으로 도시가 물에 잠겨 난리가 나더니 이번에는 또 지진으로 온 세계가 충격을 받았다. 이런 엄청난 자연재해로 가장 가슴 아픈 것은 창졸지간에 당하는 가족원의 죽음이다. 준비되지 않는 가족원의 죽음은 남은 가족에게 엄청난 스트레스를 준다.

현대사회에서 우리는 매일 스트레스를 받으며 살아가기 때문에 건강한 가족이 되기 위해서는 우선 스트레스 대처방법이 필요하다. 스트레스를 받으면 아드레날린이 분비되고 혈압이 올라가며 심장박동이 빨라진다. 이러한 스트레스를 여러 개월 경험하게 되면 부작용이 나타난다. 스트레스는 우리도 모르는 사이에 치명적인 영향을 미치기 때문에 '소리 없는 살인자'라 불리기도 한다. 그러나 건강한 가정은 각종 스트레스에 대처하는 소중한 통찰을 가지고 있다.

첫째는 '균형 잡힌 시각으로 바라보라'이다. 실례를 들면 부부가 기분 좋게 저녁을 먹으러 나갔다. 남편이 "뭘 먹지?" 하고 의견을 물었는데 아내가 "아무거나."라고 대답하여 이것이 발단이 되어 싸움으로 치닫게 되는 경우가 있다. 그러나 심하게 다툰 뒤 서로의 생각을 이야기한 결과 오해가 풀렸다는 것이다. 이처럼 부부간의 대화에는 균형 잡힌 시각으로 보는 것이 필요하다.

둘째는 '최선을 다한 뒤 하늘에 맡긴다'이다. 근심은 흔들의자와 같아서 아무리 흔들어도 그 어디에도 가지 못한다. 걱정은 에너지를 고갈시키고 두렵게 하고 효율적인 기능을 마비시키므로 내가 할 수 있는 한 최선을 다하고 나머지는 하늘에 맡기면 마음이 편안해진다.

셋째 방법은 '자신보다 더 큰 것에 초점을 맞춘다'이다. 어떤 사명감이나 목적 등을 가져 우리 자신보다 더 큰 것에 눈을 돌리면 일상생활의 스트레스에 대처하는데 안정감이나 평온함을 얻을 수 있다. 즉 건강한 가족은 가장이 자신의 사업스케줄이 본의 아니게 엉망이 될 때 가족과 함께하는 시간을 가지는 것에 초점을 맞추면 스트레스로부터 빠져나올 수 있다.

넷째 방법은 '유머 감각을 잃지 않는다'이다. 건강한 가족들은 유머가 스트레스에 좋은 해독제라고 말한다. 실례로서 어느 날 한 부부가 저녁식사 초대를 받아 외출할 준비를 하다가 시간이 늦었는데, 남편이 그 집에 가지고 갈 음식을 잔디 위에 떨어뜨리면서 바지도 함께 버려 남편은 할 수 없이 다른 옷으로 갈아입고 출발했다. 이미 약속 시간에 늦어 속력을 내어 달리다 보니 교통신호를 위반하게 되었고, 경찰관이 면허증을 검사하자 면허증이 들어 있는 바지를 갈아입었다며 통사정을 하여 가까스로 초대받은 집에 도착했다. 남편은 그 집 주인에게 "늦어서 미안하지만 여기 온 것만도 천만다행이야." 하면서 그가 겪은 이야기를 유머스럽게 이야기했다. 남편의 유머감각으로 그들이 겪은 혈압이 오를 만한 일은 재미있는 이야깃거리가 되었다. 또 다른 예는 근육이 수축되는 퇴행성질병에 걸린 용기 있는 한 여성이 온몸을 수술한 후 자신은 '인체공학 여인'으로 다시 태어났다며, "척추에 박은 금속 때문에 공항에 가면 금속탐지기 울리는 소리가 요란할 거야." 라고 하여 주위를 웃겼다. 그녀의 정신력과 유머는 많은 사람들에게 자극이 되었다.

다섯째 방법은 '한 번에 한걸음씩'이다. 너무 앞서서 걱정할 필요는 없다. 건강한 가족은 과로하지 않고 우선순위를 정해 놓고 단순화시킨다. 직장과 집안일로 힘든 한 부인은 어느 날 변화를 시도해 저녁을 손이 적게 가는 음식으로 준비하고 아들들도 식사준비를 돕게 했다. 그리고 남편은 설거지, 쓰레기 버리기 등을 도와 부인의 스트레스를 경감시켰다.

마지막으로 여섯째 방법은 '기분전환과 재충전'을 하는 것이다. 많은 건강한 가족은 자연과 야외활동을 즐기며, 운동을 한다. 운동은 스트레스를 이길 수 있는 가장 강력한 방법 중 하나이며, 애완동물을 키우는 것도 정서적 안정에 큰 도움을 준다.

이렇듯 건강한 가족은 일상적인 스트레스에 대해 여러 가지 대처 방법을 잘 활용하여 행복하게 살고 있다. 우리도 이 방법들을 활용해 보자.

건강한 사회를 위하여

최근 우리 사회는 성폭행, 성추행, 성희롱 등에 휘둘려 사회공동체가 끝없는 수렁으로 빠지는 기분이다. 여중생을 성폭행한 뒤 살해하고 시신을 유기한 '김길태 사건'의 충격이 채 가시지 않은 상태에서 청소년을 비롯한 여성을 성폭행하고 시신을 불태우는 등 잔혹한 수법의 성범죄가 잇따라 일어나 시민들을 갈수록 불안하게 만들고 있다. 이와 맞물려 뉴스에서는 성추행, 성희롱에 대한 사건들이 밀물처럼 쏟아져 나온다. 국회의원의 여대생 성희롱사건을 필두로 교사의 제자 성추행, 교장의 교사 성추행·성희롱, 장애인 복지관장의 직원 성추행·성희롱, 군인 대령의 부하 성추행, 군인 소령의 부하 딸의 성추행, 교장의 학부모 성추행·성희롱, 농촌 남성들의 장애여성 집단 성폭행까지 그야말로 점입가경이다. 이쯤 되면 가히 성희롱공화국이라고 해도 할 말이 없다.

저녁 뉴스에 갖가지 성추행, 성희롱 사건들이 한꺼번에 보도되자 뉴스를 함께 시청하고 있던 중학교 2학년 아들이 내게 묻는다. "엄마, 저 사람들 왜 저래요?", "글쎄다. 저 사람들이 미쳤나 봐." 어른으로서 아이의 질문에 당황스럽고 부끄러워서 할 말이 없다. 정말 미치지 않고서는 그런 행동을 도저히 할 수가 없는 사건들이 대부분이기 때문이다. 그래서 아들에게 말했다. "얘, 저런 사건들은 모두 여성에 대한 인권유린이야. 성교육의 기본인 상대방에 대한 인권존중이 제대로 안 되어서 그래. 넌 항상 여학생의 인권을 존중해야 해." 청소년기 아들은 "네."라고 서슴없이 대답하며 약속을 한다.

사회가 발전하고 민주화가 진전되면서 사회적 화두가 되고 있는 것 중의 하나가 양성평등이다. 건강하고 민주적인 사회가 되기 위해서는 여성과 남성 간의 인격적인 평등, 인권의 평등이 이루어져야 하며, 이를 위해 정부의 관련부처에서는 정책과제로서 양성평등연구가 많이 이루어지고 있다. 그럼에도 불구하고 실생활에서의 양성평등은 별로 이루어지지 않고 있는 것 같다. 아니 양성평등에 대한 일반인들의 인식조차 요원하다는 생각이 든다. 그 대표적인 사례 중의 하나가 최근에 잇달아 일어나고 있는 남성들의 여성에 대한 각종 성추행·성희롱 사건들이다.

뉴스에 언급되고 있는 여러 성희롱 사건들의 주범은 대다수가 중년 남성들이다. 사회 고위층에서부터 공무원, 교사, 군인, 농촌의 평범한 사람들에 이르기까지 사회의 모든 계층에서 이런 추악한 행태가 자행되고 있는 것이다. 그들은 자신의 행위가 상대방 여성에게, 그리고 사회공동체에 어떠한 악영향을 주는지 인식조차 하지 못한다. 그저 남자의 특권으로, 또는 기관장의 특권으로 부하 여직원에게 가벼운 농담을 했다고 생각하는 정도이다. 그들에게 그런 치졸한 성추행이나 성희롱을 자신들의 아내나 딸이 당했다고 생각해 보라고 하면 아마 백이면 백 모두 펄펄 뛸 것이 분명하다. 왜 자신의 아내나 딸은 귀한 줄 알면서 왜 남의 아내나 남의 딸은 함부로 성희롱 감으로 삼는 것일까? 이 모든 의식의 기저에는 상대방, 특히 여성에 대한 기본적인 인권존중이 없기 때문이다.

모든 여성과 남성은 똑같이 평등하게 인격존중을 받을 가치가 있다. 사회가 건강한 공동체로 거듭나기 위해서는 구성원 모두가 서로의 인권을 존중해주는 인식과 노력이 필요하다. 남성들이 가볍게 생각하는 성희롱마저도 상대방 여성에 대한 인권유린이라는 의식을 자각해야 한다. 사회의 양성평등을 위해 협력이 필요한 곳은 대중매체를 만드는 제작진들이다. 최근 TV의 몇몇 프로그램들에서 젊은 연예인들의 과도한 신체노출과 춤이나 야한 농담을 조장하고, 그것을 즐기는 중년 남성과 여성 방청객들 모습을 방송하고 있다. 이는 부모와 함께 그 프로그램을 시청하고 있는 청소년들의 생각을 왜곡시키고 그들이 성장하면 성희롱을 반복하는 세대를 양성시킨다는 점을 자각해야 한다. 물론 그런 프로그램을 시청하게 하는 부모도 청소년에게 끼치는 해악을 생각하고 경계해야 할 일이지만, 대중매체의 제작진 역시 이런 방송오염의 영향을 자각하여, 사회의 공익성에 부합하는 건강한 프로그램을 만드는데 솔선수범해야 할 것이다.

건강한 사회는 일부 개인의 힘으로만 만들어지지 않는다. 국가와 지역사회, 교육, 대중매체의 제작진 모두의 노력이 함께할 때 우리 사회도 더 이상 성추행·성희롱 사건으로 얼룩지지 않고, 밝고 건강한 사회공동체가 될 것이다. 모두의 각성이 필요하다. 성희롱도 인권유린임을!

건강가정지원센터 활성화의 필요성

최근 신문기사에서 중산층의 '빈곤 추락'을 다루는 충격적인 기사를 읽었다. 가족에 관심이 많은 나에게는 중산층의 빈곤 추락보다 '중산층의 가족해체' 상황이 더 눈에 번쩍 띄었다. 세상에 이럴 수가! 단란한 가족을 이루며 멀쩡하게 살던 한 가족이 어느 날 갑자기 가정해체가 되며 수렁으로 빠져들었다. 남편이 보증 사기를 당해 빚더미에 치여 아내는 학교 교사라는 직장을 잃고 결국에는 이혼까지 한다. 전직 교사였던 아내는 두 아이를 친구에게 맡기고 서울로 무작정 상경하여 일용직인 청소부 생활을 하면서 월 50~60만 원을 벌어 20만 원을 아이들에게 부친다는 기막힌 사연이었다.

이런 가족을 어떻게 도와줄 수 있을까? 지금까지 가정에서 일어나는 다양한 문제는 '가정'의 책임으로 간주되어 국가나 사회의 주목을 받지 못했으나 최근 들어 이혼율 급증, 실직과 신용불량자의 증가, 아동 및 노인 학대, 가정폭력 등으로 인한 가족해체 현상은 가정을 심각한 위기로 몰아가고 있다. 이제 가정의 문제는 사회나 국가의 문제와 분리될 수 없으며, 위기에 처한 가정이 어려움을 극복할 수 있도록 국가가 도와주어야 한다는 사회적 공감대가 형성되고 있다. 정부도 가정을 국가적 차원에서 적극 보호하고 지원책을 마련해야 한다는 것을 인식하고, 요보호 가정, 사후해결 중심에서 벗어나 예방차원에서 통합적 복지서비스를 제공해야 한다는 사회적 요구에 따라 2003년 12월 '건강가정기본법'을 출범시킨 바 있다.

건강가정기본법은 건강한 가정생활을 유지하기 위한 국가와 지방자치단체 등의 책임을 명백히 하고, 가족원의 복지증진에 이바지할 수 있는 지원정책을 강화하도록 명시한 법으로서 2005년 1월부터 전국 시·군·구에 건강가정지원센터를 설치하도록 하여 현재 중앙건강지원센터와 전국 6개 지역에서 본 사업을 실시하고 있다.

건강가정지원센터에서는 가정문제 발생의 예방과 치료, 건강가정교육, 가정문제 상담, 가정생활문화 발전, 그리고 건강가정을 위한 프로그램 개발사업 등을 실시하고 있다. 건강가정지원센터의 3가지 핵심사업 중의 하나인 가정생활교육 사업은 가정 중심의 통합적 서비스를 제공하고 있는데, 오늘날의 가정해체 현상을 미연에 방지할 수 있는 가장 절실한 예방교육 중의 하나가 아닌가 생각된다. 왜냐하면 최근 빈곤층으로 추락한 100명을 대상으로 한 심층 면접조사 결과를 보면 빈곤 추락자 절반이 가정해체를 경험한 것으로 나타나서 만약 가정생활교육 등이 선행되었더라면 이런 어려운 상황 속에서 부부가 쉽게 헤어지기보다는 합심해서 어려움을 헤쳐 나가는 쪽으로 행동할 수 있지 않았을까 생각하기 때문이다.

가정해체는 빈곤 추락 과정에서 나타나는 일반적 현상이다. 사업실패나 중병, 빚보증 등으로 가계가 급격히 기울게 되면 부부간에 다툼이 잦아지고 결국 별거나 이혼으로 이어져 경제적인 어려움이 가중된다. 이혼이나 배우자와의 사별은 여성에게는 빈곤 추락의 직접적 원인이 되며, 사고나 질환이 발생하여 생활고 때문에 아내가 가출하면 남편 역시 우울증이나 술에 빠지면서 근로능력을 잃어 빈곤 탈출이 사실상 불가능해진다. 이처럼 남편과 아내 모두 어려운 상황을 회피하거나 도피해 버리면 빈곤의 수렁에서 헤어 나오지 못하게 된다. 따라서 이러한 위기상황을 부부가 잘 대처하여 지혜롭게 이겨나가는 전략이 무엇보다 필요하다 하겠다. 문제 상황에서 가족을 튼튼하게 지켜

나갈 수 있는 것은 바로 가족의 건강성이다. 부부가 어려운 난관에 직면하여 흔들리지 않고 어떻게 헤쳐 나갈 수 있을지, 그리고 자녀들은 부모와 함께 어떻게 노력해야 가족이 깨어지지 않을지 등은 우리 모두 생각해 보아야 할 중대한 문제이다. 최근 우리나라의 어느 정당에서 '가족 Up-grade 프로젝트' 세미나를 준비하는 것도 이러한 중요성을 깨닫고 준비하는 맥락으로 보인다.

건강가정지원센터의 가정생활교육 사업은 건강한 가족을 유지하기 위해 매우 필요하고 중요한 사업이다. 현재 대만이나 미국, 프랑스, 독일 등 가족강화 정책을 펴고 있는 나라들은 가정생활교육을 의무화하거나 가족위원회를 통해 지역마다 강화시키고 있는 실정이다. 우리나라도 건강한 가족을 위한 가정생활교육의 대중화를 위해서 정책적 지원이 뒷받침되어야 하겠다.

건강가족과 가족친화정책

지난 3월 이후 우리나라 여성부가 여성가족부로 확대 개편되면서 우리나라의 가족정책은 양성평등의 가치를 지향하는 새로운 패러다임으로 전개되고 있다. 민주적이고 양성평등한 가족정책은 여성과 남성이 경제활동을 하면서 함께 가사노동과 양육을 분담할 수 있도록 지원하는 것에서 출발한다. 여성이 결혼 이후에도 원만하게 경제활동을 지속할 수 있고, 남성 또한 자연스럽게 육아를 담당할 수 있게 하기 위해서는 가족친화정책이 필연적으로 함께 뒤따라야 한다.

선진국의 경우 이미 가족친화정책을 펼치고 있고, 이에 맞추어 회사도 가족친화경영으로 나아가고 있다. 현재 선진국의 기업들은 저출산·고령화·가족해체 시대의 벽을 넘기 위해 '일과 가정의 조화'라는 새로운 경영전략을 쓰고 있다. 이른바 가족친화경영으로 직원들이 회사와 가정 사이에 끼여 아까운 경력을 포기하거나 업무에 집중하지 못하는 경우가 없도록 회사가 적극적으로 직원의 가정문제를 배려하여 경쟁력을 높이고 있는 것이다. 그 대표적인 사례들을 살펴보면 다음과 같다.

우선 근무시간을 탄력적으로 조정하는 방법이다. 미국 S회사의 한 직원은 아들을 키우기 위해 금요일 오후 일찍 퇴근하는 대신 평일에는 더 일찍 출근한다. 그는 원래 아이를 키우기 위해 파트타임 근무로 전환하려 했으나 회사에서 근무시간을 조정해 줘 아이를 키우기 전과 똑같이 일할 수 있었다. 다른 B회사에서도 '탄력근무 옵션' 제도를 운영하여 직원은 회사와 협의해 일정기간 동안 파트타임으로 전환할 수 있고 근무시간을 줄이는 것도 가능하며, 출퇴근 시간도 자신의 사정에 따라 조정할 수 있다. 독일의 한 제약회사에서는 전체 직원의 약 12%가 파트타임 근무 또는 휴직중이고, 집에서 일하는 직원도 160명 정도여서 그야말로 재택근무가 정착되어 우리에게 많은 시사점을 준다.

다음으로는 남자 직원의 사고를 변화시키는 방법이다. 일본의 S회사는 회사에서 남자 직원의 출산휴가를 공개적으로 권고하고 있다. 이 회사의 한 남자 직원은 최근 부인의 출산에 맞추어 2주간의 출산휴가를 다녀왔다. 그는 갓 태어난 아기와 부인에게 훌륭한 아빠와 남편 노릇을 한 것 같아서 뿌듯하고, 휴가 뒤 업무 능률도 더 오른 것 같다고 자신의 의견을 밝혔다. 이 회사의 홍보담당자는 "남자는 밖에 나가 일하고 육아와 가사는 여성이 전담하는 시대는 갔다. 이제 사회에 진출한 여성이 제 능력을 발휘하기 위해서는 남자도 육아와 가사에 발 벗고 나서야 한다."고 강조했다. 맞벌이부부로 살고 있어도 아직도 육아와 가사는 대부분 여성이 담당하는 우리의 현실을 생각할 때 정말 부러운 직장환경이라 하겠다.

일본의 한 화학회사는 1년간 육아휴직을 이용한 남자 직원이 5명이나 있으며, 미국 S회사의 경우도 육아혜택 수혜자의 4분의 1이 남자 직원이라고 한다. 독일의 한 방송국에는 지난 1개월 동안만 4명의 남자직원이 출산 휴가를 신청한 것으로 나타나 이러한 일이 전무한 우리나라의 직장환경과는 큰 대조를 보였다.

선진국들의 이러한 가족친화경영이 시사하는 바는 무엇일까? 선진국의 기업들은 이처럼 직원들의 가족을 생각하는 가족친화정책에 따른 직원들의 인적관리 비용을 일종의 '투자'라고 여기고 있다. 왜냐하면 직원들의 가사부담을 덜어주기 위해 적지 않은 비용이 들어가는 것은 사실이지만 변화된 사회환경 속에 기업경쟁력을 높이기 위해선 필수적이기 때문이다. 즉 회사경영자들은 직원들의 가정이 불행하면 기업경쟁력을 높일 수 없기 때문에 직원들에 대한 관리 지원비가 막대하게 지출되어도 장기적으로 볼 때 이는 기업 경쟁력 제고로 이어져, 직원들의 회사에 대한 신뢰관계가 구축되면서 오히려 회사를 위해 열심히 일하기 때문에 이익이라는 관점이다. 더구나 앞으로 출산율 저하 때문에 노동력 부족이 심각해져 사회의 가장 큰 문제로 부각되면 여성 노동력을 사용하지 않을 수 없고, 그때가 되면 가사를 여성과 남성이 분담할 수 있도록 각 기업들이 지원하지 않으면 안 될 것이라는 점을 지적했다.

낮은 출산율로 세계 기록을 세우고 있는 우리나라가 귀 기울여 들어야 할 부분이다. 무엇보다도 법적인 육아휴직조차 제대로 못 쓰는 우리의 직장환경이 바뀌어야 할 것이다. 가족이 건강해야 기업과 국가가 함께 산다는 것을 명심하자.

건강가정육성기본법

요즈음 우리 사회를 살아가는 데에 커다란 구심점이 필요하다는 생각이 든다. 왜냐하면 하루가 무섭게 갖가지 사건사고가 터져 우리를 혼란스럽게 하고 있기 때문이다. 경제가 어려워지면서 나타나는 각종 사회범죄들 속에 증가하는 이혼율, 자녀를 데리고 동반자살을 시도하는 부모들, 경제를 비관해 자살하는 가장과 주부들, 대기업 총수의 충격적인 자살, 중소기업 사장들의 자살, 카드 빚으로 강도가 되거나 자살을 시도하는 청년들과 가장들. 이루 헤아릴 수 없는 사건·사고들이 발생하면서 우리는 그 어느 때보다도 가정의 중요성을 실감하게 된다.

이렇게 어려운 때 가정이란 기초 공동체라도 튼튼해야 우리를 둘러싼 각종 시련들을 이겨 나갈 수 있을 것 같은데, 현실은 오히려 반대이다. 사회의 기본단위인 가정마저 흔들리고 있으니 사회 전체의 진동이야 말할 나위가 없다. 그 대표적인 결과로서 이혼율 세계 2위라는 가공할 만한 현실이 우리에게 다가왔다. 10년 전만 하더라도 우리나라의 이혼율이 세계 2위가 되리라는 것은 상상도 못할 일이었다. 유난히 가족주의를 지향하며 가족공동체의 끈끈한 유대를 자랑하던 우리의 결속력 강한 가정공동체는 끝없이 지속될 것 같았다. 그러나 IMF

와 경제불황의 늪을 허우적대면서 극심한 사회변화의 소용돌이와 함께 주부의 가출, 가장의 자살, 청소년의 가출 및 자살, 아동학대, 가정폭력, 노인학대 등 끝없는 가정 파탄 문제나 가정기능 상실 등의 문제 또한 심각한 수준에 이르렀음을 부인할 수 없다.

이제 우리나라도 몇 년 전 미국의 클린턴 행정부가 건강한 국가를 만들기 위해 건강한 가족을 구현하겠다는 목적 아래 실시했던 '이혼과의 전쟁'처럼 가족을 돌보기 위해 국가가 무엇인가를 실시하지 않으면 안 될 지경에 이르렀다. 이러한 시점에서 최근 '대한가정학회'와 '가정복지 특별위원회', 그리고 '건전가정육성기본법 추진위원회'를 주축으로 논의되고 있는 '건전가정육성기본법'의 국회 입안 문제는 반가운 소식이 아닐 수 없다. 현재 우리나라의 가족해체현상이 심각한 수준이고 가정이 사회를 안정적으로 유지하는 기반이라고 볼 때 가정문제를 해결하고 건강한 가정을 육성하기 위해서는 가정 중심의 통합적 복지서비스 체계가 필요하며, 이를 위한 행정적·제도적 기틀의 마련은 시대적으로 요청되는 과제라 하겠다.

지금 논의되고 있는 건강가정육성기본법의 기본방향은 첫째, 가정기능 강화를 통한 가정의 자립증진, 둘째, 가족해체 예방을 통한 사회비용 절감, 셋째, 가족의 다양한 욕구충족을 통한 사회통합 문화계승, 넷째, 민주적인 가족관계와 역할 공유, 다섯째, 가족공동체 문화 조성을 통한 사회통합 문화계승, 여섯째, 가정친화적 사회환경의 조성, 일곱째, 가족의 건강증진을 통한 건강사회 구현, 여덟째, 가정지원 정책 추진과 관련한 재정조달 등에 관한 것이다. 이들은 모두 현재까지 사회에서 문제가 되고 있는 국민 전체 가정의 불안정한 가족문제를 나름대로 조정해 줄 수 있는 최소한의 역할을 담고 있다는 생각이다.

이러한 정책이 입안된다면 우리나라의 현재 당면과제인 가족해체 방지나 건강가정 육성을 위한 대책이 충분히 강구될 수 있으리라 본다. 이 정책의 효과는 가정을 최대한 보호하여 결집시키고, 아울러 가족구성원인 사회구성원들이 각자의 자리에서 안정되게 자신의 의무와 책임을 다함으로써 사회의 능률과 안전을 가져오며, 나아가 국가경쟁력 향상에도 일익을 담당하여 말 그대로 가정의 보호가 사회의 안정 및 국가경쟁력을 높이는 효과를 보일 것이다.

지금처럼 사회가 혼란스럽게 부글거린 적은 별로 없었다. 온 나라 구석구석에서 시위와 파업, 갈등과 분열로 국민들이 신음하고, 가정이 해체되며, 개인은 피폐해지고 있다. 이런 사회분위기를 언제까지 방치할 것인가? 가정만이라도 한시 바삐 제 기능을 다하도록 해야 한다.

가족 간의 건강한 상호관계가 그 어느 때보다 절실히 요구되는 시점이다. 이제는 갈등의 질곡에서 벗어나 우리 모두 건강하고 따뜻한 공동체를 구현해야 한다. 물론 개인이나 가족의 노력이 우선적으로 필요하지만 나아가 정책적인 배려 또한 절실히 요구된다. 곧 개최될 공청회 결과로서 이 법안이 통과되길 진심으로 바란다.

건강한 가족관계

최근 우리나라는 이혼율이 급격히 증가하고 있어 사회문제가 되고 있다. 통계청이 11일 펴낸 자료에 따르면, 지난해 우리나라는 인구 1천 명 중 2.5쌍이 이혼하여 경제협력개발기구(OECD) 30개 회원국 중 8번째로 이혼율이 높은 것으로 나타났다. 이는 OECD회원국 중 이혼율이 가장 낮은 이탈리아의 5배로 나타났으며, 스페인(0.9쌍), 일본 (1.9쌍), 프랑스(2.0쌍), 독일(2.3쌍)보다도 높다.

이혼은 단순한 부부 당사자만의 문제가 아니라 자녀에게 장기적이며 치명적인 악영향을 줄 수 있다. 특히 자녀의 연령이 어릴수록 이런 영향이 더 심한 것으로 많은 연구결과를 통해 보고되고 있으며, 이혼으로 인해 부모에게 버림받았다고 여기는 아동은 미래에 대해서도 불안감을 느낀다. 즉 심리적 안녕에 영향을 미쳐 자존감을 낮게 하고 올바른 사회생활을 해나가는데 많은 장애를 주어, 개인뿐만 아니라 사회구조에도 지대한 영향을 미치게 된다. 따라서 국가차원에서 가족에 대한 관심을 적극적으로 보여야 할 시기라고 생각한다. 왜냐하면 건강한 가족이 무너지는 그만큼 그 부작용을 치유하기 위한 사회적 비용을 결국은 국가가 부담해야 하며, 이는 나아가 우리 모두의 부담이 되기 때문이다. 1995년 '한국 건강가족 실천운동 본부'가 결성된 이후 건강가족 발전 방향을 위한 많은 학술세미나와 워크숍이 관련 학회에서 개최되고 있는 것도 이러한 맥락이다.

가족을 구성하는 중심축은 부부이다. 부부의 관계가 건강할 때 가족구성원이 모두 건강할 수 있다. 즉 부부 사이, 부모-자녀 사이, 형제자매 사이에 건강한 관계가 확립될 수 있으며, 기능적인 건강한 가족으로 이루어진 사회는 변화에 잘 대처하는 기능적인 사회가 될 수 있다.

가족의 기본목표는 가족의 공동욕구를 충족시키고 개개인의 성장과 발달을 도와주며, 가족구성원의 정서적인 안식처를 제공하고 나아가 건강한 사회의 일원이 되도록 하는 데 있다. 가족의 전체적인 체계가 이러한 목표를 잘 달성하고 있을 때에 건강가족, 건전가족 또는 정상기능가족이라 한다. 건강이라는 개념은 본래는 신체적 개념으로 '몸에 병이 없음, 튼튼함' 등이나 WHO(The World Healthy Organization being)에서는 '건강이란 단순히 질병이 없는 상태만이 아닌 신체적·정신적 행복의 상태'로 규정하고 있다. 여기서 '정신적 건강'은 생활에 대해 행복하고 희망적이며 정력적인 감정을 갖는 것으로, 불안감이나 신체적 이상증세 등이 나타나지 않는 상태를 말한다. 그러므로 건강가족이란 가족원의 신체와 정신의 건강이 모두 고려되는 상태를 의미한다.

올해 실시된 진주가정폭력 상담소의 지난해 상담 내용분석에 의하면 면접상담 총수 445건 중에서 이혼에 관한 상담이 262건으로 가장 크게(58.9%) 나타났으며, 다음으로는 부부관계가 40건으로 비중 있게(9.0%) 나타났다. 특히 부부관계는 그 전 해와 비교해볼 때 거의 3배 이상 증가되어 가족에 있어 부부관계의 중요성을 알 수 있다.

미래사회에 어떤 변화가 온다 할지라도 가장 본질적인 가족의 기능인 자녀사회화 기능은 변하지 않을 것이다. 밝고 건강한 가족관계를 형성하고 있는 가족 내에서 성장한 자녀와 그렇지 못한 가족에서 자라난 자녀들의 사회 기여는 질적·양적으로 차이가 날 게 뻔하다. 건강하지 못한 역기능적인 가족에서는 가정폭력, 만성불안과 스트레스, 그릇된 가족의식이나 가치관이 전수되어 바람직한 사회인으로 육성되지 못하므로 그들을 건강한 가족으로 전환시키는 데에 몇 배의 노력과 금전적 비용이 든다.

우리나라는 가족정책이나 가족복지정책이 부재한 나라로서 가족문제나 가족복지에 관한 업무를 종합적으로 다루는 전담 부서가 없다. 그러나 가족의 중요성이 더욱 강조되는 이 시점에 가족의 문제를 종합적으로 다루는 전담 부서의 설립은 시급한 실정이며, 미국 일부 주에서 시행되고 있는 결혼허가증 제도, 결혼준비교육 및 상담과 같은 결혼과 가족관련 법제화 작업도 앞으로는 고려되어야 할 과제이다. 21세기 우리의 주요 관심은 어떻게 하면 좀 더 행복하고 성공적인 삶을 사느냐 하는 것인데, 이를 위해서는 무엇보다 건강한 가족관계가 선행되어야 할 것이다.

가족의 유대, 건강한 사회의 원동력

최근 진주 출신의 한 여고생이 암투병중인 아버지의 병간호를 하면서도 자신의 꿈을 이루기 위해 원하는 대학의 한의과에 당당하게 진학해 화제가 되었다. 1남1녀 중 장녀인 J여고 S양은 고 1때 대장암에 걸려 투병중인 아버지를 극진히 돌보며 학업에 정진하여 3년간 줄곧 전교 1등을 유지했고, 고교 2학년 때는 장학생으로 선발되는 등 모범학생으로 칭찬받았다. S양이 이처럼 어려운 가정환경 속에서도 자신의 꿈을 지켜나갈 수 있었던 것은 바로 가족 간의 깊은 유대관계가 토대가 되었다고 볼 수 있다.

가족 간의 유대란 가족구성원간의 정서적인 결속력을 의미한다. 가족 간의 유대 또는 가족의 결속력은 우리나라 가족에서 특히 높은데, 그 이유는 우리나라는 예로부터 전통적인 유교주의 가치관 아래 가족 내 공동가치를 추구하는 가족주의 가치관이 강하기 때문이다. 따라서 현대사회에서 가족 간의 결속력은 사회변화에 따라 그 정도의 차이는 있지만 여전히 높은 가족결속력을 보이고 있다. 이를 증명해 주는 것 중의 하나가 2010년 여성가족부가 실시한 2차 가족실태 조사결과이다.

2005년 제1차 가족 실태조사 후 5년이 지난 지금 우리나라 가족이 어떠한지 2010년에 두 번째로 조사한 2차 조사결과를 보면, 그동안 제법 변화된 가족에 대한 인식과 가치를 볼 수 있다. 즉 가족을 인식하는 범주가 좁아졌으며, 평등성도 더 높아진 것으로 보인다. 하지만 민주적으로 변화된 성역할 태도에도 불구하고, 가사와 돌봄은 현실적으로 여성에게 집중되고 있는 불공평도 드러났다. 그러나 이번 실태조사에서 가족의 중요성과 관련하여 보여준 것은 사회의 급속한 변화와 치열한 경쟁, 혼란 속에서도 가족은 여전히 각 가족구성원들에게 정서적 기능을 담당하고 있다는 사실이다. 이는 각 개인들에게 가장 의지가 되는 사람이 누구냐는 질문의 대답으로 '배우자·자녀·부모'라고 응답한 비율이 절대적으로 많았기 때문이다.

또한 성인 자녀와 노부모와의 관계에서 성인 자녀는 노부모에게 의지 상대방과 말벗 등 정서적 기능을 하고 있음이 부각되었다. 이러한 결과는 현대사회의 변화에 따라 가족의 중요성이 감소할 것이라는 일부 가족비관론적인 입장을 가진 사람들의 우려와 달리 가족은 여전히 중요한 정서적 기능을 담당하고 있는 것으로 나타났다.

또 하나 가족의 유대와 관련하여 중요한 시사점을 준 것은 가족이 함께 참여하는 여가활동의 중요성이 나타난 점이다. 가족이 함께하는 여가활동은 가족의 결속과 가족구성원 간의 관계의 질을 개선시킬 수 있다는 의식, 즉 '가족여가의 긍정적 기능'이 강조되고 있다. 사실 그동안 우리 사회는 여가활동에 대해 부정적 인식을 가져왔다. 그것은 아마 우리나라 경제부흥 초기 새마을 운동을 전개하면서 근면

성을 강조했는데, 그 당시에는 '여가'라는 개념은 생산에 반대되는 개념, 즉 '노는 것'이라는 생각이 강했다. 하지만 오늘날 '여가'는 '생산력 향상을 위한 에너지 재충전'의 개념이 강하고, 무엇보다 가족이 함께 여가활동을 함으로써 가족 간의 유대를 강화시킬 수 있다는 점에 의의를 더하고 있다.

무엇보다 고무적인 것은 가계경제 상태의 불안정성과 미흡한 노후 준비에도 불구하고, 각 개인들이 자신의 가정이 비교적 건강한 편이라고 여기는 비율이 높았다는 점이다. 이는 그만큼 가족이 개인의 심리적 안정을 주는데 중요한 역할을 담당하고 있음을 보여 주는 측면이기도 하다. 돌봄과 생활의 가장 기본적 단위인 가족을 통해서 개인이 체득하고 경험하는 연대의식과 이타성은 건강한 가정의 표상이 되며, 가정의 건강성은 우리의 행복을 결정하는 핵심이 된다. 경쟁과 스트레스, 양극화와 빈부 차, 상대방적 결핍감 때문에 사람들은 불안할수록 더욱 '행복'을 추구하게 되며, 이러한 현대사회에서 가족의 정서적 역할이 앞으로 더욱 중요하게 될 것이다. 건강한 사회가 되기 위해서 우리 모두 건강한 가족, 강한 정서적 유대를 가진 가족을 만들도록 노력하자!

방화범과 가족의 역할

대구 지하철화재 참사가 보도된 지 일주일이 지나고 있다. 날마다 새롭게 추가되는 관련 소식들을 들으면서 안타까움과 분노, 어찌할 수 없는 무력감까지 느끼며 뒤숭숭한 날들을 보내는 것이 요즈음 우리들 일상의 한 면이라고 해도 과언이 아니다. 각 업무 책임자들이 조금만 더 안전에 대한 인식을 했더라면 이렇게까지 기막힌 참사는 면할 수 있었을 텐데 하는 아쉬움. 그런데 대구 지하철화재 참사의 직·간접적 책임론에서 조금 비켜나 방화범에 대한 문제를 가족과 연결해서 생각해 보자.

　대구 지하철화재 참사 방화범인 김대한(57세) 씨는 병원에서 화상 치료를 받으며 경찰조사를 받고 있었는데, 경찰관계자들이 놀랄 정도로 말을 또렷하게 하고 범행사실도 순순히 시인했다 한다. "혼자 죽기 억울했고 많은 사람과 함께 죽을 곳이 어딘가를 생각하다 지하철을 택했다."고 진술하는 그는 더 이상 정신질환자로 보이지 않았다고 했다. 현재 김 씨의 부인(49세)과 딸(29세), 아들(28세)은 종적을 감춘 상태인데, 이는 김 씨가 집안에서 따뜻한 대접을 받지 못했음을 짐작케 한다. 이런 어려운 시기에 가족들이 숨어 버린다는 것은 엄청난 현실에 대한 감당할 수 없는 도피 측면도 있겠지만 무엇보다 남편이나 아버지를 유기 또는 포기한 것과 마찬가지로 보인다. 만약 김 씨가 가족으로부터 따뜻한 사랑을 받고 있었어도 혼자 죽기 억울하다고 많은 불특정 다수의 사람들과 함께 죽기를 원했을까? 대답은 분명히 '아니다'일 것이다.

　사회로부터 소외 받는 많은 사람들이 어느 한 곳, 특히 가족으로부터 따뜻한 관심과 사랑을 받게 된다면 그나마 기댈 언덕이 있기 때문에 반사회적 행동이나 범죄로부터 구할 수 있다. 그러나 사회로부터 냉대 받고 가족마저도 자신을 받아들여 주지 않으면 자포자기 상태로 반사회적 행동을 저지르게 된다. 이를 반증해 주는 몇 가지 사건들을 보면 18일 오후 11시 40분경 수원의 모 나이트클럽이 한 남자에 의해 방화 위기를 당할 뻔했는데 범인을 잡고 보니 "특별한 이유 없이 세상이 싫어 모두 다 죽이고 싶었다."는 것이었다.

또 지난달 초 서울 구로구 일대에서 주차 차량과 슈퍼마켓 등 7곳에 불을 질러 구속된 김 모(19세) 군의 범행동기 역시 "부모의 사랑을 받지 못한다. 친구들마저 나를 무시한다."는 것이었다. 대구 지하철 방화사건처럼 아무데나 불을 질러 사회적 소외나 자신의 불만을 달래려는 이른바 '묻지 마 방화'이다.

불특정 다수를 겨냥한 선진국형 범죄가 최근 우리 주변에서도 급격히 늘고 있다. 생각하기에도 끔찍한 95년에 일본에서 일어났던 '옴진리교의 독가스 살포'나 지난해 10월부터 계속된 미국의 '얼굴 없는 저격 사건' 등이 우리나라에서도 일어날 수 있다는 것이다. 지난해 전국에서 발생한 화재는 3만 3천여 건인데 이 중에서 방화가 2천 7백70건(8.4%)으로 전년에 비해 늘어났으며, 대구에서는 지난해 12월 말부터 최근까지 30여 건의 차량방화가 있었다. 이러한 반사회적인 방화범죄에 대해 정신과 전문의들은 "자신의 분노를 방화 등의 범죄로 나타내는 경향이 뚜렷해지고 있다."며, "외환위기 이후 심화한 사회의 격변성, 빈부격차, 가치관 상실, 상대방적 박탈감 등이 작용하고 있는 것"이라고 분석했다.

문제는 이러한 범죄에 대한 특별한 예방책이 없다는 것이다. 이런 반사회적 행동은 한 개인이 한계상황에서 특정인 또는 사회에 대한 분노와 억울한 감정을 극복하지 못할 때 돌발적 성향이 나타나기 때문에 이런 사람들에게 제대로 된 상담이나 치료를 해주는 것이 그나마 사고를 줄이는 길이라고 한다. 따라서 장기적인 면에서 볼 때 앞으로의 대책방향은 지역사회를 중심으로 상담기관 등을 많이 만들어

이들을 대상으로 상담이나 치료를 해 주는 것이다.

또 한편으로는 각 가정에서 부모가 먼저 자녀를 제대로 교육하는 일이다. 이 말은 아주 원론적인 말 같지만 사실 가장 중요한 말이다. 결국은 이 모든 일이 각 가정에서 부모가 자녀를 제대로 키우지 못하기 때문에 생겨나는 일이라 해도 과언이 아니다. 부모는 자녀를 무관심이나 박탈감이 느껴지지 않도록 키워야 한다. 부모는 자녀가 제대로 성장해서 긍정적인 사회구성원으로 활동할 수 있도록 부모 역할을 다해야만 할 것이다.

건강한 가족, 건강한 사회

최근 우리나라 신문 사회면에서 가장 많이 기사화되고 있는 문제 중의 하나가 청소년 관련 비행 문제와 성폭력 관련 문제들이다. 특별히 우리가 청소년 문제에 관심을 가져야 하는 이유는 이런 문제 청소년들 역시 이 다음 우리 사회를 만들고 이끌어 가는 구성원들이 되기 때문이다. 따라서 현재의 청소년들이 바른 가치관을 형성하면서 자신의 잠재능력을 키워갈 수 있도록 우리 성인들이 그들을 안내하고 보호할 의무가 있다.

그런데 최근에 보도되는 신문기사들을 보면 성인들이 청소년을 보호하기는커녕 오히려 나쁜 수렁의 길로 내몰고 있다. 그 대표적인 예들을 살펴보면, 첫 번째가 이른바 원조교제라 일컫는 관계들이다. 사회의 지도층 인사들을 비롯하여 평범한 시민에 이르기까지, 하나같이 나이 많은 성인들이 미망에 빠져 철없는 어린 청소년들을 희롱하고 있는 것이다.

두 번째는 이런 원조교제의 분위기에 편승하여 성인들의 청소년에 대한 성폭력 범죄가 꼬리를 물고 있다. 이른바 신종 '채팅' 이용 범죄로서 컴퓨터 채팅을 통해 알게 된 미성년 청소년들을 유인해 성폭행을 하거나 다방종업원 등으로 팔아넘기는 등의 범죄로서 청소년들에게 결정적인 타격을 주고 있다.

세 번째는 나이가 들은 장년층에서 딸 친구나 이웃집 초·중등생 여자아이들을 성추행하거나 성폭행하여 치유할 수 없는 상처를 입히는 사건들이다.

이들 성인들은 왜 그렇게밖에 행동할 수 없는 것일까? 혹은 왜 그런 잘못된 가치관에서 헤어 나오지 못하고 있을까? 무엇이 문제일까? 청소년에게 해악을 끼치고 있는 이런 잘못된 성인들은 십중팔구 가족생활이 건강하지 못할 것이다. 자신의 가족과 함께 참 행복을 누리는 사람이 이런 잘못된 길로 들어갈 여지는 거의 없기 때문이다.

다시 말해서 한 가족이 건강하지 못하면 그 가족 구성원 모두가 행복하지 못하고 불만이나 우울 등의 잘못된 삶을 살아갈 수밖에 없다. 즉 건강한 가족은 건강한 사회를 구성하는 반면 건강하지 못한 가족은 건강하지 못한 사회를 만들며 따라서 각종 사회문제가 들끓는 사회를 만들 수밖에 없는 것이다.

이를 증명해주는 한 예가 있다. 미국은 작년 5월에 국가 차원에서 건강한 사회를 만들자는 캠페인을 벌이고, 그 첫 번째 목표를 이혼과의 전쟁으로 선포했다. 이는 우리가 주지하다시피 최근 미국에서 청소년의 총기난사 사건이 자주 발생하고 있어 사회적인 이슈로 부상하고 있으며, 우리나라 학생도 희생되어 직접적인 심각성을 느끼기도 했다. 미국 정부는 이러한 청소년 범죄의 근간을 이루는 것은 바로 가족이 건강하지 못하여 문제들이 생긴다고 보고, 우선 건강한 사회를 위해서는 각 가정을 건강하게 지켜나갈 필요가 있다고 인식하여, 청소년 탈선의 주 환경이 되는 이혼을 미연에 방지하자는 취지에서 만든 것이다.

그래서 각 주마다 졸업시험 통과과목으로 '결혼과 가족'이라는 강좌를 수강하게 하거나 관련 프로그램에 참여한 부부에게 세금감면혜택을 주는 등 다각적인 방안을 모색하고 있다고 한다. 이는 국가차원에서 건강한 사회를 구성하기 위한 선행조건은 건강한 가족구성이라는 것을 절실하게 자각했기 때문에 나타난 정책이라고 생각한다.

우리도 요즈음 충격적으로 나타나는 각종 사회면 범죄나 문제들을 그냥 범죄자들의 처벌만으로 끝낼 것이 아니라 근본적으로 치료할 방안을 모색해야 하겠다. 가족은 사회를 구성하는 일차적인 기초집단이므로 국가차원에서 건강한 가족 모색에 대해 관심을 기울여야 할 필요가 있다. 가정의 핵인 부부가 건강한 가치관을 가질 수 있도록 관련 프로그램을 개발하여 가족을 참여시키는 것이다. 구체적인 시행방법으로는 최근에 행자부에서 추진하고 있는 주민자치센터를 활용 할 수도 있을 것이다. 어쨌든 국가와 지역사회에서 이러한 자각을 하게 된다면 사회를 황폐화시키는 각종 문제들을 좀 더 근원적으로 해결할 수 있을 것이다.

결론적으로 현대사회의 많은 청소년 탈선이나 비행 문제들, 그리고 비행 성인들의 문제는 모두 건강하지 못한 그들의 가정에서 비롯되는 문제들이므로, 우리 모두 건강한 가족의 중요성을 다시 한 번 자각해야 하겠다.

전쟁과 평화, 가족의 소중함

21세기에 들어서면서 전 세계가 경악하고, 영화보다 더 드라마틱한 테러가 미국의 심장부인 뉴욕과 워싱턴에서 일어난 지 일주일이 지나고 있지만 아직도 전 세계는 그 후유증을 벗어나지 못하고 혼란 속에서 사태의 방향을 긴장으로 지켜보고 있다.

2001년 테러의 무자비한 만행을 보여 주는 뉴스 속에서 우리는 특별히 슬픔으로 울부짖는 많은 가족들의 모습을 보았다. 결혼한 부부 중 아내가 죽어가며 마지막으로 남편에게 사랑한다는 메시지를 남겨 놓고 떠나는 모습, 뒤늦게 사실을 안 남편이 테러로 폭파당한 현장에 접근하여 아내를 찾겠다고 울부짖는 모습, 남매 중 한 명은 죽고 한 명은 사는 비극 등, 테러참사 이후 남겨진 가족 모두가 홀로 떠난 가족을 찾아 헤매며 절규하는 모습들은 말 그대로 아비규환이었다. 이보다 더 참혹한 일이 있을까? 불시에 가족을 잃는 황당함이란 그야말로 남은 가족들에게는 삶의 의지를 꺾어버리는 일이다.

이번에 저질러진 테러의 무자비한 만행에 대해 미국 국민들은 모두 분노하고 있고, 보복을 해야 한다는데 국민의 90% 이상이 찬성을 보인다고 한다. 테러분자들의 악랄함과 만행들은 비난받고 처벌받아야 마땅하고 그 자체를 부정하는 사람은 아무도 없을 것이다. 그들은 명실공히 자신들이 행한 행동에 대해 책임을 지고 처벌을 받아야 한다. 그러나 여기에 간과하지 말아야 할 것이 있다. 테러를 자행한 일부 집단 때문에 다수의 많은 무고한 시민들이 희생되어서는 안 된다는 것이다. 그들은 아무 이유 없이 자신의 생명과 소중한 가족들을 잃게 될 것이다.

보복을 위해 전쟁을 감행하는 것은 일시적으로는 효과가 있을지도 모르지만 궁극적으로는 보복의 악순환을 낳을 뿐이므로 보다 신중하게 결정해야 한다. 왜냐하면 테러범뿐만 아니라 무고한 다수의 시민들이 희생함으로써 그들의 불타오른 분노가 또다시 복수를 다짐하기 때문이다. 며칠 전 일어났던 이스라엘과 팔레스타인 분쟁에서도 도시 공격으로 잠을 자던 무고한 가족 일부가 폭탄에 맞아 사망하는 사건이 있었는데, 남겨진 가족들에게는 죽고 싶을 만큼 괴로움과 함께 보복에 대한 맹세가 이루어질 수밖에 없다. 즉 보복전쟁에는 또 다른 보복이 필연적으로 악순환되기 마련이다.

미국의 부시 대통령은 이번 전쟁이 21세기의 첫 전쟁이 될 것이라고 선포한 바 있다. 그러나 우리는 1991년에 있었던 걸프전의 비극을 새삼 되새기지 않을 수 없다. "전쟁은 어떻게든 피해야 합니다. 최후의 수단이 되어야 합니다." 걸프전 당시 한국 국군의료지원 단장으로 중동에 파견되었던 한 대령이 그 당시 전쟁의 비참한 상황을 기억해 하는 말이 아니더라도 우리는 "모두가 비극의 희생자가 되는 전쟁이 다시 일어나지 않기를 기도한다." 는 마음이 간절하다. 우리 모두는 전쟁보다는 평화를 원한다. 전 세계 사람들이 평화를 원하는 힘이 강할 때 우리는 전쟁을 피할 수 있을 것이다.

여기 두 개의 시나리오가 있다. 하나는 만일 미국이 예정대로 아프카니스탄 공격을 감행한다면 현재 기아로 허덕이는 그 나라의 500만 명의 무고한 목숨은 그저 풍전등화일 수밖에 없고, 가족을 잃은 그들의 분노는 또다시 세상을 전쟁으로 몰아칠 것이 뻔하다. 그러나 반대로 미국이 테러 집단을 보복 차원에서 수사를 계속하되 신중하게, 그리고 점진적으로 테러범들을 체포해 나가면서 합리적인 응징의 수단을 강구할 때 세계는 더불어 평화를 누릴 수 있을 것이다. 그리고 무엇보다 소중한 가족을 지킬 수 있다.

21세기를 열면서 인류는 복된 삶을 희망한다. 고령화사회에서의 수명연장과 함께 단순한 삶의 연장이 아니라 보다 건강하게, 보다 행복하게 더불어 사는 삶의 여유를 향유하고 싶어 한다. 전쟁의 비참함이 아니라 소중한 가족과 함께 여유와 사랑으로 이루어지는 평화스런 삶을 원한다. 인간의 삶을 지탱시켜 주는 가장 큰 원동력 중의 하나가 가족이다. 때문에 가족을 잃은 슬픔이란 그 어떤 것도 대신해 줄 수 없고 위로해 줄 수 없다. 바야흐로 전쟁이 임박해 있다.

미국인뿐만 아니라 우리 모두는 함께 선택해야 한다. 전쟁이냐, 평화냐? 가족을 지킬 것인가, 가족을 파괴할 것인가? 인류의 현명한 판단을 기대한다.

성공적인
노화

인류의 수명이 놀라울 정도로 연장되면서 노인에 대한 개념을 수정하는 '새로운 노년학' 개념이 발전되고 있고, 그 중 핵심적인 개념의 하나가 '성공적인 노화'이다. 성공적인 노화란 늙어서도 효율적인 신체기능과 정신기능을 가능케 하는 많은 요인들이 있다는 개념에 뿌리를 두고 있다.

'성공적인 노화'는 가족과도 필연적으로 연결되어 있다. 가족은 가족생활주기라는 사이클을 가진다. 즉, 신혼부부가 가족을 형성하여 신혼기를 보낸 다음, 자녀를 출산하고 교육시켜 사회로 내보내는 확대기를 거치고, 마지막으로 노부부만 남는 노년기가 찾아오는데, 중년기 부부는 성공적인 노화를 준비해야 한다. 부부의 성공적인 노화는 모든 부부의 과제이다. 이 장에서는 최근 사회에서 화두가 되고 있는 성공적인 노화와 관련된 기술에 대해 살펴보자.

성공적인 노화(老化)

며칠 전 노인대학에 특강을 다녀왔다. 더운 날씨로 인한 뜨거운 실내공기에도 불구하고 400여 명의 노인들이 빼곡하게 앉아 관심 가득한 눈으로 강사를 쳐다보는 모습을 보면서 노인들의 활기 있는 모습이 정말 보기 좋았다. 작년보다 뭔지 모르게 젊어진 듯한 분위기가 느껴졌다. 평균수명 연장에 따라 노인들이 점점 젊어지고 있는 탓일까? 강사의 커다란 구령소리에 맞추어 노래와 운동을 신나게 따라하던 노인들의 모습에서 왠지 모를 즐거움이 느껴져 혼자 미소를 지으며 내 차례를 기다렸던 기억이 난다.

현대사회는 의술발달에 의한 평균수명의 연장으로 인해 노인인구가 급격히 늘어나고 있다. 우리나라는 이미 2000년에 만 65세 이상 인구가 7%를 넘는 '고령화사회'로 진입했으며, 우리 지역사회의 노인인구도 현재 약 9.1%로 나타나 노인복지 대책 마련이 시급함을 보여 주고 있다. 진주시에서 위탁한 노인대학의 경우만 해도 작년에는 400명씩 한 반으로 오전에만 운영하던 프로그램이 올해는 오전, 오후 두 반으로 나누어 운영되고 있어 급격하게 증가하는 노인인구를 피부로 느끼게 했다.

21세기는 장수시대로서 노인의 수명은 더욱 늘어날 추세이고, 앞으로는 노인이 얼마나 더 오래 살 것인가보다는 어떻게 살 것인가 하는 문제가 더 중요하게 대두되리라고 본다. 다시 말해서 성공적인 노화가 우리의 과제가 될 것이다. 따라서 이제는 노년기 삶을 질적으로 추구하는 문제, 즉 노인들이 행복하게 살 수 있도록 도와주는 방향으로 관심을 기울일 때가 되었다고 생각한다.

1997년에 사망한 프랑스의 잔 칼망 여사는 122세의 최장수노인이다. 장수노인의 특징을 연구한 학자들의 견해에 따르면 여사의 장수는 무엇보다 그의 생활태도와 습관 및 성격에 의해 성취된 것으로 보고 있다. 예컨대 칼망 여사는 평생 미소를 짓는 즐거운 마음으로 살았고, 풍부한 유머감각 발휘와 웃음 속에서 죽음을 전혀 두려워하지 않으면서 자존심과 독립심이 강하고 언제나 멀리 걷는 것을 좋아했다고 한다. 아마도 이러한 생활태도는 성공적인 노화의 한 실례를 제시해 준다고 볼 수 있겠다. 물론 성공적인 노화를 위해서는 어느 한쪽의 노력만으로 되는 일은 아니다. 개인과 가족, 그리고 지역사회와 국가가 모두 함께 노력해야 하는 문제이다. 그 중에서 가장 손쉽게 접근할 수 있는 측면은 먼저 개인이 행할 수 있는 생활태도일 것이다.

노인이 성공적으로 늙어가기 위해 행해야 할 개인적인 생활태도를 살펴보면, 첫 번째는 변화하는 사회에 적응하면서 스스로를 재사회화하는 문제이다. 예를 들어 해당 시나 관련 기관에서 운영하는 노인대학이나 노인 관련 평생교육 프로그램 등에 적극적으로 참여하여 자신을 변화시키는 것이다. 주어진 프로그램에 따라 강의를 듣고 자신에게 적용시켜 보고, 노래도 따라 부르고 운동도 하면서 그 시간 동안 자신을 새롭게 계발하는 것이다. 최근 70대에 학교에 입학하는 노인들도 가끔 나타나고 있는데, 이들은 '노년기'라는 빈자리를 다양한 모습으로 보람 있게 채우고자 하는 노인들로서 '새로운 문화'를 만들어 내고 있다.

두 번째는 마음의 평화와 안정을 도모하는 것으로, 종교에 귀의함으로써 자신을 다스려 성숙한 노인이 되도록 하는 것이다. 특히 사랑과 나눔을 실천함으로써 보다 성숙된 삶을 살아갈 수 있다. 세 번째는 칭찬에 인색하지 않는 노인이 되는 것이다. 많은 경우 노인들은 젊은 세대에게 칭찬의 말을 잘 하지 않는다. 물론 성장하면서 젊은 세대와 달리 의사소통이 자유롭지 못한 측면도 있겠지만 어쨌든 칭찬을 꺼린다. 그러나 노인세대가 칭찬을 자주 해 준다면 젊은 세대와의 관계도 훨씬 부드러워질 수 있다. 마지막으로 노화에 대한 시각을 바꾸는 것이다. 노인은 나이 듦을 슬퍼한다. 왜냐하면 그것은 죽음과 연결되어 있기 때문이다. 그러나 그 한정된 삶, 즉 죽음을 앞둔 시간이라는 제한이 있기에 우리의 삶이 더욱 빛날 수 있다고 하면 지나친 역설일까?

얼마 전 읽은 《내 영혼의 리필》이라는 책에서 가장 와 닿았던 부분은, 인간은 노년기에 접어들면서 인격적·영적으로 성숙할 가능성이 훨씬 더 많아진다는 것이다. 결국 성공적인 노화는 우리들의 마음먹기에 달렸다.

🌱 베이비부머 세대와 가족

《그대를 사랑합니다》라는 영화가 있다. 이 영화는 두 가지 큰 주제를 보여 주고 있다. 하나는 노년기 남녀의 애틋한 만남을 다루며, 데이트하는 모습이 20대 젊은이와 다르지 않음을 보여준다. 노인 두 사람의 서로에 대한 배려를 보면서 잔잔한 감동과 함께 노년기에 일어나는 사랑의 모습을 새롭게 각인하게 된다. 다른 하나는 자식에 대한 노부모의 끝없는 희생적인 사랑을 보여준다. 치매를 앓는 노모를 자식들이 돌보지 않고 모두 외면하는데, 그런 자식들을 원망하지 않고 치매 걸린 아내를 혼자서 극진히 돌보는 늙은 아버지를 통해 노년기 부부의 고귀한 삶의 모습과 함께 노년기를 어떻게 대비해야 하는지를 생각하게 한다.

이 영화에서 암시하듯 노년기에 새로운 사랑이 또다시 시작될 만큼 노년기에 대해 새로운 관점을 가져야 한다. 이는 평균수명이 길어지고 있기 때문이기도 한데, 늘어나는 평균수명과 함께 저출산·고령화 문제는 오늘날 시대적 화두이며, 은퇴에 따른 노년기에 대한 관점 역시 바뀌고 있다. 어제 발표된 한국 베이비부머에 대한 전격적인 연구결과는 이런 점에서 우리의 관심을 끌지 않을 수 없다.

베이비부머란 사회가 안정되면서 출생이 특별히 많았던 시기를 의미하는데, 현재 우리나라는 720만 명에 달하는 베이비부머들의 은퇴와 노화가 시작되고 있다. 베이비부머 세대의 노년기 진입이 마무리되는 2030년이 되면, 인구 4명 중 1명이 65세 이상 노인이 될 것이라고 하니 가히 본격적인 고령사회가 아닐 수 없다. 1955년에서 1963년 사이에 출생한 720만 명의 베이비부머들의 은퇴가 시작되면서 이 거대한 인구집단의 은퇴 및 노화가 가져올 사회경제적 파장 또한 대단할 것이기에 우리 사회가 주의를 기울이는 것이다.

2011년을 기점으로 볼 때, 베이비부머들은 현재 48세에서 56세까지의 연령대로서, 노동시장에서의 은퇴가 본격화되는 시점이다. 베이비부머들은 이전 세대에 비해 높은 학력과 경제력을 보유하고 있다는 점에서, 이들의 노년기의 모습에 대해 긍정적인 전망을 가능하게 하지만, 그러나 이 거대한 인구 집단이 준비되지 않은 노년기를 맞이하게 되면, 사회의 큰 부담으로 작용할 것이라는 우려 또한 만만치 않다.

이러한 문제의식 하에 최근 서울지역 K대 노화·고령연구소와 MK재단이 2010년 한국의 베이비붐들에 대한 최초의 대규모 패널연구를 시작하여 그 분석결과를 발표했다. 현재 우리나라 베이비붐 세대는 전쟁의 복구가 마무리되지 않은 시기에 태어나 산업화·도시화가 빠르게 진행되는 시기에 청년기를 보냈으며, 서구의 가치에 영향을 받은 동시에, 자아실현과 성취에 자극을 받은 세대이다. 그들은 절반이상이 농촌에서 성장하다 주로 10대와 20대에 학업과 직장 때문에 도시로 이주했으며, 이전 세대에 비해 교육수준이 크게 향상되었지만 그들 세대 내부의 교육격차는 매우 크다. 베이비부머 세대들 대다수가 자신을 중간계층으로 인식하고 있으며, 부모세대에 비해 계층이 상향이동했다고 생각한다.

베이비부머의 절반 정도가 자신이 베이비붐 세대라는 것을 모르고 있으며, 50세 전환기에 대해 심리적으로 부담을 느끼고 있는 것으로 나타났다. 그러나 자신이 너무 늙고 기회가 없다고 생각하지는 않았으며, 현재 자신의 삶에 만족하는 경향이 있다. 대부분 그들의 부모세대가 생존해 있으며, 손자녀가 있는 경우는 전체의 8.1%에 불과했다. 베이비붐 세대의 4분의 3 이상이 인구학적으로 '끼인 세대'이지만 실제로 자녀세대와 부모세대를 모두 부양하고 있는 경우는 전체의 4분의 1도 못 미쳤다. 그러나 2~3년 후 그들의 부모세대가 80세 이상 초고령층에 진입하면 '끼인 세대'의 역할이 커질 것이다.

가족생활과 관련하여 베이비부머 세대는 45%가 결혼생활에 만족하고 있으나, 부부갈등 시 회피적 대처를 주로 하고 있는 것으로 나타나 효율적으로 대처하지 못하고 있음을 알 수 있다, 이런 경향은 부부간 갈등이 누적될 가능성이 있는데, 실제로 이들 세대의 약 40%가 심각하게 이혼을 고려한 적이 있는 것으로 나타나 바람직한 부부관계를 위한 갈등대처 관련 프로그램 개발 보급이 요구된다.

무엇보다 평균수명이 길어지면서 노년기가 계속 증대될 것이므로 베이비부머 세대들의 노년기 가족생활에 관심을 가져야 할 때이다.

성인 후기와 평생교육

2월은 졸업 시즌이다. 2월 중순 초등학교 졸업식을 시작으로 중학교, 고등학교 졸업식이 줄줄이 이어지더니 하순에는 대학교 졸업식이 진행되고 있다. 대학 졸업식을 앞두고 경이로운 현상을 본다. 지방의 H대학 일본어학과에 84세의 여성 노인(장향례 씨)이 학사모를 쓴다는 기사였다. 성인 후기 중에서도 젊은 노인이 아니라 나이든 노인에 해당하는 84세의 여성 노인이 손자뻘 학생들과 나란히 학사모를 쓰게 되어 '배움에는 끝이 없다'는 우리나라 격언을 다시금 일깨워 준 놀라운 사건이다.

인류의 끝없는 의술 발달로 세계는 평균 수명 100세의 꿈을 향해 나아가고 있으며, 이는 곧 현실로 이루어질 전망이고, 우리나라 여성의 평균수명도 이미 80세를 넘어섰다. 인간의 평균수명 연장은 평생교육과 긴밀하게 맞물려 있다. 이는 인생이 길어지는 그만큼 교육의 기회가 연장되기 때문이다. 이전에는 대부분의 일반 사람들은 대학교육으로 교육이 끝맺음된다고 생각했지만, 요즈음은 학문을 하는 사람들 이외에도 많은 사람들이 자신을 계발하기 위해서 학교기관이나 공공기관에서 운영하는 평생교육원 등을 다니며 말 그대로 평생교육으로 진화하고 있다. 우리 사회에서 이제 평생교육의 개념은 더 이상 낯설거나 특수한 경우에만 해당하지는 않는 것 같다. 그러나 평생교육은 대체로 중년기 중심이거나 성인 후기 중에서도 젊은 노인 중심으로 이루어지는 경향이 있었는데, 이제는 성인 후기 중에서도 나이든 노인층이 평생교육에 계속 참여하는 추세이다.

그 구체적인 예가 바로 올해 지방대학 일본어학과를 졸업하는 장 할머니의 경우라 하겠다. 장 할머니는 이미 9년 전 75세의 나이에 성인(成人) 대안학교에 입학하면서 만학의 길에 들어섰다고 한다. 2개월 전 세상을 떠난 남편의 격려와 지원에 힘입어 2년 만에 중학과정을 마친 뒤 검정고시로 대입 자격을 얻었으며, 그 뒤 방송통신대학에 입학하고, 2008년에는 지방의 H대에 편입하여 오늘에 이르게 된 것이다. 특히 장 할머니는 지난 2년간 결석 한 번 없이 성실하게 학업에 전념해 평점 4.27점으로 학교에서 우수상과 공로상을 받는다. 누가 감히 상상할 수 있겠는가? 84세의 할머니가 20대 젊은이와 대결해서 평점 4.0점 이상을 받아낼 수 있으리라는 것을! 어쨌든 장 할머니는 해냈고, 이제 대학 졸업식을 눈앞에 두고 있다.

평균수명이 길어지는 고령화사회로 접어들면서 은퇴 이후의 노년기를 어떻게 보낼 것인가 하는 것은 개인뿐만 아니라 사회적 화두이다. 개인적으로는 은퇴 이후의 노년기 시작부터 약 50년에 가까운 세월을 어떻게 효율적으로 보낼 것인가에 대한 계획을 세워야 하고, 사회적으로는 정년퇴직 이후 후기 성인들의 활발한 노동력을 어떻게 효과적으로 활용해야 할 것인지가 과제이다. 이러한 문제들에 대한 해답의 하나로서, 성인들은 중년기 무렵부터 평생교육 차원에서 자신들의 인생을 재설계하고 계획해야 한다. 왜냐하면 노년기에 들어선 다음 자신의 인생 후반부를 새롭게 준비하기에는 한계가 있기 때문이다.

또한 위의 사례를 통해서 우리가 생각해 볼 수 있는 것은 나이에 대한 편견을 없애는 문제이다. 우리는 흔히 노인하면 공부나 재교육, 자기계발 등과는 거리가 먼 존재로 생각하고 있는 것이 사실이다. 그런데 84세의 노인이 20대 초반의 젊은이들과 함께 경쟁하여 더 좋은 성적을 낼 수 있다는 것은 매우 고무적인 시사점을 준다. 일반적으로 우리가 생각하는 노인, 즉 성인 후기에 대한 편견에서 우리가 얼마나 깨어나야 하는지를 보여 주는 사건인 것 같다. '나이는 숫자일 뿐 배움에는 아무런 장애가 되지 않는다'고 강조하는 장 할머니처럼 우리 역시 그 견해를 진정으로 받아들여야 할 시점이 된 것 같다.

결론적으로 우리는 노인에 대한 고정관념에 사로잡혀 일괄적으로 노인에 대한 무시나 편견을 가질 것이 아니라 노년기, 즉 성인 후기의 삶 역시 젊은이들 못지않게 생산적일 수 있다는 것을 새롭게 인식해야 하겠다. 이제 사회는 그야말로 다양한 연령계층이 함께 어우러져 살아가는 시대가 된 것이다.

성인 후기의 생활은 우리가 어떻게 준비해서 만들어 나가느냐에 달려 있다. 바야흐로 평균수명 100세의 시대에 성인 후기의 삶이 진화하고 있음을 자각하자.

노년기 준비교육

　최근 노인 부부들의 원만하지 못한 관계가 사회적 관심을 끌고 있다. 평생을 함께 살아온 노인 부부가 따뜻하고 친밀한 황혼기를 가져야 하는데, 실제로는 '한 지붕 두 가족'으로 산다고 표현될 만큼 갈등을 가진 황혼부부가 많아지고 있어 노년기를 성공적으로 보내는 방안을 모색할 필요가 있다. 더구나 2001년 통계청 자료에 의하면 남녀 평균수명이 76.5세로 나타나 노인들이 천수를 누리면 80∼90세를 거뜬히 넘기게 되었다. 이는 남편이나 아내의 정년 후 30년 정도를 부부가 직장 없이 함께 살아야 하는 상황이 된 것을 의미하는데, 현실적으로 볼 때 의외로 말이 통하지 않고 갈등하는 노인 부부가 많아서 이들의 갈등관계를 도와줄 수 있는 대책 마련이 시급한 실정이다.

　구체적인 사례들을 보면, 얼마 전 퇴직한 남편이 아내로부터 각방을 쓰자는 제의를 받고 아파트 공간을 딱 반으로 나누었는데, 각자의 공간을 쓰면서 억울한 생각이 든다는 남편의 하소연이 있는가 하면, 환갑을 눈앞에 둔 주부는 퇴직한 남편에게 미운 마음이 생겨 어느 날부터 옆에서 자는 남편의 숨소리조차 듣기 싫어졌다고 털어놓았다. 황혼기 부부의 갈등을 보여 주는 대표적인 사례들이다. 이를 뒷받침하듯이 한국가정법률상담소가 지난 4∼5월 전국의 60세 이상 여성노인 443명을 대상으로 한 조사 결과 역시 황혼기 부부들의 원만하지 못한 관계를 여실히 보여 주고 있다. 즉 여성노인들이 가족구성원 중에서 가장 갈등관계가 심한 사람을 배우자로 지목하고 있는 것으로 나타났다. 그 갈등의 정도는 함께 사는 자녀나 며느리보다 훨씬 더 심했으며 친밀감도 낮고 의사소통도 잘 되지 않는 것으로 나타났다. 특히 배우자와의 친밀감은 손자녀나 자녀, 형제보다 더 낮았으며 배우자와의 의사소통 역시 며느리보다 더 낮게 나타나 충격을 주었다.

이러한 결과들은 노년기 부부의 사이가 어느 정도로 좋지 않은가를 단적으로 보여 주는 것으로, 갈등이 심한 경우 결국 황혼이혼으로 치닫게 될 것이다. 2002년 통계청 자료에 의하면 20년 이상 살고도 이혼한 부부가 2만 3천 쌍으로 전체 이혼의 22.8%를 차지했으며, 10년 전과 비교하면 8배나 많은 수치이다. 중년 이후의 이혼이 점차 증가하고 있다는 결과이다.

이처럼 황혼기에 부부갈등이 많아지는 이유를 몇 가지로 분석해보면 다음과 같다. 첫째, 젊었을 때 확실히 구분되는 부부간의 성역할과 폐경기 이후의 호르몬 변화 등을 들 수 있다. 즉 젊었을 때 가정에 머물던 아내는 아이들의 진학문제가 해결되고 나면 자유로워지고, 대체로 이 시기에 폐경기를 겪으면서 여성 호르몬 수치가 낮아지고 상대방적으로 남성 호르몬의 수치가 높아지면서 태도나 말이 독립적·공격적으로 된다. 반면 바깥생활 위주이던 남편은 퇴직을 전후해서 남성호르몬이 줄어들면서 가정으로 되돌아오게 되고, 아내에 대한 간섭이 늘어난다. 하지만 남편은 부부간 대화에 익숙하지 않고 대화 기술도 없어 아내와 의사소통이 잘 안 되며, 더구나 부부가 함께 있는 시간이 점점 늘어나면서 남편의 몸에 밴 명령적 어조나 아내를 억누르려는 태도는 아내와의 불화로 이어지게 된다.

둘째, 노년기 부부가 함께 할 수 있는 놀이문화 또는 취미생활의 부재이다. 즉 젊었을 때 주로 직장 동료나 친구들과 어울리던 남편일수록 아내의 취향이나 취미생활을 잘 몰라서 노년에 아내와 함께 놀기가 어렵고, 따라서 친밀감도 낮아질 수밖에 없다. 노년기 준비교육이 필요한 이유가 여기에 있다.

노년기에 들어서는 아내들은 '정년을 앞둔 남편들을 위한 노년준비 재교육이 절실하다'고 이구동성으로 외치고 있다. 특히 남편들의 '부엌 맹' 탈출하기, '남편·아내 이해하기', '부부 취미생활 함께하기' 등 노년기 생활을 예행 연습할 수 있는 사회교육이 필요하다고 강조한다. 그런데 문제는 이런 재교육을 위한 노인대학을 열면 대체로 아내들이 주로 참석하고 남편들은 잘 참석하지 않는다는 것이다.

따라서 노년기 부부갈등을 줄이고 행복한 황혼부부가 되기 위해서는 당사자인 노인뿐만 아니라 중년기부터 미리 노년기에 대한 준비교육이 있어야 하겠다. 또한 노년기 준비교육에 있어서 무엇보다 남편들의 적극적인 참여활동이 선행될 때 그 효과를 거둘 수 있음을 잊지 말자.

장수(長壽)사회의 양면성(兩面性)

지난 2일과 3일 양일 간 '한국의 백세인과 21세기의 장수문화'란 학술 및 문화행사 프로그램이 보건복지부 후원으로 서울대학교 의과대학 대강당에서 개최되었다. 그야말로 우리나라 노인들의 평균수명 연장이 실감나게 느껴지는 행사였다. 과학자들은 인간의 수명을 연장시키는 방법을 계속해서 연구하고 있고 그 결과 인간의 평균수명은 놀랄 만큼 증대되어 노인이 특별한 질병이 없으면 평균수명 100년도 꿈이 아닌 곧 이루어질 과학의 성과라 보고 있다. 우리나라 평균수명이 1910년에 24세, 1936년에 37세이던 것에 비하면 기적과 같은 일이 일어나고 있는 것이다. 2000년 기준 우리나라 평균수명 75세와 비교해도 불과 한 세기 동안 평균수명이 50년 이상 늘어났다.

그러나 이러한 인간의 수명연장을 그저 기쁘게만 생각할 수는 없다. 다시 말해서 장수사회는 양면성을 가지므로 이에 대한 문제를 고려해야 한다. 그 구체적인 상황을 살펴보면 고령화사회가 되었을 때의 사회적 환경을 생각해 보자. 65세 이상 노인인구가 전체 인구의 7%를 넘어서면 고령화사회(aging society)라 하는데 우리는 지난해에 노인인구가 7.3%를 기록하면서 예상보다 빨리 고령화사회로 진입했다. 현재 우리나라는 평균수명이 75세 정도이며, 100세 이상의 노인이 2221명이나 된다고 한다. 즉 장수사회가 눈앞에 다가오고 있는데 고령화사회가 되면 가장 큰 문제 중의 하나가 노인 부양문제이다.

요즈음 뉴스나 신문기사를 통해 자녀로부터 부양 받지 못하고 홀로 사는 독거노인의 비관적인 자살이나 굶주림, 또는 노부모를 여행지에 갖다 버리거나 병원에 버려두는 일 등 차마 동방예의지국이라 자처하는 나라에서 일어날 수 없는 많은 일들이 자행되고 있다. 성인 자녀들의 노인부양 의식 및 행동은 약화되는 반면, 노인들의 평균수명은 점점 더 늘어나 장수노인들의 삶을 책임지는 문제가 예전에 비해 더욱 심각해지고 있다. 또한 국가의 노인부양정책도 '선가정, 후국가' 정책을 지향하고 있기 때문에 노부모를 모시고 있는 가족들 역시 무거운 부담을 안고 있다.

앞으로 50년 후면 전체 인구의 약 1/3이 노인인구가 될 것이라 한다. 누가 노인을 부양할 것인가, 또한 어떻게 부양할 것인가 등에 대한 대책이 마련되지 않으면 안 될 것이다.

또 하나는 건강과 관련된 노인문제이다. 오래 살고 싶은 것은 모든 인간의 욕구이다. 그러나 건강하게 오래 살아야지 건강하지 못한 상태에서 오래 사는 것은 별 의미가 없다. 장수사회의 특성을 건강, 경제적 생활안정, 사회적 역할수행, 가족 간의 정의적 관계 유지, 심리적 안정 등 다섯 가지 측면에서 살펴보면 긍정적인 모습과 부정적인 모습으로 나타난다. 장수사회에서의 긍정적인 모습은 건강이 양호하고, 경제적으로 자립할 수 있으며, 계속 사회적으로 활동하고, 가족 간의 화목과 심리적인 안정으로 자아통합을 꿈꾸며 장수하는 사람들이다. 이런 모습으로 100세까지 장수한다면 그야말로 축복 받은 삶이다. 한편 장수사회의 부정적인 모습을 보면 건강에 문제가 생겨 언제나 질병을 앓고 있으며, 경제적으로 전혀 독립적이지 못하고, 자녀에게 의존해서 살고 있으며, 사회적 역할수행을 제대로 하지 못하고 가족관계도 불화로 갈등이 많고 심리적으로도 자신에 대한 긍정심이 없는 자아해체 상태 등을 들 수 있다. 아무리 장수를 한다 해도 이런 부정적인 모습으로 삶을 산다는 것은 결코 바람직한 일이 아니다. 따라서 노인들이 건강하면서 행복하게 살 수 있는 장수사회가 되어야 할 것이다.

우리나라는 노부모와 성인 자녀 간의 가족관계가 노인의 행복감에 큰 영향을 미친다. 최근 노인을 대상으로 한 임상연구에서 노인들이 가장 힘들어하는 것 중의 하나가 가족들과의 불화문제로, 자식에 대한 과도한 집착과 기대 때문에 많은 갈등이 일어나고 있음을 보고한 바 있다. 노인의 장수는 인류 모두가 원하는 바지만 건강한 노인으로서 생산적인 삶을 살 수 있는 방안이 먼저 모색되어야 할 것이다.

우리 모두 장수사회의 부정적인 모습을 최소화하고 긍정적인 모습을 최대화하도록 노력해야 할 것이며, 특히 국가와 사회에서 가족과 함께 노인부양의 새로운 가치모형을 정립하지 않으면 안 되겠다.

고령화사회와 노인 학대

우리나라는 2000년 7월에 고령화사회로 진입한 이후 노인인구가 급격히 증가하고 있다. 또한 세계 그 어느 나라에서도 유례를 찾아볼 수 없을 정도의 초고속 고령사회화 현상을 보이기 때문에 이에 대한 대책을 강구하지 않으면 사회적인 혼란이 일어나게 생겼다. 따라서 지금 당장 급증현상을 보이는 요양보호대상 노인들을 돌보는 공적 노인요양보장체계를 확립하지 않으면 안 될 상황에 이르렀다. 이달 초에 보건복지부 후원으로 서울에서 '공적노인 장기요양제도 도입의 필요성과 방향'에 대해 노인복지학술대회가 열린 것도 이러한 맥락에서였다.

그런데 고령화사회가 되면 정작 더 큰 문제가 되는 것은 이런 공적 제도 외에 사적인 부양영역에서 일어나는 노인 학대 문제이다. 현재 우리 문화권은 급격한 산업화 및 도시화로 인한 핵가족화로의 가족제도 변화, 여성의 사회진출, 출산율 저하, 노부모 부양에 관한 가치관의 변화 등으로 전체 인구 중에서 노인인구가 차지하는 비율이 매우 빠른 속도로 증가하고 있다. 노인인구 증가는 독립적인 생활을 영위하기 어려울 정도로 신체나 정신 질환을 겪고 있는 노인들의 수 증가와 정비례하고 있으며, 이러한 의존적인 노인인구 증가로 인하여 파생될 문제 중의 하나가 바로 노인 학대 문제이다. 따라서 노인인구가 늘어나면서 노인 학대 역시 증가될 수밖에 없기 때문에 고령화사회와 노인 학대는 함께 갈 수밖에 없다.

노인 학대에 대한 가장 보편적인 정의는 가족이나 친지와 같이 노인과 개인적인 또는 특별한 관계에 있는 사람들이 65세 이상 노인에게 신체적 손상, 심리적 고통 또는 물질적 손해를 주는 모든 행위를 말한다고 할 수 있다. 노인 학대의 유형을 구분하면 첫째는 심리적 학대 또는 만성적인 언어적 학대로, 습관적으로 노인에게 언어적 모욕이나 협박을 가하면서 심리적 고통을 주는 것이다. 둘째는 신체적 학대로, 노인에게 신체적으로 상처를 입히거나 고통을 주는 것이며, 셋째는 재정적 또는 물질적 학대로서 노인의 소유물이나 재산을 오용하거나 훔치는 것이다. 넷째는 방임으로, 노인에게 일상생활에 필수적인 도움을 제공하지 않는 것 등이 있다.

이외에도 노인 학대는 접근 각도에 따라 좀 더 다양한 방법으로 구분할 수도 있지만, 문제는 노인 학대가 점차 증가하고 있고, 노인을 학대하는 가해자나 학대를 당하는 피해당사자인 노인 스스로가 노인 학대 행위를 제대로 인식하지 못한다는 점이다. 따라서 이에 대한 대비책도 없고 노인 학대는 악순환으로 되풀이된다는 것이다. 실제로 노인 학대를 연구한 국외 결과를 보면 노인 학대 가해자의 47%가 성인 자녀로 가장 많고, 그 다음으로 배우자가 19%, 그 외 손자, 친구, 서비스 제공자, 다른 친지 등으로 보고된 바 있으며, 우리나라 자료도 비슷한 경향을 보인다.

이상과 같은 노인 학대 문제를 해결하기 위해서는 크게 두 가지 측면을 생각해 볼 수 있다. 첫째는 사회제도적인 면에서 노인에 대한 가치관 정립이 필요하다고 본다. 왜냐하면 우리 사회가 산업화사회로 변모한 이후부터 노인의 능력이나 가치 등을 무시하는 노인에 대한 차별의식이 경로의식을 근간으로 삼아왔던 우리 문화권에 영향을 미쳐 완전히 노인을 경시하는 풍조로 바뀌었기 때문이다. 따라서 노인을 가치와 능력이 있는 존재로 이해하고 인간으로서 존엄성을 가지고 있음을 인정해 줄 때만이 노인에 대한 차별의식이 타파될 수 있을 것이다.

둘째는 노인과 관련된 예방교육을 하는 차원으로 노인 스스로를 위한 교육뿐만 아니라 노인을 모시고 있는 가족구성원들 및 노인보호 업무에 종사한 자, 그리고 일반인들에게 노화과정으로 인한 변화와 특성에 대한 교육을 실시함으로써 노인에 대한 이해의 폭이 넓어지고 노인 학대는 물론 전반적인 노인문제가 줄어들 수 있으리라 본다. 즉 노인을 대상으로 노인 학대의 상황을 제대로 인지시킬 수 있는 교육을 실시하고, 가족구성원이나 노인 보호에 종사하고 있는 사람을 대상으로 노화로 인한 신체 및 심리적 변화에 대한 교육을 실시하며, 마지막으로 사회구성원 전체를 대상으로 노인 학대를 인식할 수 있도록 노인의 특성에 관한 교육이 실시해야 한다.

결론적으로 노인문제를 바라보는 의식의 전환과 정책적인 실천을 위한 재정적인 투자가 뒤따라야 하겠다.

황금수의와 효도

부모에 대한 효도방법이 이상하게 변질되고 있다. 1억 원대 황금수의가 등장하여 일반 서민들을 아연실색케 하는 일이 일어났다. 황금수의라니 도대체 제정신일까? 부모에 대한 빗나간 효도방법이 사회적 일탈의 분위기를 조장하고 있어 이에 대한 진지한 논의가 필요하다는 생각이 든다.

부모에 대한 효도는 하면 할수록 좋다는 것은 누구나 알고 있다. 더구나 우리나라는 동방예의지국으로 옛날부터 부모에 대한 효를 우리 사회의 모든 윤리의 근간으로 삼고 있어 효의 중요성은 과거로부터 오늘날까지 여전히 지속되고 있는 가족전통 중의 하나이다. 그럼에도 불구하고 최근에 나타난 황금수의 사건은 참된 효행과는 거리가 있는 것으로 올바른 효도라는 맥락에서 볼 때 다시 한 번 되짚어 보지 않을 수 없다. 왜냐하면 황금수의로 효의 잣대를 댄다는 것은 부모에 대한 자녀의 효를 물질적인 면으로만 전적으로 부각시켰기 때문이다.

수의(壽衣)란 것이 무엇인가? 이승에서 못다 누린 호사를 저승에서나마 누리시라는 염원을 담은 것으로서 장례방법에 따라 땅속에서 썩거나 불에 태워버리는 그야말로 '1회용'이다. 이런 수의가 수천만 원에서 1억 원대의 초고가로 만들어져 '효도 마케팅'이라는 전략 아래 효도의 본질을 흐리게 하고 있는 것이다. 효란 부모에 대한 자식의 사랑으로 어떤 금전적 가격으로도 그 값어치를 매기지 못하는 지고지순의 도덕적 윤리이다. 이런 효도가 상술에 휘말려 금전적인 경쟁으로 변질하는 것은 우리 모두가 자성해야 할 측면이기도 하다. 평소에 부족했던 효행을 이같은 천문학적인 금전액수에 휘감아 무마해 보려는 속셈도 함께 하기 때문이 아닐까.

최근에 문제가 되고 있는 수의(壽衣)의 맞춤 가격 실태를 알아보면 한복재료에 따라 다른데, 충청·전라 지역의 남녀포는 1,500만 원, 안동포는 2,000만 원, 강원도 강포는 2,500만 원이라 한다. 한편 경북 안동의 A삼베는 지난해부터 1억 원짜리 '황금수의'로 만들어져 판매되고 있는 중인데, 이는 안동포 수의에 황금가루를 뿌린 것으로 '세월이 흐르면 유골이 황금색으로 변한다'는 업체 측의 주장과 함께 황골은 명당에서 나타난다는 현상을 상품화한 업체들의 마케팅 전략으로 생겨난 것이다.

이같은 고가의 수의에 대해 일반 상주들 역시 곤혹스러워하고 있다. 얼마 전 경기도 벽제 화장장에서 어머니를 화장한 어느 막내아들은 270만 원짜리 수의를 장만하고도 더 좋은 것을 해드리지 못내 죄스러운 마음을 가졌다 한다. 이런 일련의 사례들은 우리의 효행이 빗나간 형태가 아닐까? 어째서 살아생전에 부모를 잘 모실 수 있는 여러 가지 효도방법을 두고 하필이면 목숨이 다한 후에 입히는 수의에 대해서만 그렇게 고가의 소비를 하고 싶어 하는 걸까? 또한 부모에 대한 효행을 오로지 돈의 액수에 의해서만 판정하려는 것일까? 부모가 진정으로 바라는 것은 물질이 아니라 마음임을 자녀들도 이미 알고 있을 것이다.

엊그제 우리 지역사회에서는 '부모 효도하기' 발대식이 열렸다. 부모 효도하기 운동본부는 자식이 부모를 버리고 부모가 자식에게 버림을 당하는 인성 상실의 현실에서 '부모에게 효도하기'라는 목표를 세워 매월 8일은 '부모 효도 실천의 날'로 정했다. 그리하여 전국적인 운동 전개를 위해 전국 800만 명 효도하기 서부경남 발대식을 가진 후 서명운동에 돌입하기로 했다. 물론 오늘날 효 의식이 과거에 비해 많이 약화되기는 했지만 그래도 여전히 우리 사회 가족윤리의식의 근간이 되고 있는데, '꼭 이런 운동을 전개해야만 효 의식이나 효행이 활성화된다고 생각하는 것일까? 아니 이런 방법을 쓴다고 해서 마음에서 우러나지도 않는 효가 과연 활성화가 될까?' 하는 의문 역시 든다. 부모 효도 실천이라는 기본 명제에는 동의를 하지만 이런 형식적 방법의 운동에는 한계가 있을 것이다.

따라서 앞서 언급한 '황금수의' 문제나 '부모 효도하기' 발대식 행사나 모두 효의 한 측면만 지나치게 부각하여 자기 편리할 대로 이행

한다는 생각이 든다. 효는 첫째로 부모의 마음을 편안하게 하고 사랑을 나누어 부모에게 기쁨을 주어야 한다. 1억 원대의 수의보다 따뜻한 말 한 마디, 눈빛 하나가 더 중요하다는 사실을 명심하자!

다문화가족
이해하기

다문화가족에 대한 이해는 거스를 수 없는 사회적 과제이다. 현재 우리나라에 들어와서 활동하고 있는 외국인 노동자가 100만 명을 넘어섰고, 국내에 거주하는 결혼이민자도 올해 약 18만 명에 도달하고 있다. 금년 법무부 통계에 의한 국내 거주 결혼이민자의 국적별 분포를 보면, 중국(44.3%)이 가장 많고, 다음으로 베트남(25.9%), 일본(7.7%), 필리핀(5.8%) 순으로 나타났다. 현재 우리나라 총 혼인의 10% 정도가 외국인과의 혼인이며, 국제결혼 비율은 앞으로 계속해서 증가할 추세이며, 다문화가족 역시 계속 증가할 것으로 보인다.

다문화가족정책은 지역사회 중심으로 함께 어우러져 살아가야 하는 공동체 문화이다. 다문화가족끼리만 모여서 활동할 것이 아니라 다문화가족이 살고 있는 지역을 중심으로 지역주민과 다문화가족이 함께 어우러져 일하는 공동체가 만들어져야 한다. 이 장에서는 최근 사회에서 화두가 되고 있는 다문화가족 이해와 관련하여 가족탐구에 나서 보자.

다문화가족을 수용해야 하는 이유

세계적인 화제의 인물로 수잔 보일이라는 영국의 여가수가 있다. 이 사람은 원래 가수가 아니라 주위로부터 소외되어 혼자 살고 있던 뚱뚱하고 못생긴 아줌마였다. 그런데 길거리에서 가수를 뽑는 영국의 한 프로그램에 출연해서 청아한 목소리로 '나는 꿈을 꿨어요'란 노래를 불러 청중에게 놀라운 감동을 주면서 가수로 발탁되어 지금은 첫 앨범이 200만 장 이상 팔려 나가는 세계적인 가수로 탈바꿈했다. 그녀는 자신의 불우했던 과거를 노래로 표현하면서 자신과 같이 불쌍한 처지에 있는 사람들이 자신을 통해 용기를 얻어 살아간다면 그것만으로 너무 행복하다고 말하고 있다.

이 이야기는 사회적으로 소외받으면서 살던 한 사람이 사회 안으로 진입하면서 다른 사람들에게 꿈과 희망을 주는 사람으로 변신한 감동적이고 따뜻한 이야기이다. 이처럼 사회구성원 속에는 여러 부류의 사람들이 있을 수 있고, 모두가 어우러져 사회를 발전시켜 나간다 하겠다. 이런 측면과 관련해서 요즈음 우리 사회에 우리가 함께 생각하고 가슴에 안아야 할 공동체 구성원이 있으니 바로 다문화가족이다.

다문화가족이란 일반적으로 '결혼이민자', 즉 '한국인과 혼인한 재한외국인'과 '혼인귀화자'를 말하며, 이러한 결혼이민자의 가족을 '다문화가족'이라 한다. 우리나라에 다문화가족을 만드는 결혼이민자들이 들어오기 시작한 것은 1990년대 초였으며, 그 당시 농어촌지역 남성의 결혼문제를 해결하기 위해 중국 조선족과 결혼을 하여 국제결혼이 시작되는 계기가 되었다. 1990년대 중반에는 일본인, 한국인, 필리핀 신도 간의 종교적 결혼이 추진되면서 농촌지역의 국제결혼을 대중화시켰다. 또한 국제결혼 중개업체의 사업 활성화로 2000년 이후 한국인 남성의 국제결혼이 더욱 가속화되어 2009년 현재 우리나라 총 결혼에서 국제결혼이 차지하는 비율이 11.0% 이상이 되었다.

이는 결혼하는 10쌍 중 1쌍 이상이 다문화가족이라는 의미다. 그 결과 다문화가정 자녀의 규모 역시 점차 증가하고 있으며 다양한 분포를 이루고 있다. 국제결혼의 역사가 오래된 중국인이나 필리핀인, 그리고 일본인 다문화가족의 경우 자녀들이 중·고등학교에 진학하고 있는 반면에 비교적 최근에 우리나라로 이주하기 시작한 베트남인 다문화가족의 자녀는 취학 전인 경우가 많다. 보건복지가족부에서 발표한 다문화가족 자녀 현황을 보면, 2009년 현재 10만 3천 명 이상으로 이 중 80% 이상이 유아와 초등학교 아동인 것으로 보고되고 있어 이들이 자라면서 앞으로 사회구성원의 큰 비중을 차지할 것으로 보인다.

다문화가족 문제와 관련하여 가장 시급히 해결해야 할 것 중의 하나가 다문화가족에 대한 우리들의 인식 문제이다. 왜냐하면 우리의 다문화가족 자녀에 대한 인종차별이 너무 심각하기 때문이다. 예를 들면 최근 우리 지역에서 얼굴이 검다고 놀림을 받은 다문화가족의 한 자녀가 "엄마, 나도 세수 열심히 하면 친구들처럼 하얀 얼굴이 되나요?"라고 하면서 여린 얼굴이 벌겋게 되도록 수건으로 얼굴을 문지르는 아이를 부둥켜안고, 필리핀 출신 엄마가 한참을 운 사례가 있다. 또한 베트남인 다문화가족 자녀가 어린이집을 다니고 있는데 피부색이 검다고 또래아이들이 '아프리카'라고 놀리고 있어 아이가 상처를 받고 있는 실정이다.

순혈주의를 강조하는 우리 문화가 다문화가족 자녀를 수용하지 못하고 이렇게 심한 인종차별을 하고 있는 것이다. 필자가 연구년제로 미국의 버클리에 살았을 때, 그곳 초등학교에서는 인종의 다양성에 대한 포용정책이 아주 잘 되어 있어 흑인에게 'African-American'이라는 공식용어를 쓰면서 결코 'black'이라고 부르지 못하게 했다. 만약 누구든지 인종차별과 관련된 발언을 하면 학교 규칙상 엄격하게 벌을 받게 되어 있어 모든 학생이 이를 수용하고 있었다. 때문에 우리 아이들도 차별을 당하는 일 없이 행복하게 살다 왔는데, 이제는 우리나라에서 오히려 인종차별 상황이 벌어지고 있는 것이다.

우리는 이제 더 이상 단일민족이 아니다. 2030년이 되면 태어나는 신생아 3명 중 1명이 혼혈아가 될 것이라고 한다. 지금부터라도 우리 모두가 다문화가족에 대한 인식을 바꾸고 그들을 마음으로부터 수용해야 한다. 왜냐하면 그들이 바로 우리 미래사회의 주축인 구성원이 될 것이기 때문이다.

국제결혼과 가족 문제

최근 우리나라 농촌 지역을 중심으로 국제결혼이 늘어나면서 '단일민족'이란 한국사회의 통념이 깨지고 있다. 국제결혼이 증가하면 자동으로 혼혈아동을 가진 가족들의 사회적 적응문제가 대두된다. 아직도 우리 사회는 혈연에 대한 일반의식이 강해 혼혈에 대한 차별적 인식이 굉장히 높은 편인데, 농촌사회에서 날로 증가하는 국제결혼 현상은 이런 측면에서 여러 가지 문제를 안고 있다.

통계청이 지난달 30일에 발표한 '혼인·이혼 통계'를 보면 농림·어업에 종사하는 남성의 국제결혼율이 작년 27.4%에서 올해 35.9%로 상승했다 하니 놀라운 증가이다. 이런 추세로 가면 농촌지역은 그야말로 삽시간에 국제가족촌이 될 것 같다. 국제결혼율의 실태를 보면 지난해 전국에서 국제결혼율이 가장 높은 곳이 서울 종로구였지만 (67.5%) 이는 주한 외국대사관이 밀집한 지역적 특성 때문이고, 광역단체로는 호남 지역의 국제결혼 증가율이 두드러지게 높은 것으로 보고되었다. 전국적으로도 최근 3년간 국제결혼 상승세가 계속되었으며, 군별 특이사항으로 장수군은 지난해 150쌍이 결혼했는데 이중 44쌍이 주로 동남아 지역 여성과 결혼을 하여 평균적으로 농촌 총각 10여 명 중 3명이 외국인과 결혼한 셈이다. 더구나 충북 보은군의 경우는 지난해 결혼을 신고한 205건 중 82건이 국제결혼으로 나타나 농촌지역에서 국제결혼율이 40%대를 기록하는 기현상을 보였다. 그 뒤를 이어 전남 함평군, 전북 임실군, 전북 진안군, 충북 단양군 등의 국제결혼율이 37% 이상으로 나타나 전반적으로 농촌 시골마을에서 높은 국제결혼율을 기록하고 있다.

이는 결혼적령기를 놓친 농촌 총각들이 외국인 여성과 결혼하는 최근의 추세를 반영한 결과이다. 경상남도의 경우는 국제결혼율이 전체로 10.8%를 보여 아직 타 시도 지역에 비해서는 중간 정도이나 계속 증가할 것으로 보인다. 산청군을 비롯한 몇 개 군의 국제결혼율이 증가일로에 있기 때문이다.

이상과 같은 농촌지역의 국제결혼율 증가의 원인은 우선 농촌처녀들의 도시 이농화현상과 도시처녀의 농촌총각과의 결혼 기피도 한 원인이 되겠지만, 또 하나 간과해서는 안 될 것이 그동안 우리 사회에서 지속적으로 지켜져 온 '남아선호사상'도 한 몫을 했다고 볼 수 있다. 모든 사람들이 남자아이를 선호해서 남아 중심으로 출산하다 보니 자연히 여아가 부족했고, 그 결과 오늘날 농촌총각들은 결혼할 배우자가 없어 외국여성들과 결혼하지 않을 수 없는 상황이 도래한 것이다. 오늘의 사태에 이르기까지 부모들의 남아선호사상이 큰 몫을 담당했음은 부인할 수 없는 현실이다.

문제는 지금부터라도 이런 편견을 수정해야 한다. 즉 아들이든지 딸이든지 주어지는 대로 자연스럽게 출산하여 훌륭한 사회구성원으로서 잘 키워야 한다. 아울러 국제결혼에서 가장 문제가 될 수 있는 부부 부적응 문제에 대한 상담정책이 농촌지역을 중심으로 적극적으로 개진되어야 할 것이다.

다양한 국적의 여성들이 시골마을에 자리 잡으면서 '외국인 주부클럽'을 결성해 자신의 의견들을 밝히고 들어주기를 요구하고 있다. 실제로 캄보디아 출신인 한 주부는 외국인 주부클럽 모임에서 "한국 남자들이 자상하지 못하다고 실컷 흉을 보고 돌아왔다."며 웃으면서 말했다 한다. 가벼운 의견 충돌일 때는 이같이 웃으면서 넘어갈 수 있으나 이 상황이 가족의 심각한 문제와 연결되면 해결하기 어려울 정도로 큰 문제가 되기도 한다. 또한 자녀가 혼혈인 점에 대한 부담도 해결해야 하는 큰 문제이다. 어떤 필리핀 주부는 아이들을 유치원에 보내면서 피부색이 달라 따돌림을 당할까 봐 잠을 못 이룬 적이 많다고 털어놓았다.

그동안 해당지역 관청이 주관해 '농촌총각 가정 이루기' 사업에 적극 참여한 것으로 알고 있다. 이제는 국제결혼을 한 가족의 원만한 지역사회 적응을 위해 노력해야 할 때이다. 머지않은 장래에 혼혈인구가 우리 사회의 핵심영역으로 자리 잡을 것을 염두에 둔 대책마련이 시급하다. 가족은 원래부터 다양한 문제의 소지를 안고 있어 결혼생활을 잘 나가기 위해서는 다각적인 노력을 해야 하는데, 국제결혼으로 이루어진 가족은 사건의 종류도 더 다양할 것이 불 보듯 뻔하다. 각 관할관청은 급변하는 사회변화에 맞추어 다양한 가족문제를 효율적으로 해결할 방안을 모색해야 할 것이다.

경남 다문화정책에 거는 기대

다문화가족에 대한 지원은 오늘날 한국사회의 화두이다. 특히 경남은 전국에서 4번째로 다문화가족 형성이 많은 지역이어서 다문화정책에 대한 심도 있는 논의가 필요하다. 다문화가족이란 부부 중 한 사람이 외국출신으로서 국제결혼에 의하여 가족관계가 형성된 가족형태이며, 가족 내에 다양한 문화가 공존하고 있다는 의미를 내포한다. 다문화가족은 한국인 남성과 결혼한 이주여성가족, 한국인 여성과 결혼한 이주남성가족, 이주민가족, 혼혈아로 불리는 한국인과 결혼한 이주자 가족의 자녀 등을 포함한다.

우리나라 다문화가족의 형성 배경을 보면 1990년대 이후 결혼이민자의 증가와 고용허가제의 도입에 따른 이주노동자의 증가로 다문화 사회에 접어들게 되었다. 한국전쟁 이후 이루어진 대부분의 국제결혼은 미군과 한국여성의 결혼 또는 경제적인 여유가 있는 일본과 서구 남성이 한국여성과 결혼하는 것이 일반적이었지만, 1990년대 중반 이후 급증하고 있는 국제결혼은 한국남성과 경제력이 한국보다 낮은 국가 출신의 여성 간의 결혼이 주류를 이룬다. 특히 한국사회에서 어려움을 겪고 있는 농어촌이나 도시 저소득층 한국인 남성이 경제력이 약한 아시아권 국가 출신의 여성과 결혼하는 비중이 늘고 있다.

이런 상황이다 보니 다문화가족의 주요 문제로 나타나는 것이 의사소통의 불편함과 문화의 이질성 문제, 사회적 편견과 차별문제, 폭력과 학대문제, 사회제도의 미흡 등이다. 이를 해결하기 위해 다문화가족을 위한 여러 복지정책 및 지원서비스가 제공되고 있는데, 문제는 이런 지원들이 지나치게 중복되거나 난발되고 있다는 사실이다.

지난 4월 1일 경상남도 다문화가족지원센터 주최로 '제1회 경남 다문화정책 포럼'이 경상남도 여성능력개발센터에서 열렸다. 포럼의 취지는 다문화가족 관련 전문가와 활동가 및 다문화가족들이 열린 대화의 장에서 경남의 다문화 정책 평가를 통해 앞으로 올바른 다문화 정책 방향에 기여하자는 것이었다. 다문화가족지원정책이 중구난방으로 중복되는 현재의 상황에서 정말 시의 적절한 포럼이라는 생각이 들었다.

경상남도 다문화 가족 현황을 보면, 2008년 10개 시와 10개 군의 다문화가족은 7,934가구이고 자녀수가 4,601명인 것으로 나타났다. 2011년 현재는 훨씬 증가했을 것이다. 그동안 다문화가족 지원 정책이 거둔 성과도 많이 있다. 하지만 지나친 선심성 행정, 또는 일회성 홍보행정으로 불필요하게 중복지원 되고 있어 고쳐야 할 부분도 많이 있다는 것이 이번 경남다문화정책 포럼에서 각 지자체별 다문화가족지원센터장들이 지적한 문제였다. 현재 다문화가족지원센터는 전국적으로 200개소로 확대되어 한국어교육, 가족상담, 자조모임 지원 및 관련기관 협력체계 구축으로 원스톱 서비스 제공 기반을 구축하고 있다.

정부가 쏟아내는 정책들 속에 들어 있는 '관리의 대상'으로서의 다문화가족은 이제 좀 더 다른 시각으로 접근해야 할 때이다. 다문화가족에 대한 접근을 보편적 시민권 관점에서 접근하지 않을 경우 다문화가족은 한국사회에서 지속적으로 '해결해야만 하는 문제가족'으로만 인식됨으로써 내국인에게는 부담과 '역차별'의 문제로 작용할 수 있고, 또 결혼이민자와 다문화가족원들에게는 낮은 자존감을 갖게 하는 원인으로 작용할 것이기 때문이다.

실제로 한국에 와서 산 지 15년이 된 다문화가족 중국인 어머니는 학교에서 교사가 아이를 몰래 불러내어 "네 어머니는 한국어를 모르시니 네가 이것을 설명해 드리렴." 등의 해프닝이 벌어지고 있다. 정작 그 아이 엄마는 Y시 다문화지원센터에서 직원으로 근무할 정도로 한국어가 유창한데도 말이다. 또 하나 해프닝은 다문화가족의 베트남 어머니의 이야기인데, 자기들은 충분히 잘 살고 있는데 이불이나 또 다른 생필품 등을 제공해 주면서 자신의 아이들을 여기저기 불러내어 홍보하기 위해 이용한다고 불만이었다. 그렇다. 이제 다문화가족

지원도 정책적으로 다른 틀을 적용해야 한다. 다문화가족이라고 모두 어렵고 못 사는 것이 아니므로, 충분히 자활능력이 있는 다문화가족까지 선심성 정책으로 일괄해서 복지를 쏟아부어서는 안 될 것이다. 이는 오히려 그들 다문화가족의 자존감을 무너뜨리는 일이다.

정책 입안자들은 탁상행정에서 벗어나 현실을 파악하고 다문화가정 지원에 대한 적정수준과 한계를 찾아야 할 것이다. 때로는 다문화가족보다 내국인의 기초생계수혜자가 더 어려운 상황일 수 있음을 명심하자.

결혼생활 탐구

성공적인 결혼생활은 모든 부부가 원하는 화두이다. 결혼생활이 성공적으로 수행되기 위해서 첫 번째로 요구되는 것은 부부의 노력이다.

부부가 노력하며 산다는 것은 먼저 배우자를 배려하고 존중하며 산다는 의미다. 우리나라는 전통사회에서 가부장제가 강한 사회였기 때문에 남편과 아내는 부부유별로 차이를 두고, 또 사회적으로 수직관계여서 남편이 아내의 인권을 무시하는 태도가 다반사였다. 이러한 전통가치의 요소가 현대를 사는 부부에게도 곳곳에 흔적을 남기고 있다. 예를 들어 맞벌이부부의 아내가 직장일로 출장을 갔다 와도 남편은 아들을 데리고 집안일을 전혀 하지 않고 10일 동안 옷도 갈아입지 않고 대강 대강 지내 아내를 기가 막히게 했다는 일화가 있다.

이 남편은 집안일에 대해 전혀 관심이 없고, 가사일은 당연히 아내의 고유 업무라고 생각하기 때문에 자신이 참여할 필요가 없다고 생각했다. 이것이 바로 맞벌이 여성 가정의 현주소이기도 하다.

현대사회에서는 부부가 공동으로 가사를 비롯한 여러 가지 부모역할을 함께 수행해야 한다. 결혼생활에 있어 부부가 더 이상 남자의 일, 여자의 일 등으로 구분 짓고 경계를 만들어서는 곤란하다. 4부에서는 부부가 행복한 결혼생활, 그리고 행복을 찾기 위해 어떻게 해야 할지와 관련하여 결혼탐구의 기술에 대해 알아보자.

행복한
결혼생활의 기술

행복한 결혼생활은 낭만적 이상이 아니라 현실에 존재할 수 있다. 부부가 행복한 결혼생활을 영위하기 위해서는 어떤 전략을 세워야 할까? 우리의 학창시절을 잠깐 돌이켜 보자. 학생들이 학점을 잘 받기 위해서는 중간고사와 기말고사 때 열심히 공부해서 시험을 잘 봐야 한다.

결혼생활도 마찬가지다. 부부가 행복한 결혼생활을 유지하기 위해서는 시간을 투자하고, 서로 노력해야 한다. 이 장에서는 부부가 성공적인 결혼생활을 영위하기 위해 어떤 전략을 세워야 하는지 그 기술에 대해 살펴보자.

🌱성공적인 결혼생활을 위하여

세계 최초로 컴퓨터 바이러스 백신을 개발하고 벤처사업가로 20년, 그리고 카이스트 교수로 활약하다가 서울대 교수로 자리를 옮긴 안철수 교수와 역시 카이스트에서 함께 근무하다가 서울대로 자리를 옮길 예정인 안 교수의 부인 김미경 교수에 대한 세간의 관심이 높다. 왜냐하면 이들 부부는 모두 의과대학을 나왔지만 전공과 다른 분야에서 제2의 인생을 펼치고 있기 때문이다. 남편의 새로운 전공 변신에 이어 부인도 40세에 의사를 그만두고 법학을 전공하기 위해 미국으로 유학을 갔으며, 귀국 후 현재는 의학과 법학을 접목한 융합모델에 대해 강의하고 있다.

김미경 교수는 유명한 남편이 바깥일에 시간을 다 빼앗겨 남편의 근황을 신문이나 인터넷을 통해 알 정도였고, 여느 맞벌이 여성과 마찬가지로 가사와 직업 양쪽을 병행하느라 많이 바빴다. 그렇지만 항상 나보다 더 바쁜 남편을 이해하며 '가족이란 서로의 성취를 위해 한발씩 양보하고 타협해야 한다.'는 생각 아래 긍정적으로 살았다고 한다. 이는 한국에서 맞벌이 여성으로 살아간다는 것이 대학교수라고 해서 별반 다르지 않다는 것을 보여 주는 한 단면이기도 하다. 그러면서도 나이 마흔에 전공을 바꿔 덜컥 유학을 가겠다는 아내에게 남편이 열렬한 찬성은 아니지만, 반대하지 않고 순순히 보내주었다는 것 또한 경이롭다. 이는 남편과 아내가 서로에 대한 군건한 믿음과 신뢰가 있기에 가능한 일이었던 것 같다.

중년기 부부가 되면 로맨틱한 애정적 관계보다는 동반자적인 관계로 서로를 이해하고 의지하며 살아가게 된다. 그야말로 파트너십이 필요한 시점이다. 파트너 관계에 대한 판례의 정의에 따르면, '파트너 관계란 최상의 믿음, 신뢰의 관계로 두 개 이상의 개체이지만 실제로는 한 몸으로 여겨져 한 명이 빚을 지면 공동으로 책임을 지고, 또 수익을 내면 공동으로 누린다.'고 되어 있다.

영국의 《데일리메일》에 독신이 배우자가 있는 사람보다 수명이 10년 안팎으로 줄어든다는 기사가 났다. 이는 지난 60년간 진행되었던 90건의 연구에 참여했던 사람들 5억 명을 분석한 자료결과로써, 독신으로 사는 것보다 결혼하여 부부가 함께 살아가는 것이 훨씬 더 풍요로운 삶을 살아가고 있음을 입증하는 자료라 하겠다. 물론 부부가 모두 다 행복하게 사는 것은 아니지만 적어도 결혼생활의 중요성을 보여 준다고 하겠다.

부부는 각자 다른 사고체계를 가진 두 사람이 모여 서로 협력하여 일생을 살아가므로 이 과정에서 여러 가지 갈등이 일어날 수 있다. 그러나 부부가 서로 노력만 한다면 결혼생활을 행복하게 꾸려갈 수도 있다. '결혼생활을 구제할 수 있는 30분' 전략에 대해 소개하면 다음과 같다.

부부는 사랑 받고 배려 받는 느낌을 갖기 위해 배우자가 정말로 나를 위해 곁에 있다는 사실을 깊이 믿어야 한다. 이를 위해 중요한 것은 공감이다. 결혼문제 연구자들에 의하면, 사회생활에서 쌓인 스트레스에 대해 서로 대화하는 부부들은 그렇지 않은 부부들보다 더욱 친밀하고 행복한 관계를 유지한다고 한다. 하루 중 부부 두 사람에게 가장 편안한 시간 30분을 할애하여 상대방의 스트레스와 긴장감을 공감한다면 성공한 결혼이 될 수 있을 것이다. 공감이란 자신이 다른 사람의 입장이 되어 보는 것으로, 상대방이 느끼는 것을 느껴 보고 상대방이 보는 것을 보는 것이다. 이러한 공감을 위해 부부가 해야 할 것은 다음과 같다. 첫째, 파트너에게 관심을 보여라. 즉, 상대방이 이 야기할 때 보고 있던 신문이나 TV를 끄고 상대방에게 관심을 집중하는 것이다. 둘째, 파트너의 감정을 인정해 주어라. 상대방의 입장이 되어 느낄 만한 화나 감정에 공감하는 것이다. 셋째, 파트너에게 진심으로 관심을 갖고 질문해라. 상대방이 말하는 것을 듣고 있다고 확신시키는 방법으로, 상대방에게 들은 것과 관련된 질문을 해라. 넷째, 파트너에게 애정, 이해, 그리고 지지하는 모습을 보여 주어라. 지지한다는 모습을 보여 주기 위해서 먼저 상대방 편을 들어주는 것이 필요하다.

이상과 같이 부부간에 서로 공감하는 자세를 가진다면 성공적인 결혼이 될 수 있을 것이다. 성공한 결혼과 실패한 결혼의 차이는 바로 이러한 공감의 시간이 있는지 없는지에 달려 있으므로 오늘부터 성공적인 결혼생활을 위한 첫걸음을 내딛도록 하자!

행복지수와 가족

어제 한국인의 행복지수가 발표되어 많은 사람들에게 생각할 거리를 제공하고 있다. 행복지수와 가족을 연계하여 몇 가지 생각을 간추려 보았다.

먼저 2010 한국인 행복지수는 100점 만점에 평균 63.22점으로 보고되어 별로 만족스러운 점수가 아니었다. 세계 평균 64.06점에도 미치지 못했으며, OECD 평균 71.25점에 비해서는 더욱 떨어지는 점수로, 우리나라의 경제규모에 못 미치는 행복지수로 분석되었다. 우리나라 사람들의 행복성적표는 1인당 국내총생산이 우리의 절반에도 못 미치는 나라들인 남아프리카공화국, 페루와 비슷하다고 하니 우리는 우리의 경제발전에 걸맞은 수준의 행복감을 누리고 있지 못함이 분명하다. 왜 이런 결과가 나왔을까? 나름대로 그 해답을 가족 속에서 찾아본다.

한국인에게 언제 가장 행복한지 물었더니 직장인은 '퇴근 뒤', 주부는 '낮 시간'인 것으로 나와 언뜻 보면 참 아이러니하다. 왜 이런 결과가 나왔을까? 하지만 조금만 생각해 보니 곧 그 응답의 배경을 이해할 수 있을 것 같다. 아마도 직장인은 퇴근한 뒤에 어머니나 아내로부터 돌봄의 서비스를 받으며 가족과 함께 편안한 위안과 휴식을 취하는 시간이 가장 행복하고, 반대로 주부는 자신이 돌보고 봉사해야 하는 가족이 아무도 없는 낮 시간대가 가장 행복한 것이 아닐까. 이 결과에서 시사하는 점은 직장인과 주부의 생각이 극명하게 유리된다는 것이다. 만약 직장인 가장이 퇴근 뒤에 주부를 도우면서 함께 가족생활을 영위했다면 주부와 직장인이 같은 시간대에 행복하다고 하지 않았을까?

또 하나 우리에게 생각할 거리를 준 것은 40대 남성이 '가장 불행'하고, 40대 여성이 '가장 행복'하게 나타난 점이다. 물론 여기서 우리는 점수를 비교할 때 보다 신중해야 한다. 40대 남성이 가장 불행한 집단으로 확인되었다고 했는데 그 점수는 60.5 정도로 평균과 비교하면 약 3점 차이로 그렇게 큰 점수 차이는 아니며, 또한 40대 여성의 행복점수는 66점으로 평균과 비교하면, 역시 3점 정도의 차이로 놀랄 만한 큰 점수 차이는 아니다. 그러나 40대 남성과 40대 여성의 점수 차이를 직접 비교하면 약 6점으로 큰 차이가 난다. 즉 40대 남성보다 40대 여성이 훨씬 행복지수가 높다는 것을 확연히 보여 주는 결과이다.

이 결과가 시사하는 점은 40대 남성이 직장생활에 올인하는 동안 40대 여성은 육아 부담에서 벗어나 자신의 삶을 좀 더 여유 있게 되돌아보며 자기 계발에 시간을 투자한다는 것이다. 다시 말해서 40대 남성은 가족을 염두에 두지 않고 직장생활에 온갖 심혈을 기울이고, 40대 여성은 젊은 시절의 힘든 육아 돌봄을 끝내고 새로운 자기 계발의 삶을 꿈꾸고 있다. 가족구성원인 부부가 서로 얼마나 다른 모습으로 살아가는지를 짐작케 한다. 무릇 대부분의 중년기 부부갈등의 문제가 이런 상황에서 나타난다고 해도 과언이 아닐 것이다.

또 하나의 시사점은 40대 남성은 대부분 직장 스트레스를 빌미로 술자리 문화를 즐기고 있지만, 그것이 정작 행복지수를 높이는 데는 전혀 도움이 되지 못하고 있다는 것이다. 결국 40대 남성의 '가장 불행' 지각을 40대 여성의 '가장 행복'이라는 지각과 비슷한 수준으로 올리려면 남성 스스로 가족생활에 대한 인식을 바꾸어야 한다. 우리나라 대부분의 가장들이 밤늦게 집에 들어가서 잠만 자고 나오는 하숙생 같은 생활을 하고 있는데, 직장 스트레스를 집에서 부인과 함께 대화하며 푸는 생활로 변해야만 남성들의 행복지수가 높아질 것이다. 직장에서 퇴근하면 항상 가족과 함께 삶을 나누는 서구사회의 가장들과 달리, 그동안 우리나라의 남성들은 퇴근과 함께 술자리 문화가 연계되어 가족과는 거의 유리된 생활을 해왔다.

결론적으로 이제는 우리나라 가장도 직장생활을 마치면 가족의 품으로 돌아가야 한다. 가족과 어우러져 삶의 희로애락을 함께할 때 가족 모두의 행복지수가 증진될 수 있을 것이다. 그러기 위해서는 무엇보다 가족친화적인 회사의 경영방침과 가족친화적인 사회의 분위기가 형성되어야 할 것이며, 아울러 남성 가장들의 인식 또한 전환되어야 할 것이다.

행복한 결혼생활의 요소

최근 도내 중년부부의 이혼이 다시 급증하여 문제가 되고 있다. 창원지법에 따르면 협의이혼 건수가 2008년 1,647건에서 지난해 1,736건으로 다시 늘어났기 때문이다. 지난해 평균 이혼연령은 남자 44.5세, 여자 40.7세로 10년 전인 1999년과 비교해 볼 때 남자는 4.5세, 여자는 4.3세 상승해 확연한 중년이혼 현상을 보여준다. 이혼부부의 평균 동거기간은 12.9년으로 나타났으며, 지난달 16일 창원지법의 재판상 이혼판결 12건 중 무려 9건이 40대 이상 중년부부의 이혼이라니 과히 중년부부의 이혼 급증이라 할 만하다.

가족을 형성해서 나름대로 잘 살아가던 중년부부들이 왜 이렇게 13년이 지나 헤어지는 것일까? 결혼생활에서 무엇이 부족했던 것일까? 물론 부부마다 경제 문제, 성격 문제 등 여러 가지 사유가 있을 것이다. 그러나 가장 근본적인 문제는 결혼에 대한 각자의 인식이 보다 더 중요할 것 같다. 중년부부뿐만 아니라 갓 결혼한 신혼부부들도 결혼에 대한 새로운 인식이 필요하다. 결혼에 대한 새로운 인식을 위해, 그래서 결혼생활에 보다 잘 적응하기 위해 먼저 우리가 잘못 알고 있는 몇 가지 결혼 신화에 대해 짚어보고자 한다.

첫째, 우리는 흔히 갓 결혼한 신혼기는 최상의 시기라고 생각하는데, 아니다. 결혼은 초기에 실망이나 좌절감을 줄 수 있다. 대부분의 사람들은 결혼하면 아주 행복하고 멋지게 살 수 있으리라 기대하지만 결혼은 대부분의 커플들이 예상하는 것보다 훨씬 어려운 변화이며, 결혼 후 약 2년간은 신혼부부들에게 있어서 전환기이다. 왜냐하면 자신이 성장한 본가와 어느 정도 거리를 두어야 하고, 미혼 때에 누리던 독립을 포기해야 하며 또한 부부로서의 역할을 시작하기 때문이다. 많은 사람들은 이런 일들이 스트레스 없이 쉽게 이루어지지 않는다는 것을 알고 실망하기도 한다.

둘째, 사람들은 일반적으로 결혼 전보다 결혼 후에 배우자를 기쁘게 하기 위해 자신의 습관을 더 잘 변화시킬 수 있다고 생각하지만, 아니다. 결혼은 당신의 배우자를 결코 변화시키지 않는다. 결혼 전의 관계는 가끔 환상과 신비로 채워져서 현재 조금 부족한 측면을 가진 파트너가 결혼을 하게 되면 바람직하게 변할 것이라고 생각하지만, 불행히도 결혼은 사람을 변화시키지 않는다. 오히려 종종 바람직하지 못한 특징을 더욱 확대시키기도 한다. 결혼 전의 즐거운 환상이 어떻게 현실적인 결혼생활의 장애가 되는지 예를 들어 보자. 자신감이 있는 남자여서 그 점이 매력으로 작용하여 결혼한 아내가, 반대로 그 남편이 너무 지배적이어서 이혼했다든지, 파트너가 아주 친절하고 예뻐서 매력으로 생각하고 결혼한 남편이, 그 아내가 매사에 너무 약하고 의존적이어서 이혼했다는 등의 경우가 그러하다.

셋째, 결혼하면 일상이 지루하거나 외로움을 느끼는 일이 없어질 것이라고 기대하지만, 아니다. 현실의 결혼생활은 영화 속의 사랑 같지 않다. 결혼 전에 모든 사람들이 생활에서 외로움을 느끼고 고립감과 지루함을 느끼는 것과 마찬가지로 좋은 결혼생활에서도 이러한 것들을 느낀다. 중요한 것은 이러한 감정들이 지극히 정상적이라는 사실이며, 부부간에 이러한 이야기를 나누고 신뢰를 발전시켜 나가는 방법을 배우는 것이 필요하다.

이러한 결혼의 신화를 깨고 결혼생활을 잘 유지하기 위한 요소는 무엇일까? 이를 밝히기 위해 미국의 한 연구진(로버트와 자넷 로어)이 351명의 부부에게 '좋은 결혼생활 유지를 위해 중요한 것'이 무엇인지 물었더니, 결혼생활의 중요한 요소로 대답한 것이 남편과 아내 간에 서로 일치하는 결과를 얻었다. 부부가 가장 중요한 요소로 꼽은 세 가지는 우정, 배우자의 유머러스한 성격, 그리고 함께 즐기는 시간 등으로 나타났다. 즉 부부가 각자의 파트너를 자신의 가장 친한 친구로 생각하는 것이 남편과 아내 모두 1순위였고, 부부가 자신의 배우자를 인간적으로 좋아한다는 것이 2순위, 그리고 결혼은 장기간의 서약으로 함께하는 것이 3순위로 나타났다.

현재 자신의 배우자를 가장 친한 친구라고 생각하며 살고 있다면 우리는 행복한 결혼생활을 영위하고 있는 것이다. 만약 그렇지 않다면 지금부터라도 이 세 가지를 공통분모로 가지는 부부가 되도록 노력하자. 행복한 결혼생활은 부부가 함께 노력할 때 얻어지기 때문이다.

감사와 애정이 깃든 가족

　요즈음 신문기사나 뉴스에서 따뜻함보다는 극도로 피폐해진 가족 이야기를 보도하고 있어 안타깝다. 어제도 아이가 공부를 하지 않는다고 아버지가 아이를 구타해서 죽게 했다는 기사가 나왔다. 참으로 어처구니가 없어 할 말이 없다. 겨우 열 살 된 아이를 공부하지 않는다는 이유로 그동안 자주 구타해 왔다니 기가 막히는 가족이다. 우리의 삶을 행복하게 만드는 것도 가족이고, 반대로 우리의 삶을 불행하게 만드는 것 역시 가족이다. 가족이 서로 감사와 애정의 표현으로 행복해지는 비결에 대해 알아보고자 한다.

　행복한 가족에 관해 연구하던 서구 학자들이 매우 놀라운 사실을 하나 발견하게 되었는데, 그것은 가족 간에 서로 감사와 애정의 표현이 그 무엇보다 중요하게 나타났다는 것이다. 행복한 가족들은 서로 인정하고 감사하고 애정을 표하는 것으로 나타났다. 다시 말해서 그들은 일상생활을 통해 서로 상대방을 중히 여기고 있었다. 한 사람이 다른 사람을 인정하거나 감사를 표할 때, 그 속에는 "당신은 가치 있고 소중한 사람입니다. 나는 당신에게 관심이 있고, 당신의 좋은 점을 잘 알고 있어요."라는 메시지가 숨어 있다. 그것은 강력한 메시지이다.

　많은 불행한 가정에서는 배우자끼리 좋은 말을 주고받지 못하며 부모는 그저 자녀들을 야단치고 비난한다. 그러나 좋은 가정은 가족 각자의 내면에 자아존중감을 가득 채울 줄 안다. 감사의 조약돌은 삶의 영역에 잔잔한 물결이 일게 하며, 이러한 가정은 즐거운 삶의 보금자리가 되고 사랑이 가득한 환경이 된다. 여러분도 애정과 감사의 표현이 집안을 가득 채우는 가정을 얼마든지 만들 수 있다. 여기 그 비결 여섯 가지를 소개한다.

첫째, 다이아몬드를 캐내라. 가족끼리 고마움을 표현하는데 어려움을 겪는 이유 중 하나는 좋은 광부가 되는 법을 모르기 때문이다. 남 아프리카의 다이아몬드를 캐내는 광부들은 소량의 다이아몬드를 찾기 위해 수천 톤의 돌과 먼지 속에서 일한다. 비록 소량의 다이아몬드라 하더라도 그만큼 가치가 있다는 것을 알기 때문이다. 그러나 대부분의 가정은 이와 반대로 살고 있다. 다이아몬드는 다 쓸어내 버리고 먼지만 열심히 찾고 있는 것이다. 만약 가족들에게서 좋은 점을 찾는다면, 확실히 행복한 삶이 보일 것이다.

둘째, 자녀들에게 감사와 애정의 마음을 말로 확인시켜라. 자녀들이 얼마나 사랑스럽고 특별한 존재인지 말로 확인시켜 주어야 한다. '너는 이 세상에 하나밖에 없는 존재야.' 등.

셋째, 자녀들을 애정이 넘치고 감사할 줄 알도록 가르쳐라. 자녀들에게 어릴 적부터 애정을 표현하는 법을 가르치는 것으로, '고맙습니다, 감사합니다' 등의 표현을 자주 하도록 가르치는 것이다.

넷째, 유머를 사용하며 즐겨라. 유머의 사용과 즐김은 애정과 감사표현의 중요한 측면이다. 부정적인 '유머'를 버리고 따뜻하고 유쾌하고 재미있는 유머를 찾아야 한다. 중요한 것은 가족이 함께 웃는 것이고 즐겁고 행복한 시간을 보내는 것이며, 아무리 사소한 것이라도 상대방을 깎아 내리거나 수치스럽게 하는 말은 피해야 한다.

다섯째, 의도적으로라도 애정과 감사를 표해라. 남편이 결혼기념일이나 생일을 모를 때는 힌트를 주어 잊지 않게 하는 것처럼 감사와 애정을 적절히 표현하도록 하기 위해 의도적으로라도 가족을 격려해야 한다는 것이다.

여섯째, 감사나 인정을 고맙게 수용해라. '오늘 유머가 참 좋았어.' 라거나 '그 옷 참 잘 어울린다.'고 칭찬했는데 상대방이 '어쩌다 보니 그렇게 되었네요.'라거나 '이 옷은 낡아서 입을 때마다 거슬리는데요.'라고 대답한다면 칭찬하는 사람이 거북할 것이다. 튼튼한 가족구성원들은 상대방의 감사나 인정을 수용한다.

가정에서 부모가 자녀들의 감사 표시를 고맙고 진심어린 마음으로 받아들일 때, 자녀도 부모의 고마움이나 애정의 표시를 진심으로 받아들인다. 또한 자녀들은 아버지와 어머니가 서로 어떻게 칭찬을 주고받는지 지켜본다. 따라서 자신과 가족을 위해 애정과 감사의 표현을 부부가 다정하게 하고 기쁘게 받아들일 줄 알아야 한다. 우리 모두 감사와 애정 표현을 통해 더 행복한 가족으로 거듭나자.

가족, 삶과 행복의 원천

5월은 가정의 달이다. 5월 5일 어린이날, 5월 8일 어버이날, 5월 21일 부부의 날 등 가족과 관련된 기념일이 몽땅 모여 있다. 이런 여러 가지 행사 때문이기도 하지만 5월이 되면 가족에 대해 다시 한 번 생각해 보게 된다.

지난 주말에 있었던 어버이날 행사는 전국 곳곳에서 '효 실천'이 화두가 되었던 것 같다. 정운찬 국무총리가 어버이날인 8일 총리실 직원과 부모 등 30여 명을 삼청동 총리공관으로 초청, 환담했다고 한다. 그날 행사는 가정의 달을 맞아 직원들의 효 의식과 자긍심을 고취하기 위한 것으로 역대 총리로서는 처음이라고 총리실이 밝혔는데, 아마도 그날 총리공관에 초대받은 부모님들은 자녀로부터 받는 효행에 매우 뿌듯했으리라 생각된다.

우리나라의 전통적 문화 또는 우리 문화가 서구문화와 다른 가장 독특한 차이 중의 하나가 부모-자녀관계를 구심점으로 하는 가족 내의 효행 문화일 것이다. 현대사회는 과거 농경사회에 비해 효의식이 많이 축소되고 있다고는 하지만 그래도 우리의 의식 속에 여전히 강하게 지속되고 있으며 서구문화와 대조적인 차이를 보이는 것 중의 하나가 우리나라 가족의 효행문화라 할 수 있다. 실제로 필자가 연구년제로 미국에 거주하는 동안 미국과 한국의 가족문화의 차이로 이 측면을 많이 설명했고, 미국인들도 그 점을 아주 흥미로워 했다. 서구문화와는 다른 우리나라만의 독특한 효의식 문화를 실감했던 경험이었다. 노부모에 대한 성인 자녀의 효의식은 아무리 시간이 지나더라도 그 감소하는 정도의 차이는 있겠지만, 결코 없어지지 않고 지속될 것이다.

가족이 힘이 되어 가족원들이 극한 상황 속에서 인생을 성공적으로 살아가는 많은 예들이 있다. 그 중에서 '장애인 수녀 윤석인'이라는 기사가 있다. 그녀는 바닥에 누워 사는 장애인으로 열세 살 이후 직립보행을 해 본 적이 없다고 한다. 윤 수녀는 소아류머티스 관절염으로 뼈마디 연골이 모두 사라지면서 몸이 굳는 중증 장애인이다. 현재 중증장애여성시설 원장이며, 역사상 첫 장애인 수녀이고, 휠체어에 누워 그림을 그리는 화가이기도 하다. 그녀는 '나를 지켜준 가족, 나를 가르쳐주고 받아준 사람들이 있었기에 내가 살아 있다.'고 말한다. 건강하던 그녀가 열한 살 때 관절이 굳는 악성 관절염에 걸리면서 2

년 후에는 보행 중단과 함께 머리만 좌우로 돌릴 수 있고, 두 팔꿈치 아래만 겨우 들 수 있는 중증장애인이 되면서 그녀의 삶은 그야말로 나락으로 빠졌다. 아버지는 대청마루 한쪽을 책장으로 만들어 주어 학교에 갈 수 없는 딸에게 책을 읽게 했으며, 오빠, 언니, 동생들은 그녀가 모르는 말을 학교를 대신해서 풀어 주고, 영어와 한문은 독학을 하여 초등학교 중퇴 학력이 믿어지지 않을 정도로 지식이 풍부하게 만들었다.

가족들은 그녀를 위해 모든 어려움을 보듬어준 존재였으며, 그들의 사랑으로 그녀는 극한적인 자신의 어려움을 극복했을 뿐만 아니라, 자신의 삶을 남을 위해 나누는 삶으로 만들어갔던 것이다. 가족이 있었기에 이 모든 것이 가능했으며, 가족은 그야말로 윤 수녀의 삶의 원천이었다.

가족이 개인의 삶에 얼마나 소중한 존재인가를 증명해 주는 또 하나의 사례가 최근 노인들의 성공적 노화와 관련된 연구에서도 나타났다. 남녀 노인을 대상으로 심층면접을 통해 연구한 질적 연구들을 보면 노인들이 인생에서 가장 좋았던 세 가지를 들라고 했더니 공통으로 가장 많이 언급된 것이 가족에 대한 것이었으며, 특히 자녀와 관련된 내용이었다. 즉 남녀 노인에 상관없이 노인의 삶에서 성취감과 보람을 주는 가장 주된 사건은 자녀를 중심으로 한 행복한 가족관계로 나타났다. 노인들이 자신의 인생을 되돌아볼 때 가족, 특히 자녀와의 관계가 인생을 통틀어 가장 의미 있음을 보여 주는 결과이다.

이처럼 가족은 구성원 개개인의 삶의 근원이며 행복의 원천이 된다. 가정의 달을 맞이하여 가족의 소중함을 다시 한 번 되새기고, 가족원 간의 갈등, 소원함 등을 서로 조금씩 이해하여 긍정적인 삶을 살

도록 노력하자. 이 세상에 하나뿐인 부부, 하나뿐인 부모-자녀, 하나
뿐인 형제자매이지 않은가! 오늘 이 자리에 있는 자신의 가족을 돌아
보며 삶의 원천인 가족에게 서로 상처를 입히지 않고, 감사하며, 그
소중함을 인식하는 5월이 되자!

결혼식과 결혼준비교육

바야흐로 결혼의 계절이 다가왔다! 꽃피는 3월을 기다려온 사람들
이 봄바람을 맞으며 결혼준비에 한창이다. 예비 신랑신부들은 결혼
행진곡을 울리는 날만 손꼽아 기다리고 있지만 정작 그들에게 필요
한 것은 눈앞에 펼쳐지는 화려한 결혼식이 아니라 그 뒤에 가려져 있
는 결혼생활, 즉 삶에 대한 준비교육이 아닐까? 이름하여 '결혼준비교
육'이다.

최근 미국을 비롯한 대부분의 선진국에서 이혼율이 높아 국가적인
해결 과제로 대두되고 있으며, 우리나라의 경우도 작년 한 해 결혼한
3쌍 중에 1쌍 꼴로 이혼한다는 기사를 실어 우리를 놀라게 한 적이
있다. 누구나 결혼할 때는 행복하게 살기 위해 서로를 선택하지만, 살
아가는 과정에서 여러 가지 갈등으로 서로 상처를 입히게 된다. 따라
서 결혼을 준비하는 예비 신랑, 신부들은 무엇보다 결혼 후의 생활에
대해 준비해야 할 것이다.

결혼준비교육이란 흔히 사회에서 통용되어 온 신부수업과는 다른
의미이다. 결혼준비교육 프로그램은 결혼을 앞둔 예비부부들에게 결
혼에 대한 잘못된 또는 비현실적인 기대를 수정하고, 배우자에 대해

서로 이해하는 기회를 제공하여 결혼 후의 긍정적인 적응을 향상시킬 수 있는 프로그램이다. 우리나라는 최근 몇 년 동안 그 어느 때보다도 가족문제, 사회문제가 심각한 수준에 이르고 있어 과연 우리가 어떻게 살아야 할 것인가에 대한 확신을 갖는 것조차 어려운 일이 되었다. 1990년 우리나라 통계청의 보고에 의하면 결혼 대 이혼의 비는 12%이며, 이혼한 부부 중 결혼지속 연수가 5년 미만이 36%, 5~10년이 31.1%로 나타났다. 이는 단적으로 부부들이 결혼 초기부터 많은 갈등을 경험하고 있다는 것을 알려주고 있다. 뿐만 아니라 이혼으로 인하여 가족해체, 소년소녀 가장, 편부모 가족, 재혼문제 등이 발생하며, 이 현상은 개인적 문제로서의 심각성을 넘어서서 여러 사회적 병리현상을 낳고 있다. 따라서 이에 대한 여러 형태의 사회적 지원이 필수적이며, 이를 방지하기 위한 예방책이 마련되어야 할 필요가 있다.

서구에서는 건강한 사회가 유지되기 위해서는 건강한 가족이 우선되어야 한다는 전제 하에 가족생활교육을 시작했으며, 전생애주기에 걸친 평생교육으로 정착하고 있다. 우리도 역시 사회변화와 함께 가족형성의 첫 단계가 되는 결혼에 대하여 새로운 의미로 다가서야 할 때이다. 왜냐하면 대부분의 사람들은 가족의 의미나 결혼의 실체도 모른 채 결혼하여 가족생활을 시작하고, 상대방에 대하여 비현실적인 기대를 하기 때문에 서로 부딪쳐 많은 갈등과 문제를 일으키게 되는데, 이는 결혼 당사자조차 진정한 결혼을 준비하기보다는 외양적인 '결혼식'을 갖추는데 더 많은 시간을 할애하기 때문이다.

최근에 우려되는 또 다른 면은 결혼과정 및 결혼양상이다. 즉 결혼이 상품화되어 '온라인 중매'를 통하여 배우자를 만나고, 만난 지 얼마 되지 않아 이벤트를 통한 행사에 편승해 결혼을 하게 되며, 결혼식도 회사의 각종 이벤트를 통해 치르다 보니 진지하게 인생을 준비하는 삶의 자세보다는 눈에 띄는 화려함 위주로 진행된다. 이러한 짧은 만남의 결혼과정이 앞으로 결혼생활을 하는 데에 문제를 일으킬 수 있다는 것은 불 보듯 뻔하다. 더욱이 결혼을 앞둔 예비신부가 고민하는 것은 부부가 결혼생활을 어떻게 조화롭게 잘 보낼 것인가 하는 생각이 아니라, 다이어트를 통해 날씬한 몸매를 갖는 것이다. 결혼주선 회사에서는 운동을 통해 원하는 부위의 살을 빼도록 신부들에게 필요한 모래주머니, 아령, 운동 도우미 등과 관련된 상품을 판매한다. 이 외에 화장품과 혼수 마련 등이 예비신부의 주 관심거리이다.

물론 이런 생각들이 다 잘못되었다는 것은 아니다. 어떤 것은 부분적으로 정말 필요한 일이기도 하다. 그러나 문제는 무엇이 더 중요하고 무엇이 덜 중요한 것인지에 대한 예비부부들의 가치관이나 판단력이다. 새롭게 인생을 시작하면서 정말 우리가 준비해야 할 것이 무엇인가에 대한 각성이 필요하다. 그래서 결혼준비교육의 중요성 및 필요성이 더욱 대두되는 것이다.

다이어트와 자아존중감

요즈음 우리 사회에 핫 이슈 중의 하나가 다이어트이다. 매일 아침 신문을 보면 꼭 한 면에는 대문짝만 한 다이어트 광고가 실리는데, 선정적인 문구로 사람들을 현혹시킨다. "살 떨리는 다이어트 뉴스!", "지긋지긋한 살이 살살 빠져요!", "넘치는 뱃살, 허벅지살 이제는 버리십시오." 등으로 마치 우리나라 사람들은 모두 걷잡을 수 없는 비만한 몸을 가지고 있는 것처럼 표현하고 있다. 이에 멋모르고 동조하는 많은 여성들이 무조건 다이어트를 실시하여 자신의 건강을 해칠 뿐만 아니라 심하면 자신의 몸을 완전히 망가뜨리고 있다.

최근 들어 다이어트 열풍이 왜 이렇게 밀물처럼 넘쳐나고 있는 것일까? 여기에는 몇 가지 이유가 있는데, 먼저 다이어트 관련 업체들의 과장된 선전, 세계화 및 지구촌 현상에 따른 서구 다이어트의 영향, 그리고 우리나라 식생활 변화에 따른 비만의 증가 현상 등으로 생각해 볼 수 있다. 그러나 가장 큰 원인은 여성의 자기 자신에 대한 존중감 부족이 아닌가 한다. 다시 말해서 자신의 정체성(자기다움)을 가지지 못하고 무조건 배우나 모델의 마른 체형을 흉내내기 위해서 자신의 신체를 과도하게 절제하여 결국에는 자기 건강을 파괴시키고 있는 것이다.

다이어트의 부작용에 관한 기사를 보면, 얼마 전 강북 삼성병원에서 1999년부터 2년 간 위장 조영술을 실시한 3만 2천 명을 대상으로 조사한 결과, 위하수로 진단된 사람은 남성이 1.2%인 데 비해 여성은 6.5%로 5배 가량 많았는데, 특히 여성의 경우 20대가 9%로 거의 10명 중 1명이 위하수로 나타났다. 즉 젊고 마른 여성에게서 위가 밑으로 처지는 위하수가 많았는데, 그 주원인은 잘못된 다이어트 때문이라고 한다. 이처럼 다이어트의 부작용은 평생 치유하지 못할 무서운 결과를 낳기도 한다. 종종 신문에서 기사화되는 여성들의 골다공증이나 섭식장애 증상, 그리고 불임 역시 누구도 원치 않는 결과일 것이다.

물론 다이어트의 긍정적 효과도 있다. 필요 이상의 체중으로 비만인 사람들이 다이어트를 해서 보다 건강하고 행복한 삶을 사는 경우도 있다. 지나친 비만은 대인관계나 자아존중감 형성에도 마이너스 효과를 가져오기 때문에 자신을 잘 관리한다는 면에서 체형조절은 바람직한 일이기도 하다. 그러나 문제는 자신의 체형과 관계없이 무조건 모델을 닮은 바싹 마른 몸매를 만들어야 한다는 잘못된 생각이다. 그 후유증으로 억지로 음식을 억제하는 다이어트를 하다 거식증에 걸려 나중에는 원하는 음식을 제대로 먹지 못해서 병원 신세를 지거나 여러 가지 신체적 부작용 때문에 우울증에 빠져 고민을 하고, 심지어는 부작용으로 법적인 소송을 제기하는 등 이루 헤아릴 수 없을 정도로 부작용의 여파가 대단하다.

비만의 정도를 측정하는데 주로 이용되는 방법은 체질량지수(body mass index, BMI)인데, 체중을 신장의 제곱으로 나눈 값이다. 이때 체중은 kg, 신장은 m로 계산하며, BMI 지수 20~24가 정상적인 범위이다. 그런데 삼성병원의 20대 여성 109명을 대상으로 체형을 조사한 결과 저체중인 BMI 20 이하인 경우가 71%를 차지하여 잘못된 다이어트의 심각한 폐해의 일면을 보여 준다. 다시 말해서 20대 여성 10명 중 7명이 비정상적인 저체중이라고 해석할 수 있다. 이는 국민건강이라는 측면에서 볼 때에 중대한 사회문제가 아닐 수 없다. 다이어트가 필요한 대표적인 사람들은 대다수의 미국인이다. 미국인들의 엄청난 비만은 눈이 시릴 정도이다. 그들의 한쪽 허벅지는 우리나라 건강한 여성의 몸통 2배, 3배 정도여서 안타까움에 눈물이 날 정도이다. 그런 사람들은 정말 다이어트가 필요하다. 그러나 우리나라 사람들은 그들에 비하면 모두 날씬하다. 비만인 소수 몇 사람을 제외하고는 아무도 다이어트를 할 필요가 없다.

더 이상 다이어트 열풍에 휘말리지 말자. 비만과 자신의 체형을 정확하게 비교 인식하여 자신을 사랑하고 아끼는 자아존중감을 키워

나가자. 삶에 있어서 가장 중요한 것은 외적인 체형보다 내적인 사람됨과 진실성임을 인식하자!

성희롱·성폭력에 대한 새로운 인식

최근 우리 사회에서 풀어야 할 화두의 하나로 계속해서 떠오르고 있는 것이 성희롱과 성폭력에 대한 문제이다. 성희롱·성폭력 문제는 한 개인의 문제가 아니라 사회공동체 전체의 문제로 인식되어 국가에서도 정책적인 과제로 예방 교육에 대한 홍보와 해결방안을 모색하고 있을 정도이다. 국공립과 사립을 비롯한 모든 학교기관은 물론, 각 기업체를 대상으로 성희롱·성폭력에 대한 교육 지침이나 방향에 대해 시행령을 내려보내고 있는 실정이다.

그러나 정부에서 이렇게 전 국민을 대상으로 성희롱·성폭력 문제에 대해 경각심을 주고 인식을 바꾸고자 노력하고 있는데도 불구하고 정작 그 효과는 아직 미미한 것 같다. 신문기사의 주요 사건에는 남성들의 여성에 대한 각종 성희롱·성폭행 사건이 끊이지 않고 있으며, 급기야 얼마 전에는 시민 보호를 첫 번째 임무로 삼고 있는 경찰 간부마저 인터넷으로 초등생을 유인해서 성폭행하는 사건까지 일어나 사회에 충격을 주고 있다. 어제 신문에도 사회의 지도층 인사인 어느 시의원이 성폭행범으로 긴급 체포되었다는 기사가 실렸다. 이처럼 성희롱·성폭력 문제는 사회 전체에 영향을 주는 충격적인 사안이므로 일반인들의 인식을 개선하지 않으면 안 된다.

때마침 지난 주 경상대학교에서 열린 전국여교수연합회 부산울산

경남지회 춘계학술세미나에서 '대학사회와 성문화'란 주제로 성희롱·성폭력 문제에 대한 열띤 토론이 있었으며, 성희롱과 성폭행에 대한 개념 정의와 함께 그 차이점을 구별하여 이들 개념에 대해 새롭게 인식하는 기회를 주었다. 즉 성희롱이란 '조직 내 성별 불평등의 문제'이고, 성폭행이란 '개인의 성적 자기결정권의 문제'라는 점에서 구별하고 있었다. 이를 좀 더 구체적으로 보면, 성희롱은 우리가 일반적으로 생각하는 가벼운 정도의 어떤 성적인 농담이나 신체적 접촉이 아니라 조직 내의 위계관계에 의해 이루어지는 것이므로 그 피해가 심각하다는 것이다.

학교에서 성희롱 사건이 일어날 때는 성희롱은 다름 아닌 피해 학생의 교육권 내지 학습권에 대한 침해이며, 궁극적으로는 성차별 문제가 된다는 것이다. 기존의 많은 성희롱 관련 사건에서 "어느 정도 수위의 성희롱인가?"를 문제 삼아 성희롱이냐 아니냐를 따져왔지만 정작 중요한 것은 성희롱 정도의 문제가 아니라 성희롱이 있었느냐 없었느냐 하는 존재 유무의 문제이다. 성희롱이 학생의 교육권 침해라는 관점에서 볼 때, 어떤 형태로든지 학교에서의 성희롱 사건은 피해 학생이 이미 그로 인해 교육을 받는데 있어 심리적인 스트레스나 정신적인 긴장으로 피해를 보고 있기 때문에 성희롱은 중대한 인권침해의 문제이며, 나아가 여성에 대한 차별 문제가 되는 것이다. 이처럼 성희롱은 어떤 조직사회에서 일어나느냐에 따라 교육권 침해 또는 인권침해의 문제로 보아야 한다는 것을 알 수 있다. 우리나라도 이제는 성희롱의 개념을 단순한 성적인 언행의 놀림 정도의 의미를 떠나 피해자에 대한 교육권 침해이며 나아가 성차별 문제라는 사실을 인식해야 할 시점이 되었다.

또 하나의 이슈인 성폭력 역시 성적 자기결정권에 대한 권리를 침해당했다는 시각에서 볼 때, 이 역시 인권파괴의 문제로 연결될 수 있다. 누군가 자신의 신체에 대한 결정을 자기 스스로 내리지 못하고 타인이 마음대로 지배한다면 이것은 중대한 범죄적 행위에 해당한다. 인간은 누구나 스스로 자신의 존엄성을 지킬 권리와 자유가 있는데, 이를 누군가가 강제적으로 억압하고 유린한다면 바로 범죄행위가 아니고 무엇이겠는가!

결론적으로 볼 때 성희롱·성폭력 문제는 모두 우리가 생각하고 있는 가벼운 처벌 대상 이상의 중대한 의미를 가지고 있음을 알 수 있으므로 우리 모두 이 사실을 새롭게 인식해야겠다. 한 사회가 바람직하고 건강하려면 사회구성원 모두가 신체적, 심리적으로 건강해야 하는데, 우리나라의 경우 사회적으로 뿌리 깊게 내려 있는 전통적인 가부장제 의식 때문에 남녀 역할에 대한 많은 부분이 왜곡되어 나타나고 있으며, 그와 관련된 남녀 불평등의 개념이 의식 깊이 남아 있는 것 또한 사실이다. 현대사회는 변화하고 있고, 남성과 여성이 함께 조화를 이루며 살아갈 때 국가도 함께 발전할 수 있음을 명심하여 모든 남성과 여성이 서로 아끼고 배려하는 인권평등의식을 먼저 갖도록 해야겠다.

가족행복과 여성친화도시

한때 연일 신문의 1면을 강타한 끔찍한 사건이 있었다. 경기도 수원에서 길을 가던 한 여성이 납치당한 뒤 성폭행과 함께 토막살해를 당한 사건이다. 살해당하기 전 여성은 전화로 112에 위급한 상황을 알렸으나, 끝내 목숨을 잃고 말았다. 조사결과 출동한 순찰차 근처에서 피해여성은 6시간이나 살아 있었다는 증거가 나왔고, 범인은 치밀한 계획 아래 전봇대 뒤에 숨어 있다가 퇴근하는 젊은 여성을 납치했다는 정황까지 밝혀졌다. 여기서 경찰순찰차의 잘잘못을 가리자는 것이 아니다. 아무리 경찰청장 이하 관련 담당공무원들이 사임을 하더라도 죽은 사람이 살아 돌아오지는 않는다. 정작 아쉬운 것은 우리나라의 치안 상황이다. 회사를 마치고 퇴근하던 평범한 여성이 납치되는 동안 아무도 보는 이가 없었고, 그런 범행을 저지를 만큼 안전이 확보되어 있지 않다는 상황이 불안과 함께 자괴감을 느끼게 한다. 누군가가 마음만 먹으면 끔찍한 범죄를 아무렇지도 않게 저지를 수 있다는 사회적 상황이 무섭다.

죽은 여성의 아버지는 딸이 납치되어 있는 동안 딸을 찾느라고 애간장을 태웠다. 그렇다. 성폭행의 모든 피해여성은 누군가의 딸이고 누군가의 아내이며, 누군가의 누나이자 여동생이다. 우리나라 전체 국민의 절반 가까이는 여성이다. 이 거대한 여성군이 사회적 안전장치에서 보호받지 못하고 불안에 떨어야 한다는 현실을 우리는 어떻게 받아들여야 할까? 가족이 행복하려면 가족구성원이 사회의 각종 위험으로부터 안전하게 보호받아야 한다. 만약 우리의 딸이, 우리의 아내가 사회파괴범으로부터 위험에 노출되어 있다면, 부모로서, 아버지로서, 오빠로서 나 몰라라 하고 지나치지는 않을 것이다. 성폭행범의 인식 저변에는 여성을 인격체로 대하지 않고 한낱 성노리개로 생각하는 사고가 있다. 따라서 성폭력·성추행 방지 캠페인에 앞서 반드시 모든 사람이 여성인격체에 대한 가치관을 먼저 세워야 할 것이다.

이런 우울한 뉴스에서 다행히 여성들에게 희망을 주는 좋은 소식이 있었는데, 그것은 최근 창원시가 친화도시를 선포했다는 반가운 소식이다. 몇 년 전부터 전국의 몇몇 도시들은 '여성친화도시' 또는 '가족친화도시'를 선포하여 여성들의 인권을 챙기는 프로젝트를 행하고 있었는데, 늦게나마 창원시가 여성친화도시에 참여했다니 다행이라는 생각이 든다.

여성친화도시란 지역정책과 발전과정에 남녀가 동등하게 참여하고, 그 혜택이 모든 주민들에게 고루 돌아가며 여성의 성장과 안전이 보장되어 가족생활이 편안해 지면서 활력이 넘치는 도시를 지향하는 것이다. 창원시가 여성을 비롯한 사회적 약자를 돌보며, 시민 모두가 일상생활 속에서 겪는 불편과 불안, 불쾌요인 등을 해소하고 행복지수를 높여 나가기 위해 기존의 여성정책과 연계한 여성친화도시 프로젝트 사업을 추진한 것이다. 그 결과 작년 말 여성가족부로부터 '여성친화도시'로 선정되었고, 올해는 여성가족부와 '여성친화도시조성 협약'을 체결해 2016년까지 '5개년 여성친화도시 조성사업 기본계획'을 단계별로 추진한다고 한다.

'여성친화도시'사업은 모두 5개 영역으로, 첫째는 여성과 남성 모두가 편안하고 적극적으로 참여하는 돌봄 공동체 조성사업인 '보살핌 있는 도시'이고, 둘째는 일·가정 양립을 부모가 공동으로 분담하여 여성과 가족 모두의 삶의 질 향상을 위한 '여성이 성장하는 도시'이다. 셋째는 여성과 아동이 성폭력·가정폭력으로부터 안전하고 건강한 환경에서 살아가도록 해주는 '안전한 도시', 넷째는 기존의 친환경적인 정책에 여성친화적 개념을 도입하여 일반시민과 함께 여성들이 보다 쾌적하고 친환경적인 공간을 누릴 수 있는 도시 조성을 위한 '건강과 문화가 있는 도시'이다. 다섯째는 성별의 차이가 차별이 되지 않도록 성인지적 제도를 운영하여 '여성이 참여하는 도시'로 만든다는 것이다.

창원시의 이러한 5개 영역에 걸친 '여성친화도시 프로그램'이 지금 이 시점에 가슴에 절절히 와 닿는다. 정말이지 여성과 어린이가 마음 놓고 안전하게 살 수 있는 도시가 되었으면 좋겠다. '여성친화도시'가 창원시뿐만 아니라 경상남도에 있는 10개 시와 군이 모두 참여하여 경상남도가 전국에서 가장 살기 좋은 '여성친화도'가 되었으면 한다.

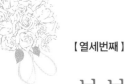

【 열세번째 】

부부 행복
찾기의 실제

부부의 행복을 찾기 위해서는 부부가 함께 노력하며 실행해야 한다. 다시 말해서 행복한 부부로 성장하기 위한 직접적인 참여로 구체적으로 노력들을 해야 한다는 의미이다. 최근에는 부부를 대상으로 한 부부 성장 프로그램들이 여러 기관에서 제공되고 있다. 이 장에서는 부부의 행복 찾기를 위한 몇 가지 구체적인 실행방법과 기술들에 대해 살펴보자.

부부의 결혼만족도 알아보기

현재 우리 부부는 얼마나 결혼생활에 만족하고 사는지 또는 우리 부부는 부부 성장 프로그램이 얼마나 필요한 사람인지 등에 대해 알아보고 싶지 않은가? 이럴 때 사용할 수 있는 척도가 있다. 바로 결혼생활 만족도 척도이다. 다음에 소개하는 결혼생활 만족도 척도를 통해 우리 부부의 성장 프로그램의 필요성 여부를 알아볼 수 있다.

부부의 결혼생활 만족도 척도

다음 질문을 읽고, 자신의 생각과 일치하는 곳에 ○표 하시오.

질 문	전혀 그렇지 않다	그렇지 않다	보통 이다	그렇다	정말 그렇다
1. 나는 결혼생활에 대해 근심·걱정이 많다.	1	2	3	4	5
2. 나는 결혼생활에 대해 배우자가 나에게 무엇을 기대하고 있는지 잘 모르겠다.	1	2	3	4	5
3. 만약 내가 다시 결혼한다면, 배우자와 같은 사람과는 결혼하지 않겠다.	1	2	3	4	5
4. 현재의 결혼생활은 나를 너무 구속한다.	1	2	3	4	5
5. 나는 결혼생활이 따분하게 느껴진다.	1	2	3	4	5
6. 나의 결혼생활은 내 건강에 나쁜 영향을 미치고 있다.	1	2	3	4	5
7. 나는 결혼생활 속에서 벌어지는 일들 때문에 화가 나고 짜증이 난다.	1	2	3	4	5
8. 나는 결혼생활을 잘 할 수 있는 능력이 모자란다고 생각한다.	1	2	3	4	5
9. 지금의 결혼생활이 영원히 지속되길 바라지 않는다.	1	2	3	4	5
10. 배우자는 나를 매우 화나게 만든다.	1	2	3	4	5
11. 결혼생활을 잘해 보려고 노력하는데 지쳤다.	1	2	3	4	5
12. 나는 배우자에게 별로 관심을 기울이지 않는다.	1	2	3	4	5
13. 나는 배우자와 사이가 좋지 못하다.	1	2	3	4	5
14. 나와 배우자는 의견이 일치하지 않는다.	1	2	3	4	5
15. 나는 배우자를 신뢰하기 어렵다.	1	2	3	4	5
16. 나는 우리 부부의 성생활에 만족하지 않는다.	1	2	3	4	5
17. 나는 배우자와의 애정과 친밀감 정도에 불만족스럽다.	1	2	3	4	5

(계속)

질 문	전혀 그렇지 않다	그렇지 않다	보통 이다	그렇다	정말 그렇다
18. 나는 집안일의 역할분담으로 자주 싸운다.	1	2	3	4	5
19. 나의 결혼생활은 결혼 전에 세웠던 목표를 이루는 것을 방해하고 있다.	1	2	3	4	5
20. 나는 결혼생활에 확실히 불만족해 한다.	1	2	3	4	5

자료: Roach, Frasier & Bowen(1975)의 Marital Satisfaction Scale(MSS)를 수정한 유영주·이창숙(2002)

평가 방법

총점수 분포 : 20~100점

20~40점 결혼생활이 건강하게 유지되고 있음.

41~60점 결혼생활에 대한 만족도가 양호함.

61~80점 결혼생활에 대한 불만족이 누적되어 있는 상태.

결혼생활에 활력을 주기 위한 구체적인 변화를 시도해야 함.

81~100점 결혼생활에 대한 불만족도가 매우 높은 상태.

결혼생활을 개선하기 위한 적극적인 노력을 시도해야 함.

부부의 신뢰도 점검

부부 사이의 신뢰가 어느 정도일까? 신뢰는 종종 말하지 않아도 우리를 위해 거기에 있어 주었으면 하는 타인에 대한 기대이다. 부부 사이에 믿음이 깨지면 부부는 더 이상 안전을 느끼지 못한다. 신체적으로, 감정적으로 또는 정신적으로 당신과 당신의 배우자는 진정 얼마나 서로 신뢰할 수 있을까?

다음 각 상황에서 당신은 당신의 배우자로부터 도움이나 후원 또는 용기를 얻을 수 있는 정도가 어떠한가? (a) 쉽다, (b) 약간 어렵다, (c) 어렵다 중 어떤지를 평가해 보자.

질 문	쉽다	약간 어렵다	어렵다
1. 당신은 우유부단하다.			
2. 당신은 의기소침해 있다.			
3. 당신은 지쳐 있다.			
4. 당신은 죄책감을 느낀다.			
5. 당신은 용기가 필요하다.			

자료: Seven Secrets of a Happy Marriage(2002), 김정옥 외(2006) 재인용.

평가

당신의 반응을 부부가 함께 서로 이야기해라. 그 후 서로의 신뢰를 증폭시키는 다음 단계로 위의 연습문제를 이야기해라. 즉 서로가 도움이 되지 않았거나 지지받지 못했을 경우에 대해 이야기해라. 이런 과정을 통해 부부간에 신뢰의 끈이 더욱 단단해진다.

부부의 대화 유형 알아보기

부부의 의사소통 유형

부부관계에서 가장 중요한 것은 의사소통이다. 결혼생활을 건강하게 유지하기 위해서는 서로의 마음과 생각을 구체적으로 나눌 수 있는 의사소통이 필요하다. 부부관계는 부부가 어떻게 의사소통을 하느냐에 따라 달라질 수 있다.

부부는 대화를 통해 서로의 이질적인 부분들을 최대한 수용하면서 조화시켜 나가고, 서로의 사랑과 친밀감을 쌓아 나간다. 그러나 만약 대화가 없다면 서로의 차이를 좁혀 나갈 수 있는 통로가 막혀 공감대를 형성할 수 없으므로 갈등이 유발되기 쉬운 것은 자명한 일이다. 예를 들어 부부싸움을 한 후, 부부가 서로 말을 하지 않고 며칠을 지내게 되면 분위기가 극으로 치달으면서 험악해진다. 급기야는 더 큰 부부싸움과 갈등을 유발하기 때문에 부부싸움을 하더라도 의사소통을 하는 것이 현명한 부부싸움의 방법이다.

바람직한 부부관계를 유지하기 위해서 부부는 건강한 의사소통을 할 수 있는 기술을 익혀야 한다. 여기서 부부간 의사소통의 유형을 소개하고자 한다.

첫째는 회유형이다. 회유형은 상대방의 비위를 맞추고 호감을 사려고 노력하며, 변명과 사과를 잘하고, 무엇이든지 '예'라고 하는 사람으로 극단적인 경우에 아첨꾼이나 순교자로 보인다. 이들은 흔히 다음과 같이 이야기한다. "당신이 원하는 건 무엇이든지.", "나는 신경쓰지 마. 무엇이든지 다 좋으니까.", "평지풍파를 일으키지 마.", "당신이 없으면, 나는 아무것도 아니야." 등. 회유형은 다른 사람의 사랑과 인정을 통해서만 자신에 대한 가치감을 느낀다. 이들은 분노를 표현하지 못하고 마음속에 담아두기 때문에, 나중에 우울증이나 정신질환에 걸릴 가능성이 크다. 즉 부부의 대화에서 자기 자신을 배려하지 않는다.

둘째는 비난형이다. 비난형은 상대방의 잘못을 찾아내는데 명수인 독재자로, 언제나 상대방을 통제하고 꼬치꼬치 캐물으며 무자비한 비판을 가하면서 상대방에게 잘못을 일반화시킨다. "당신은 제대로 하는 게 없어.", "당신이 아니었으면 모든 게 다 잘 되었을 텐데.", "당신은 참 어리석어.", "당신은 당신 엄마와 똑같아." 이들은 내면으로는 "나는 외롭고 아마도 사람들이 나를 좋아하지 않을 거야."라는 느낌을 갖고 있다. 그래서 이들은 자신이 원하고 있거나 자신에게 필요한 것을 얻을 수 없을 것이라는 예감 때문에 늘 화가 나 있고, 이런 위협적인 상황에 대한 가장 좋은 방어가 강한 공격이라고 여겨 항상 상대방을 비난한다. 즉 부부의 대화에서 배우자를 항상 배려에서 제외시킨다.

셋째는 계산형(초이성형)이다. 계산형(초이성형)은 언제나 조용하고 냉정하고 침착하며, 초이성적이다. 이들은 조심스럽게 옳은 말만 골라서 하면서 다른 사람들도 그렇게 해주시를 기대하며, 실수를 용납하지 않고, 느낌을 부정한다. 그리고 사실들, 즉 통계수치, 근거자료, 관습을 자주 인용한다. 초이성형은 흔히 "내가 화가 났다고? 천만에 그렇지 않아. 왜 그렇게 이야기하지?", "누구나 다 알고 있다시피~", "이 책에 나와 있기를~", "꼭 해야 될 일은~"식으로 이야기한다. 초이성형은 감정표현을 두려워하며 다음과 같은 원칙을 지킨다. 어떤 문제가 생겼거나 스트레스가 생기면, 가장 좋은 해결책은 근거자료, 객관적 사실과 수치를 동원하는 것이다. 절대로 감정표현은 하지 않는다. 그래서 이 유형의 사람들은 흔히 율법적, 강박적, 경직된, 원칙주의자, 감정이 없는 등의 용어로 묘사되며, 극단적인 경우는 로봇 같은 인간으로 보인다.

넷째, 산만형이다. 산만형은 딴청부리기형으로 언제나 말이 많고, 초점이 없으며, 흔히 미친 듯이 적극적으로 행동한다. 이들은 시선과 직접적인 답변을 피하며, 주제를 빨리 바꾸거나 논의의 요점을 무시한다. "문제가 있다고? 문제는 무슨 문제. 영화나 보러 가자(술이나 마시러 가자)."는 식으로 응답한다.

그러나 이들의 마음속에는 무서움과 불신, 근심과 걱정으로 가득 차 있다. 이들의 행동 원칙은 다음과 같다. 내가 어떤 문제를 무시한다면, 그 문제는 존재하지 않게 된다. 그 문제는 스스로 사라지거나 해결될 것이다. 문제에 정면으로 부딪히면 불필요한 위험스런 싸움이 일어나 나와 상대방의 관계는 파탄이 나고 말 것이다. 산만형은 변덕스러운, 부적당한, 말이 많은, 지나치게 활동적인, 맹목적인, 그리고 간혹 현실감이 결여된 사람으로 묘사된다.

다섯째, 일치형이다. 일치형은 자신의 의사를 명확히 표현하며, 애매한 의사전달을 하지 않는다. 거절의 의사표시도 상대방과의 관계가 파괴되지 않도록 정중히 한다. 아울러 상대방의 이야기에 대해서도 적극적으로 경청하며, 수용한다. 이들은 대부분 마음이 안정되어 있고, 자아존중감이 높아 대화할 때, 타인의 입장을 살피고 배려해 주며, 상대방의 의사를 존중하고 수용해주어 관계를 조화롭게 유지해 나간다.

위에서 살펴본 바와 같이 다섯 가지 의사소통 유형 중에서 나는 주로 어느 유형에 속하는지 살펴보고, 바람직한 의사소통 유형인 일치형이 되도록 노력해야 할 것이다.

부부의 의사소통 유형 척도

다음 질문을 읽고, 당신과 배우자의 의사소통 유형에 해당되는 것에 ○표 하시오.

질 문	나	배우자
1. 나는 배우자와 대화할 때 배우자의 기분을 맞추는데 신경을 쓴다.		
2. 나는 배우자에게 사과하는 말을 자주 한다.		
3. 나는 배우자에게 거절하는 말을 하는 것이 무척 어렵다.		
4. 나는 배우자와 대화할 때 가능한 한 좋게 이야기하려고 한다.		
5. 나는 일이 생겼을 때 배우자에게 징징 우는 소리를 잘한다.		
6. 나는 배우자와 대화할 때 배우자의 약점이나 잘못된 점을 지적한다.		
7. 나는 배우자에게 지는 것이 싫어 내 말을 곧잘 우긴다.		
8. 나는 배우자의 행동을 평가하는 말을 자주 한다.		
9. 나는 배우자에게 요구할 것이 있으면 직접 단호하게 요구한다.		
10. 나는 배우자가 틀렸을 때 서슴없이 틀렸다고 지적한다.		
11. 나는 배우자와 대화할 때 감정표현을 잘 하지 않는다.		
12. 나는 배우자와 대화할 때 객관적이고 이성적으로 대화하는 편이다.		
13. 나는 항상 무엇이 올바른 것인지에 초점을 맞추어 대화를 진행한다.		
14. 나는 배우자와 대화할 때 조용하고 침착하게 하는 편이다.		
15. 나는 배우자와 지적인 대화를 나누면 기분이 좋아진다.		
16. 나는 배우자와 대화할 때 주제와 상관없는 이야기를 하여 핀잔을 받을 때가 있다.		
17. 나는 배우자와 대화할 때 가만히 있지 못하고 신체동작을 많이 사용한다.		
18. 나는 배우자가 누군가와 이야기할 때 끼어들어 이야기하고 싶어진다.		
19. 나는 배우자와 한창 이야기하다 보면 핵심이 무엇인지 모를 때가 있다.		
20. 나는 배우자와 대화할 때 배우자를 별로 상관하지 않고 그냥 이야기해 버린다.		

(계속)

질 문	나	배우자
21. 나는 배우자와 대화할 때 나의 의도나 생각을 명확히 이야기한다.		
22. 나는 배우자와 대화할 때 배우자의 입장을 생각해 보고 배우자를 이해하려고 노력한다.		
23. 나는 배우자와 대화할 때 배우자의 이야기를 경청하려고 노력한다.		
24. 나는 배우자와 대화할 때 배우자의 감정을 공감해 주려고 한다.		
25. 나는 배우자와 대화할 때 나의 깊은 마음을 진솔하게 이야기한다		

자료: 유영주·이창숙(2002). 부부 행복 찾기.

평가

회유형 문항: 1, 2, 3, 4, 5

비난형 문항: 16, 7, 8, 9, 10

초이성형 문항: 11, 12, 13, 14, 15

산만형 문항: 16, 17, 18, 19, 20

일치형 문항: 21, 22, 23, 24, 25

○표 한 문항의 개수를 다음 표에 기재하시오.

	회유형	비난형	초이성형	산만형	일치형
나					
배우자					

나의 의사소통 스타일 _____형

배우자의 의사소통 스타일 _____형

부부의 격려 언어

건강하고 바람직한 부부관계를 유지하기 위해서는 부부 사이에 대화가 풍성하게 이루어져야 하고, 무엇보다도 배우자에 대한 마음이 우호적이고 긍정적이어야 한다. 부부 사이의 '감정의 응어리'를 풀고 정서적 친밀감을 유지하기 위해서는 부부간에 서로 격려하는 말을 해야 하는데, 인정하는 말, 감사하는 말, 칭찬하는 말 등을 자주 사용해야 한다.

인정하는 말　　　자신이 누군가에게 '인정받는다'는 것은 매우 기분 좋은 일이다. 결혼한 사람들도 마찬가지다. 아내로부터, 남편으로부터 인정받을 때 살아가는 의미를 강하게 부여받게 된다. 인정은 '긍정'이라는 내적인 힘을 솟게 만드는 위력이 있다. 부부가 함께 성장하고 발전하기를 원한다면 무엇보다 배우자에게 인정하는 말을 많이 해주어야 한다.

흔히 배우자를 성장하도록 자극하기 위해 '무능하다', '더 열심히 뛰어라'라고 책망하거나 비난하는데, 이는 자신의 의도와 달리 배우자가 아무것도 시도하지 않게 만드는 파괴력을 주는 말이다. 따라서 배우자에게 '당신 너무 훌륭히 해냈어.', '당신은 멋져.' 등의 인정하는 말을 하도록 하자.

감사하는 말　　　부부간에 '감사하다'는 말을 표현하는 것이 새삼 어색하게 느껴질 수 있다. 그래서 많은 부부들은 오랜 세월을 함께하면서 배우자에게 '감사하다', '고맙다'라는 표현을 거의 하지 않고 산다. 감사를 표현하는 사람들에게 무언가를 더해 주고 싶은 것이 인지상정이다. 부부도 마찬가지다. 나의 배우자가 나에게 감사를 표한다면 애정과 친밀감이 솟아나 무엇이든지 더 배려해 주고 싶다.

배우자에게 감사할 것이 전혀 없다고 여기는 부부는 정말 감사할 것이 없는 배우자를 만난 것이 아니라, 배우자로부터 고마움과 감사거리를 찾지 못하고 있는 것이다. 이런 부부들의 정서는 항상 경직되어 있어 타인과 세상에 대한 감사를 발견하지 못한다. 이런 사람들은 세상을 부정적 시각에서 긍정적 시각으로 보는 훈련을 길러야 한다. 세상에는 감사할 것이 얼마나 많은가! 내 배우자가 사지가 멀쩡해서 감사하고, 또 이 세상에 하나뿐인 나의 파트너여서 감사하고, 오늘 살아 있어 나와 함께 대화할 수 있어서 감사하고. 우리가 생각을 어떻게 바꾸느냐에 따라 감사할 것은 도처에 널려 있다.

칭찬하는 말　　　"칭찬은 고래도 춤추게 한다." 세간에 회자되는 말로, 칭찬의 극적 효과를 암시한 말이다. 이 말은 아이들에게만 해당되는 것이 아니라 성인들, 특히 부부에게 절대적으로 적용되는 말이다.

칭찬은 '가치를 부여하다', '높여주다'란 뜻을 가지고 있다. 칭찬을 통해 배우자에게 가치와 존경을 부여하는 것은 배우자에게 놀라운 변화를 일으킬 수 있는 가장 효과적인 방법이다. 사람들은 자신의 가치를 알아주는 사람에게 가장 충성하게 되어 있다.

칭찬을 받은 배우자는 점점 자신의 존재에 대한 안정감을 가지게 되므로 자연히 자신의 배우자를 인정하고 배려하는 마음을 가지게 된다. 즉 배우자로부터 사랑과 인정을 받고 싶으면 먼저 배우자를 칭찬해야 한다. 배우자를 진정으로 칭찬하기 위해서는 내 마음속에서 배우자의 약점들과 화해하는 작업이 선행되어야 한다. 이러한 마음의 준비없이 거짓된 칭찬을 한다면 일시적으로 칭찬을 하다가 곧 비난으로 변하게 된다. 배우자와의 관계를 향상시키기 위해서는 칭찬하기로 마음먹고, 배우자의 가치를 높여 주며 자긍심을 세워 주도록 해라.

이상에서 살펴본 인정하는 말, 감사하는 말, 칭찬하는 말을 배우자에게 하루에 한 마디씩만 해 보라. '말의 놀라운 위력'을 체험하게 될 것이다.

부부의 성적 적응

섹스에 대한 신화와 오류

섹스의 즐거움을 증가시키는 가장 좋은 방법 중의 하나는 즐거운 섹스를 구성하는 신화들과 오류들을 찾아서 없애는 것인데, 신화와 오류는 가족태도로부터 물려받은 것이다. 성적행동과 기능에 대한 신화의 목록은 끝이 없을 정도로 많다. 현대에 성적으로 알려진 것들 중에서 중요하게 여겨지는 몇 가지 신화에만 초점을 맞추어 보자.

사회에서 젊은이들에게 "성은 더럽다", 그리고 "당신이 사랑하는 사람을 위해 그것을 아껴라"와 같은 두 가지 기본적이며 모순적인 메시지가 전해지도록 함으로써 혼란과 신화는 불가피하다. 성적인 계몽운동이 일어나고 있는 최근까지도 똑같이 해로운 오류들이 발생한다.

남성이 전문가다male expertise　　　어떤 사람들은 남성은 선천적으로 특별한 성적 지식과 능력을 부여받았다고 여전히 믿고 있다. 그는 본능적으로 여성이 원하는 것 또는 욕구하는 것이 무엇인지 알기 때문에 성에 있어서 안내자이면서 교습자이어야 한다고 생각한다.

본질적으로 이것은 남편으로 하여금 부부의 성적 수행의 질에 대해 책임지게 만들며, 또한 여성이 주도적이거나 혹은 성적으로 재치 있고, 표현적이라면 이를 부적절한 것으로 만든다. 이런 것은 불합리하다고 우리 모두 지적으로 동의하지만, 여성이 더 성적인 상상 혹은 실제적 기술들을 지닌다는 것을 증명한다면, 남성의 불안과 여성의 죄책감 등과 같은 정서적 충격은 지워지지 않는다.

오르가슴orgasm　　　　성교는 동시적인 오르가슴이 있을 때만 최상이라는 생각은 비교적 최근 생긴 오해이다. 의심할 여지없이 오르가슴은 일치에 의해 또는 상호만족을 높이게 한 설계에 의해 동시적으로 되며, 부부가 그것을 좋아한다면 그것을 위해 노력하지 않아야 할 이유가 없다. 그러나 남성과 여성의 흥분 패턴들의 많은 측면들은 동시적 오르가슴을 어렵게 만들며, 성적 느낌들의 충분한 표현을 기계적 묘사로 틀에 맞추는 것은 불합리하다.

수행performance　　　　성적인 운동은 배우자 간에 섹스에서 수행하는 질적인 측면보다는 신체적 기술들과 운동의 솜씨, 즉 솜씨 좋음, 기교 및 오르가슴의 빈도에 대해 지나치게 강조되어 초래된 경향이 있다. 대체로 섹스에 대해 언급할 수 없는 암흑기 동안 성적 기교에 대해서는 완전히 무지했다가 최근에 섹스의 기교에 대해 강조하기 시작했다.

최근의 그런 강조는 필연적이며 여러 가지 면에서 건강하기까지 하다. 그러나 여론이 너무 성적 기교를 강조해서 혼란을 초래한 것처럼 보인다. 성적 기교의 강조는 부부들이 전체 성적 경험에 포함해야 하는 다른 모든 요소들, 즉 '자아'와 '배우자'의 완전 몰입에서만 올 수 있는 즐거움의 진정한 나눔으로부터 멀어지게 만든다. 또한 성적 기교는 생식기에 지나치게 초점을 두는 경향이 있어 배우자의 몸 전체는 끝없는 감성적 및 성적 반응과 만족이 풍부한 곳이라는 사실을 간과하게 만든다.

자발성spontaneity　　　섹스를 하는 동안 우리는 자발적이어야 한다. 우리는 저녁모임이나 작업 스케줄, 그리고 일상의 모든 일은 신경을 써서 계획하지만, 우리의 삶에 가장 중요한 측면의 하나인 섹스를 위해서 시간을 챙겨 두는 것에 대해서는 무심한 편이다.

　우발적 정열을 결코 평가절하하는 것은 아니지만, 우리는 배우자와의 '섹스 데이트'를 위해 충분한 시간과 최적의 환경을 만드는 중요성을 자신들에게 확실하게 인지시켜야 한다.

고착시키기stereotyping　　　가장 뿌리 깊고 유해한 오류 중의 하나는 부부들 대부분이 상당히 같은 방식, 즉 부부가 행하는 고정된 방식에서 성생활을 한다는 가정이다. 더욱 유해한 것은 만약 그들이 그렇게 하지 않는다면 그들이 행하는 방식이 바로 '표준' 방식이기 때문이라는 가정이다. 부부의 성생활에 있어 '표준' 방식은 아무데도 없다. 우리는 부부들의 특성에 따라 성적 흥분을 얻는 방식이 매우 다르고 독특함을 알고 있다. 대부분의 빈약한 섹스는 빈약한 의사소통에서 오기 때문에 부부들 간에 충분한 의사소통이 필요하다.

성생활 만족 척도

우리는 섹스가 저절로 잘 되기를 기대하는 것 같다. 우리는 가끔 배우자와 성생활을 논의하는 것에 대해 걱정한다. 그것이 부적절하다거나 무언가 신비감을 잃어버릴 것 같은 두려움에 빠지기 때문이다. 이 침묵은 섹스에 대해 가지는 다른 태도와 마찬가지로 우리의 성생활을 깊게 할 수 있는 개인적 취향과 욕망들에 대한 지식을 얻지 못하게 방해한다. 이 척도는 당신의 성생활을 평가하는데 도움을 주기 위해 설계되었다. 당신들 중 어느 쪽이나 부부관계에서 성적인 문제로 겪고 있는 어떤 문제에 대해서든지 배우자와 이야기하기 쉽도록 만들어졌다.

평가 방법

다음은 성생활에 대한 당신의 만족 정도를 점수로 나타내는데, 매우 만족 5점에서 매우 불만족 1점까지 해당되는 점수를 쓰시오. 만약 당신의 성생활에 대한 특정 측면에 대해 어색함, 당혹, 불편, 부끄러움, 두려움, 죄책감, 부적절감, 분개, 자랑, 섹시 등을 느끼게 하여 높은 혹은 낮은 점수를 주고 있는 것을 발견하더라도 점수만은 정직하게 쓰시오.
5는 매우 만족, 4는 어느 정도 만족, 3은 보통, 2는 어느 정도 불만족, 1은 매우 불만족을 나타내는 점수이다.

다음 질문을 읽고, 당신의 생각과 일치하는 곳에 ○표 하시오.

질 문	매우 불만족	조금 불만족	보통	조금 만족	매우 만족
1. 우리가 섹스를 갖기로 결정하는 방식	1	2	3	4	5
2. 내가 섹스를 시도하는 빈도	1	2	3	4	5
3. 배우자가 섹스를 시도하는 빈도	1	2	3	4	5
4. 우리가 섹스를 갖는 빈도	1	2	3	4	5
5. 배우자의 섹스를 시도하는 방법	1	2	3	4	5
6. 섹스를 시도하는 나의 방법	1	2	3	4	5
7. 섹스를 '거절하는' 배우자의 방법	1	2	3	4	5
8. 우리가 섹스를 갖는 상황	1	2	3	4	5
9. 섹스에 대한 나의 관심 수준	1	2	3	4	5
10. 배우자의 관심 수준	1	2	3	4	5
11. 우리가 섹스를 갖는 시간대	1	2	3	4	5
12. 우리가 취하는 프라이버시의 정도	1	2	3	4	5
13. 우리가 사용하는 출산조절 방법	1	2	3	4	5
14. 나의 몸의 매력 정도	1	2	3	4	5
15. 배우자의 몸의 매력 정도	1	2	3	4	5
16. 배우자의 몸의 청결과 향기	1	2	3	4	5
17. 전희와 발정에 주어지는 시간과 관심	1	2	3	4	5
18. 전희의 다양성	1	2	3	4	5
19. 나의 성감대에 대한 배우자의 지식	1	2	3	4	5
20. 배우자의 성감대에 대한 나의 지식	1	2	3	4	5
21. 성교에 보내는 시간	1	2	3	4	5
22. 배우자의 열정 강도	1	2	3	4	5

(계속)

질 문	매우 불만족	조금 불만족	보통	조금 만족	매우 만족
23. 나의 열정 강도	1	2	3	4	5
24. 성교 시 사용되는 체위	1	2	3	4	5
25. 성적 실험의 정도	1	2	3	4	5
26. 나의 오르가슴의 빈도	1	2	3	4	5
27. 배우자의 오르가슴의 빈도	1	2	3	4	5
28. 전희로부터 나의 만족 정도	1	2	3	4	5
29. 오르가슴으로부터 나의 만족 정도	1	2	3	4	5
30. 해소기로부터 나의 만족 정도	1	2	3	4	5
31. 배우자의 분명한 성적 만족	1	2	3	4	5
32. 섹스가 시도되기 전에 보여 주는 배우자의 애정의 양 과 스타일	1	2	3	4	5
33. 절정 전에 배우자가 보여 주는 애정의 양과 스타일	1	2	3	4	5
34. 절정 후에 배우자가 보여 주는 애정의 양과 스타일	1	2	3	4	5
35. 섹스가 시도되기 전에 내가 보여 주는 애정의 양	1	2	3	4	5
36. 절정 전에 내가 보여 주는 애정의 양	1	2	3	4	5
37. 절정 후에 내가 보여 주는 애정의 양	1	2	3	4	5
38. 비성적인 애정의 양	1	2	3	4	5
39. 성적 논의의 용이성	1	2	3	4	5
40. 상호 욕구 수준의 관점에서 본 우리의 성적인 조화	1	2	3	4	5
41. 우리가 즐기는 섹스의 종류의 관점에서 본 우리의 성 적인 조화	1	2	3	4	5
42. 성적인 다양성에 대한 욕구 관점에서 본 우리의 성적 인 조화	1	2	3	4	5

자료: 최정혜 외(2007), 친밀한 부부관계의 전제와 실제적 기술.

당신이 표시한 점수에 해당하는 개수를 헤아려서 합산하시오. 이것에 대한 과학적인 근거는 없으며, 총점도 큰 의미가 있는 것은 아니다. 당신이 원하는 것은 당신이 얼마나 만족하는지, 그리고 당신이 그렇게 만족하지 못하는 영역에 대해 느낌들은 어떤지에 대한 일반적인 판단이다.

만약 당신이 자신에게 모두 3점을 주고 당신의 성생활도 아주 행복하다면, 그것은 정상범위의 생활일 것이다. 문제는 당신의 불만족 수준이 상대방적으로 높거나 아니면 당신과 배우자 간의 점수 불일치가 나타날 때에 발생한다.

당신의 점수 1/3 이상이 1점이거나 2점, 아니면 당신 중의 한 사람은 모두 3점이거나 4~5점대이고 상대방은 아주 적은 1점과 2점대라면, 당신은 어떤 조치를 취해야 할 것이다. 여기서 중요한 것은 당신의 불만족의 영역을 규명함으로써 그 작업을 시작할 수 있는 점이다.

당신의 점수들은 배우자가 기록한 것과 매우 차이가 난다고 생각하는가? 당신의 점수에 어떤 패턴을 발견할 수 있는가? 당신은 섹스에 대한 사전준비, 예를 들면 실험과 다양성의 정도, 보여 주는 애정의 양 혹은 다른 무엇에 불만인가? 이 목록에서 문제제기가 된 항목들이 있는가? 당신은 낮은 점수에서 높은 점수로 바꾸는 변화에 대한 구체적인 요청을 생각할 수 있는가?

만약 당신이 프라이버시를 더 보장하는 방법을 생각한다면, 침실 문에 잠금장치를 설치하거나 자녀들에게 프라이버시를 위한 당신의 욕구를 존중하도록 가르칠 수 있다. 집 밖으로 자녀들을 데리고 나가는 보모를 고용하여 가까이 있는 자녀들에게 방해받지 않고 부부만의 시간을 가질 수도 있을 것이다.

부부의 성격유형 파악하기

우리는 흔히 부부가 성격 차이로 이혼한다고 하는 이야기를 많이 들어왔다. 성격을 구분하는 데는 여러 가지 유형이 있지만, 여기서는 한국형 에니어그램의 성격을 중심으로 부부간에 성격이 다를 때 서로 어떻게 부딪히는지, 그리고 그 해결방안으로서 배우자를 어떻게 이해할 것인지에 초점을 두고 살펴보자.

한국형 에니어그램과 부부의 성격 차이

에니어그램의 성격은 기본적으로 인간 성격의 근간을 장(본능) 중심, 가슴(감정) 중심, 머리(사고) 중심의 세 가지 에너지와 생명력의 근원 요소로 보고 있다. 즉 생존을 위해 우리가 자극에 대한 반응을 어떻게 나타내는지, 그 행동을 보고 사람들이 기본적으로 어떠한 에너지 중심을 가지고 반응하고 행동하는지를 통해 성격의 유형을 다음과 같이 구분한다.

장(본능)에 에너지의 중심을 두고 살아가는 사람은 자신을 보호하기 위해 끊임없이 타인과 나를 구분하고, 지키고자 하는 '영역의 유지'를 위해 삶을 투쟁하며 살아간다. 이 유형의 사람들은 기본적으로 자신의 경계로부터 타인의 침입과 도전에 대한 '분노'를 기본 정서로 가진다.

가슴(감정)에 에너지의 중심을 두고 살아가는 사람은 삶의 모습 속에서 자신이 스스로에게 또는 타인에게 어떻게 보이는가에 대한 '자아 이미지'에 대해 항상 고민하며 자기 자신을 찾기 위해 살아간다. 이 유형의 사람들은 기본적으로 자신의 이미지가 타인에게 어떻게 비추어

질까에 대한 의식에 전전긍긍하면서 '수치심'을 기본 정서로 가진다.

머리(사고)에 에너지의 중심을 두고 살아가는 사람은 세상을 살아가기에는 어떤 일이 일어날지 모른다는 것을 항상 생각하면서 살아간다. 이 유형의 사람들의 머릿속에는 항상 세상에 대한 '불안'을 가지고 살아가며, 이 불안에서 벗어나기 위한 생각을 항상 염두에 두고 있다. 즉 이들은 세상을 살아가는 것을 위험하다고 느끼고 있기에 '공포'를 기본 정서로 가진다.

인간에게 있어 기본적인 에너지 3가지를 중심으로 9가지의 성격유형이 만들어지는데, 이를 살펴보면 다음과 같다.

가슴(감정) 중심의 성격유형에는 2번, 3번, 4번 유형이 존재한다　　2번은 조력가형으로 보호적이며 모성애적 성향을 띤다. 따라서 성격이 긍정적으로 발달하면 타인을 배려하고 도움을 주지만, 부정적으로 발달하면 타인에 대한 소유욕과 조종하려는 생각을 가진다. 조력가형은 사람들을 다루는 기술이 뛰어나고 고객 지향적이다. 내부사정에 훤하며 도움을 통하여 권력을 추구하기도 하지만 능란한 아첨자일 수도 있다.

3번은 성취자형으로 성공지향적이며 실용적 성향을 가진다. 따라서 성격이 긍정적으로 발달하면 자기 확신이 강하고 야망 있는 사람이나 부정적으로 발달하면 자기도취적이고 적대적인 성격이 된다. 성취지향형은 실용적이고 자신만만하며 일처리가 빠르다. 시장을 의식하고 실패는 성공의 어머니란 격언을 명심한다. 죽도록 일만하고 스스로 감독하며 때로 위선적이다.

4번은 예술가형으로 명상적이고 수줍은 성향을 띤다. 따라서 성격이 긍정적으로 발달하면 창조적이며 개인주의적이나, 부정적으로 발달하면 수줍어하고 우울해 한다. 예술가형은 독특함을 가진 심미가로 드라마틱한 감각을 가지고 있다. 자신의 존재가 특별하고 싶다는 욕망이 있으며, 극단적인 성격을 가지고 우울증의 기질도 있다.

머리(사고) 중심의 성격유형에는 5번, 6번, 7번 유형이 존재한다　　5번은 사색가형으로 지적이고 분석적인 성향을 가진다. 따라서 성격이 긍정적으로 발달하면 통찰적이고 독창적이나, 부정적으로 발달하면 병적이고 공포심이 많다. 사색가형은 지나치게 내성적이며 구두쇠적 성향이 있고, 시야가 좁으며, 지적 교만이 있다.

 6번은 충성가형으로 의무적이며 전통적 성향을 띤다. 따라서 성격이 긍정적으로 발달하면 호감형이며 책임감이 있으나, 부정적으로 발달하면 의존적이며 마조히즘 성격을 가진다. 충성가형은 문제해결사, 팀플레이에 충실하고 훌륭한 탐정 역할도 한다. 대신 비판적이며 권위에 집착하여 남의 흠을 잘 잡는 측면도 있다.

 7번은 낙천가형으로 활동적이며 개방적인 성향을 띤다. 따라서 성격이 긍정적으로 발달하면 정열적이고 완전한 성격이지만, 부정적으로 발달하면 과도하고 광적으로 활동한다. 낙천가형은 이상주의자로 재미를 추구하며 유별난 사고를 고집하기도 한다. 반면에 현실을 회피하고 인내심이 부족하며, 변화를 위한 변화를 추구하고 취미 삼아 일을 하기도 한다.

장(본능) 중심의 성격유형에는 8번, 9번, 1번 유형이 존재한다　　8번은 지도자형으로 강력한 지배적 성향을 띤다. 따라서 성격이 긍정적으로 발달하면 자기신념이 강하고 단호한 성격이지만, 부정적으로 발달하면 독재적이고 파괴적이 된다. 지도자형은 강하면서도 부드럽고 진실과 정의에 입각하여 행동한다. 반면 분노의 화신이 되거나 도발적 복수심을 가지고 과도한 욕망에 매달리고 지배자가 되기도 한다.

9번은 중재자형으로 태평하고 양보하는 성향을 띤다. 따라서 성격이 긍정적으로 발달하면 수용적이고 믿음직한 성격을 보이지만, 부정적으로 발달하면 수동적이고 억압적인 행동을 보인다. 중재자형은 타고난 중재자로서 주위사람을 편하게 하고 권한을 위임하며 태평한 성격이다. 반면 문제 상황에서 갈등을 회피하거나 숲만 보고 나무를 못 보며 쉽게 심란해 하고 의무감이 부족할 때도 있다.

1번은 개혁가형으로 합리적 이상주의적 성향을 가진다. 따라서 성격이 긍정적으로 발달하면 이상적이고 원칙적이지만, 부정적으로 발달하면 지나치게 규범적이고 완벽주의적 편협함을 보인다. 개혁가형은 가치지향적이며 완벽주의를 추구한다. 반면 숲을 못 보고 너무 규칙에 얽매이며 자신을 심문한다. 따라서 강박적이거나 지나치게 고지식한 면이 있다.

이상에서 인간의 9가지 성격유형에 대해 살펴보았는데, 부부의 성격유형이 비슷한 경우도 있지만 서로 다른 경우도 많다. 예를 들어 매사에 원칙과 완벽을 추구하는 1번 유형의 개혁가형이 매사에 절제하지 못하는 7번 유형의 낙천가형을 배우자로 만난다면 그 부적응은 불 보듯 뻔하다. 이들 부부는 서로를 절대 이해할 수 없을 것이다. 완벽을 추구하는 1번 유형의 눈에는 매사에 절제를 모르고 노는 7번 유형이 못마땅하기 그지없다. 한편 매사에 즐거움을 추구하고 자유를 누리려는 7번 유형은 꼼꼼하게 원칙을 따지며 일만 빠르게 처리하는 1번 유형을 이해할 수 없는 것이다.

그러나 만약 이들 부부가 서로 성격유형을 이해하고 생활방식의 차이를 인정한다면 적어도 이해는 가능할 것이기 때문에 부부싸움은 훨씬 줄어들 수 있다. 또한 이런 차이를 알게 된 부부는 각자의 차이를 인정하고 주어진 한계 안에서 서로를 이해하려고 노력할 것이다. 부부가 이런 성격의 차이를 모른 채 속을 끓이면서 서로의 단점을 꼬집는다면 부부싸움과 갈등은 끝없는 평행선을 이룰 것이다.

여기에서 부부의 성격유형을 크게 9가지로 나누어 간단하게 언급했지만 부부가 최소한의 차이점을 보이면서 서로 이해하는 시간을 갖는다면 행복한 부부로 거듭날 수 있을 것이다. 모쪼록 이 장이 부부에게 실질적인 도움이 되었으면 하는 간절한 바람이다.

결혼 신화 벗어나기

많은 부부들이 결혼 신화에 싸여 있다. 부부들은 자신들이 생각하는 이상적 결혼생활에 대한 신화에서 틀을 깨고 나와야 한다(유영주·이창숙(2000). 부부 행복 찾기)

부부들이 갖기 쉬운 결혼 신화 벗어나기
첫째, 행복한 결혼생활은 돈이 저절로 만들어 준다.
둘째, 우리 부부는 모든 것이 일치해야 한다.
셋째, 우리 부부의 사랑은 영원히 지속되어야 한다.
넷째, 우리는 서로에게 완벽한 성적 파트너가 되어야 한다.
다섯째, 배우자는 나의 욕구를 늘 충족시켜 줄 수 있어야 한다.

부부 십계명

다음은 부부가 행복을 찾기 위한 십계명이다. 다음의 글들을 함께 읽으면서 대화한다면 분명히 부부 행복 가꾸기에 실질적인 도움이 될 것이다.

👫 〈 남편이 아내를 사랑하는데 필요한 88가지 〉

1. 아내와 담을 쌓지 말고 대화해라.

2. 아내를 중요하게 여겨라.

3. 아내의 감정상태를 이해하기 위해 가능한 모든 것을 해라.

4. 아내의 친구들에게도 관심을 보여라.

5. 자주 아내의 의견을 물어보아라.

6. 아내가 말하는 것을 중요하게 여겨라.

7. 당신이 아내를 인정하며, 애정을 가지고 있다는 것을 그녀가 느끼도록 해라.

8. 날마다 아내를 보호해라.

9. 아내에게 부드럽고 자상하게 대해라.

10. 유머감각을 길러라.

11. 어떤 중요한 변화가 생길 것 같으면 아내에게 적응할 기회를 주고, 아내와 사전 협의 없이 급격한 변화를 꾀하지 말라.

12. 아내가 풀이 죽어 있을 때 아내를 위로하고, 훈계의 말이나 아내를 몰아세우는 말을 하지 말고 단 몇 초 만이라도 아내를 껴안아 주어라.

13. 아내가 인생에서 중요하다고 느끼는 것에 당신도 관심을 가져라.

14. 아내가 고칠 것이 있다면 부드럽고 친절하게 일러 주어라.

15. 아내가 당신을 가르치도록 허락하되 변명을 늘어놓지 말라.

16. 아내와 자녀들에게 특별한 시간을 할애해라.

17. 당신이 믿음직한 사람이라는 인상을 주어라.

18. 아내의 비위를 잘 맞춰 주어라.

19. 당신의 사랑을 표현할 때 참신한 방법을 사용하도록 노력해라.

20. 가족이 다함께 참여할 수 있는 프로그램을 만들어 매년 실행해라.

21. 아내가 중요하다고 여기는 물건들을 사도록 허락해라.

22. 아내가 당신을 화나게 해도 아내를 용서해라.

23. 아내의 현재의 모습을 그대로 받아들이고, 아내의 개성을 존중해라.

24. 당신의 실수를 인정해라.

25. 실수하는 아내의 부족함까지 받아들이고, 아내가 실수했을 때 아내를 위로하고 잘못된 일을 의논해라.

26. 아내가 힘든 하루의 일을 마쳤을 때 아내의 팔다리를 주물러 주어라.

27. 낭만적인 분위기를 느낄 수 있는 여행을 계획해라.

28. 종종 아내에게 편지를 써서 당신이 얼마나 아내를 사랑하는지 전해라.

29. 카드나 꽃으로 아내를 놀래 주어라.

30. 아내가 조언을 부탁하면 친절하게 조언해 주어라.

31. 남들로부터 당신이 아내의 보호막이 되어라.

32. 남들보다 아내를 먼저 생각해라.

33. 아내가 정신적으로나 육체적으로 감당할 수 없는 일을 아내에게 요구하지 말라.

34. 아내가 당신과 가족을 위해서 한 일들을 잘 살펴보아라.

35. 아내가 없는 곳에서 남들에게 아내에 대해 좋은 말을 해라.

36. 당신의 생각과 감정을 아내와 함께 나누어라.

37. 아내가 흥미를 가진다면 당신의 직업에 대해 아내와 대화를 나누어라.

38. 아내가 직장에서든지 가정에서든지 하루의 일과를 어떻게 보내는지 시간을 내어 살펴보아라.

39. 아내가 좋아하는 것을 당신도 좋아하도록 노력해라.

40. 저녁 식사를 하기 전에 아이들과 함께 놀아 주어라.

41. 식사시간 전에 집안을 정돈해라.

42. 당신이 접시를 닦는 동안에 아내가 향수 목욕을 하도록 허락해라.

43. 자녀가 많은 편이라면 아내가 육체적으로 얼마나 힘들까를 생각해 보아라.

44. 아이들을 훈계하되 분노한 상태에서 하지 말고 사랑으로 해라.

45. 아내의 이마에 '취급주의'라는 경고문을 적어 놓은 것처럼 아내를 주의해서 다루어라.

46. 아내를 짜증나게 하는 습관이 있다면 그것을 버려라.

47. 아내의 친척들에게 친절하게 대해라.

48. 아내의 친척과 당신의 친척을 비교하여 아내의 친척이 못하다는 식으로 말하지 말라.

49. 아내가 아무 보답을 바라지 않고 한 일에 대해 잊지 말고 감사해라.

50. 당신이 집안일을 도울 때마다 아내에게서 칭찬을 받겠다는 생각을 버려라.

51. 당신이 계획하는 일을 아내가 충분히 이해하도록 해라.

52. 사소한 일에도 아내에게 정성을 표시해라. 예를 들면 아내에게 커피 타주기 등.

53. 부부는 대등한 인격체임을 명심해라.

54. 남녀는 육체적 한계가 서로 다르다는 사실을 인정해라.

55. 아내가 두려워하는 것들이 무엇인지 주의 깊게 살펴라.

56. 어떤 일에 있어 당신이 할 수 있는 방법을 실행해라.

57. 아내의 성적 요구사항을 간과하지 말라.

58. 아내의 마음이 불안하지 않게 위로해 주어라.

59. 아내와 함께 미래를 설계해라.

60. 아내의 말 속에 감추어진 의도를 잘 파악해라.

61. 서로 예의를 지켜라.

62. 아내가 질투하는 것이 있는지 살펴보아라.

63. 아내가 돈 쓸 때 어려운 점이 있는지 물어보아라.

64. 이따금씩 아내와 데이트를 해라.

65. 대중 앞에서 아내의 손을 잡아 주어라.

66. 친구들 앞에서 아내의 어깨에 손을 얹어 보아라.

67. 아내에게 사랑한다고 자주 말해 주어라.

68. 결혼기념일을 기억해라.

69. 쇼핑을 함께 해라.

70. 취미생활을 같이 해라.

71. 때때로 아내에게 특별한 선물을 주어라.

72. 책임을 같이 져라.

73. 아내를 여자라고 무시하지 말라.

74. 아내가 자유롭게 말할 수 있도록 기회를 주어라.

75. 아내에게 말을 함부로 하지 말라.

76. 남들 앞에서 아내를 꾸짖지 말라.

77. 다른 여자들에게 관심을 보이지 말라.

78. 아내에 대해 세심한 사람이 되어라.

79. 때때로 아내를 위해 저녁을 준비해 보아라.

80. 아내가 아플 때 잘 보살펴 주어라.

81. 집에 늦게 들어올 것 같으면 미리 아내에게 전화해라.

82. 주말에는 아내와 함께 외식하도록 노력해라.

83. 아이들 앞에서 부부가 서로 다투지 말라.

84. 집안일들을 아내 대신 해보라.

85. 때때로 아내가 혼자 있을 수 있게 만들어 주어라.

86. 아내가 추천하는 책을 읽어 보아라.

87. 영원한 사랑을 고백하는 글을 아내에게 써 보내라.

88. 아내에게 사랑의 시를 써 보내라.

👫 **아내들이 남편을 사랑하는데 필요한 25가지**

1. 남편이 물건을 사다 주면 고맙다는 인사를 할 줄 알아라.

2. 남편이 흥분했을 때는 맞서지 말라.

3. 남편의 실수에 대한 충고는 아무 때나 하지 말라.

4. 남의 남편과 자신의 남편을 비교하여 말하지 말라.

5. 남편이 밤늦게 돌아오면 불을 켜고 기다려라.

6. 남편의 의복에 때가 묻은 것은 아내의 책임이다.

7. 남편을 즐겁게 할 일을 항상 생각해라.

8. 남편의 좋은 점을 자주 칭찬해 주어라.

9. 남편의 시중은 아내인 당신이 직접 해라.

10. 남편이 좋아하는 음식을 신경 써서 마련해라.

11. 남편이 남에게 자랑스럽게 보일 만한 것을 사 주어라.

12. 남편의 주머니를 뒤지지 말라.

13. 남편이 손님을 데리고 왔을 때는 위신을 세워 주어라.

14. 남편을 탓하기 전에 자신을 먼저 탓해라.

15. 부정한 수입을 경계해라. 아내의 허영은 남편을 망친다.

16. 아내의 음성이 높고 거칠어서는 안 된다.

17. 남편에게 애정이 담긴 눈길을 보내라.

18. 여자의 지나친 결백성은 병이다.

19. 여자의 도박은 도둑질 같은 것이다.

20. 남편의 잘못에 대하여 관대하게 대해라.

21. 자기 자신을 너무 피곤하게 만들지 말라.

22. 잘사는 이웃을 부러워하지 말라.

23. 즐거운 대화는 많이 하고, 언짢은 이야기는 짧게 끝내라.

24. 친정 식구들에게 남편의 험담을 하지 말라.

25. 좋은 일이든지 나쁜 일이든지 간에 지나친 과거를 깊이 반성하고,
밝은 내일을 설계해라.

건강한 부부싸움을 위한 십계명

1. 부부가 합의할 수 있는 시간과 장소를 정해라.
2. 진짜 나쁜 문제가 무엇인지 진술해라 – 나를 기분 나쁘게 한 행동이 무엇이며, 그 행동으로 인한 나의 감정이 어떠한지, 그것이 나에게 어떤 영향을 미치는지 말해라.
3. '나' 진술문을 사용해라 – '너' 진술문은 상대방을 판단하고 정죄하는 식의 진술이다. 반면에 '나' 진술문은 우리의 입장을 중립적, 비판적, 합리적으로 진술하는 것이다.
4. 감정을 솔직하게 표현한다 – 감정은 윤리적인 것과 다르다. 사실을 그대로 이야기하는 것이 중요하다.
5. 경청해라 – 이는 상대방의 생각과 감정이 어떤지를 알기 위해 관심을 기울인다는 뜻이다.
6. 유머감각을 잃지 말라 – 갈등 중에 웃는 일은 쉽지 않다. 그러나 웃음은 긴장과 위협을 해소한다.
7. 침착함을 잃지 말라 – 만일 갈등이 부부싸움으로 치달을 것 같으면 휴전을 선언하는 것이 현명하다.
8. 창조적 해결책을 찾아라 – 아이디어를 개진하고 결과를 검토한 후 사용할 계획을 검토해라.
9. 언약을 맺어라 – 갈등이 화해와 약속으로 끝난 다음에는 꽃을 주거나 포옹을 한다는 약속을 해라.
10. 잊어버리고 친구가 되어라 – 사랑은 악한 것을 생각하지 아니한다. 우리가 상처받은 것을 잊어버리려고 할 때 우리는 용서가 하나의 과정이라는 것을 기억해야 한다. 함께 좋은 시간을 갖고 정기적으로 대화할 때, 피차 사랑과 존경과 신뢰의 분위기를 창조할 수 있다.

👫 부부관계를 파괴하는 10가지

1. 서로 피하는 화제를 갑자기 끌어내기 – 예를 들어 당신 월급은 언제나 오르죠?, 당신은 잠자리에서 별로인 거 알아? 등
2. 다른 사람과 비교하기 – 옆집 남편은 이번에 승진했다는데, 옆집 여자는 아무렇게나 입어도 멋있는데 등
3. 상대방의 자신 없는 용모 이야기하기
4. 내가 잘났다고 주장하기 – 우리 집안은 양반이야, 당신 학교 어디 나왔어? 등
5. 잘 잊어버리고 오리발 내밀기 – 장인어른 생신이라고? 난 몰랐어, 뭘 사 놓으라고 했다고요? 잊었어요 등
6. 상대방의 집안식구들 흉보기 – 당신네 식구들은 왜 그런 식이야?, 당신 어머니는 왜 화만 내세요? 등
7. 자존심 건드리기
8. 좋지 않은 별명 부르기
9. 상대방 무시하기 – 당신이 뭘 안다고 그래?, 내 그럴 줄 알았어 등
10. 고마워요, 미안해요, 사랑해요 등의 말 절대로 하지 않기

👫 부부간 대화가 막혔을 때 일어나는 10가지 양상

1. 논쟁이 해명되지 않는다.
2. 잘못된 생각들이 고쳐지지 않는다.
3. 싸움과 실수들이 화해되지 않는다.
4. 혼란과 무질서가 생긴다.
5. 문제에 대한 어떤 결정을 지혜롭게 할 수 없다.
6. 깊고 친밀한 관계를 유지하는데 방해가 된다.
7. 권태, 불만, 좌절이 생긴다.
8. 서로 문제가 쌓여 장벽이 높고 깊어진다.
9. 좀 더 자극적인 일들을 찾게 된다.
10. 서로 진실을 알 수 없다.

👫 멋쟁이 부부가 되기 위한 십계명

1. 여가에 투자해라 – 부부가 같이 할 수 있는 취미가 생기면 대화도 늘고, 서로 이해도 깊어진다.
2. 계획을 세워라 – 로맨스는 우연히 오는 게 아니고 창조하는 것이다. 일주일 한 번 정도는 정기적으로 같이 슈퍼에 가거나 식사 또는 집 안일을 돕는 것도 좋은 방법이다.
3. 서로 격려해라 – '당신 생각이 옳아요.', '당신 옷차림이 어울려요.' 등 상대방을 북돋우는 말을 자주 해라.
4. 하루 한 끼는 함께 식사해라 – 부부가 마주 앉아 정답게 식사를 하면 가족 전체의 평화도 가꿔진다.

5. 매주 한 통 이상의 편지를 써라 – 상대방에 대한 칭찬과 고마움을 글로 나타낸다는 것은 말과는 또 다른 흥분과 기쁨을 선사한다.

6. 매월 한 번 이상 외출해라 – 연애할 때나 신혼 때 자주 들렀던 식당 이나 거리에 가는 것도 신선한 느낌을 받을 수 있다.

7. 계절마다 함께 여행을 해라 – 철따라 운치 있는 곳을 찾아나서는 '작은 사치'는 서로의 애정을 깊게 하는 지름길이다.

8. 서로 유연하게 생각하고 활동해라 – 어려운 일을 당할 때 자유분방 하게 대처하는 연습이 필요하다.

9. 생활을 즐겨라 – 욕심을 줄이고 여유 있는 태도를 가지면 주어진 상황이 달라 보인다.

10. 기념일을 챙겨라 – 생일, 결혼기념일은 물론, 처음 만난 날과 약혼 기념일까지 챙긴다면 금상첨화이다.

참고문헌 RFERENCE

경남시론(2001-2013). 경남일보.

김정옥 외(2006). 행복한 결혼의 일곱가지 비밀, 신정출판사.

우애령(2005). 결혼의 기술, 하늘재.

유영주·김순옥·김경신(2012). 가족관계학, 교문사.

유영주·이창숙(2000). 부부 행복 찾기 I, 학지사.

유영주·이창숙(2002). 부부 행복 찾기 II, 학지사.

유영주·이창숙(2002). 부부 행복 찾기 III, 학지사.

이숙 외(2010). 부모교육, 학지사.

최정혜·구명숙(2010). 결혼과 가족탐구. 경상대학교 출판부.

최정혜 외(2007). 친밀한 부부관계의 전제와 실제적 기술, 경상대학교 출판부.

최혜경·권유경(2001). 성공적인 노화, 학지사.

Howard J. Markman, Scott M. Stanley, Susan L. Blumberg: 김득성 외 옮김(2004). 행복한 결혼생활만들기, 시그마프레스.

Nick & Nancy Stinet. Joy & Alice Beam: 제석봉·박경 옮김(2004). 환상적인 가족만들기, 학지사.

최정혜

경상대학교 가정교육과 졸업
성신여자대학교 대학원 가족학 전공
University of California, Berkeley 방문교수

현재 경상대학교 사범대학 유아교육과 교수
경상대학교 학생처장
경상남도 다문화 가족정책위원회 위원
경남일보 객원논설위원

논문 〈노부모가 지각하는 성인 자녀와의 결속도 및 갈등에 관한 연구〉
박사학위 논문 외 60여 편

저서 고령화사회의 위기와 도전(1995, 공저), 노인학대 전문상담(2005, 공저),
친밀한 부부관계의 전제와 기술(2007, 공저), 결혼과 가족 탐구(2010,
공저), 여성, 한국사회를 묻다(2011, 공저), 여성의 눈으로 본 대학사회와
젠더정치(2012, 공저)

결혼 생활탐구

2014년 1월 3일 초판 인쇄 | 2014년 1월 10일 초판 발행

지은이 최정혜
펴낸이 류제동 | 펴낸곳 **(주)교문사**

전무이사 양계성 | 편집부장 모은영 | **책임편집** 모은영 | **본문편집** 이혜진 | **표지디자인** 신나리

제작 김선형 | **홍보** 김미선 | **영업** 이진석·정용섭·송기윤

출력 현대미디어 | **인쇄** 동화인쇄 | **제본** 한진제본

주소 경기도 파주시 교하읍 문발리 출판문화정보산업단지 536-2
전화 031-955-6111(代) | 팩스 031-955-0955
등록 1960. 10. 28. 제406-2006-000035호 | 홈페이지 www.kyomunsa.co.kr
E-mail webmaster@kyomunsa.co.kr | ISBN 978-89-363-1380-7 (03330) | 값 14,000원